Las profecías de Nostradamus

Mirella Corvaja

LAS PROFECÍAS
DE NOSTRADAMUS

A pesar de haber puesto el máximo cuidado en la redacción de esta obra, el autor o el editor no pueden en modo alguno responsabilizarse por las informaciones (fórmulas, recetas, técnicas, etc.) vertidas en el texto. Se aconseja, en el caso de problemas específicos —a menudo únicos— de cada lector en particular, que se consulte con una persona cualificada para obtener las informaciones más completas, más exactas y lo más actualizadas posible. EDITORIAL DE VECCHI, S. A. U.

© Editorial De Vecchi, S. A. 2020
© [2019] Confidential Concepts International Ltd., Ireland
Subsidiary company of Confidential Concepts Inc, USA
ISBN: 978-1-64699-326-0

El Código Penal vigente dispone: «Será castigado con la pena de prisión de seis meses a dos años o de multa de seis a veinticuatro meses quien, con ánimo de lucro y en perjuicio de tercero, reproduzca, plagie, distribuya o comunique públicamente, en todo o en parte, una obra literaria, artística o científica, o su transformación, interpretación o ejecución artística fijada en cualquier tipo de soporte o comunicada a través de cualquier medio, sin la autorización de los titulares de los correspondientes derechos de propiedad intelectual o de sus cesionarios. La misma pena se impondrá a quien intencionadamente importe, exporte o almacene ejemplares de dichas obras o producciones o ejecuciones sin la referida autorización». (Artículo 270)

Índice

INTRODUCCIÓN 7

NOSTRADAMUS: erudición y videncia 9
Su vida según Jean Aimes de Chavigny de Beaune 9
Fulgurante carrera de médico 11
El mago de Salon 14

HECHOS HISTÓRICOS PREDICHOS Y REALIZADOS 17

UNA MINUCIOSA PANORÁMICA DEL SIGLO XX 25
Guerra y paz 25
La guerra del Golfo y otros conflictos de Oriente Medio 31

DESCUBRIMIENTOS E INVENTOS 33
El cine mudo y el sonoro 33
El aeroplano 34
Telégrafo, teléfono, electricidad 34
La «peste» de nuestro fin de siglo 34

¿QUÉ PASARA MAÑANA? 37
Asesinato del Papa 37
Holocausto nuclear 39
Tiempos de paz 40
Todas las naciones caerán 41
El triunfo de la Gran Verdad 43

LAS CENTURIAS 45

Michel de Nostradamus en su estudio. Ésta es una de las pocas imágenes que del vindente francés existen.

Introducción

«Aquí descansan los restos mortales del ilustrísimo Michel Nostradamus, el único hombre digno, a juicio de todos los mortales, de escribir con pluma casi divina, bajo la influencia de los astros, el futuro del mundo.»

Quien dictó estas breves líneas para que fueran grabadas en la grisácea piedra de una tumba pretendió encerrar en ellas toda la esencia de una vida que se consumió, de forma desacostumbrada, entre la realidad y el mito, entre la fe en Dios y la hechicería, entre lo consciente y lo inconsciente.

Nostradamus fue médico y vidente, astrólogo y filósofo, matemático y alquimista. Este personaje ha sido objeto de estudio, de análisis y de una ininterrumpida búsqueda por parte de cuantos se han esforzado en descubrir su auténtica personalidad y sobre todo el secreto, mucho más apasionante, que se encierra en sus famosas profecías.

En honor a la verdad, la crítica racionalista niega la existencia de cualquier «secreto de Nostradamus», reduciendo su obra de clarividente a un mero producto de la alucinada imaginación de un loco, a una explosión de imágenes, fruto de una alquimia del pensamiento que puede cautivar, pero que no puede satisfacer razonablemente a quienes la examinen.

Sin embargo, no se puede liquidar con una interpretación tan simplista al autor de las famosas *Centurias*; no se pueden despachar tan sencilla y cómodamente los 22 libros de las versiones proféticas de Michel de Nostrcdame, más conocido por el nombre latino que él mismo se había dado: Nostradamus.

Aunque todo el mundo haya oído hablar de él y su nombre se cite con frecuencia, ¿cuántos habrán leído, siquiera por encima, su extraordinario conjunto de profecías? Un número muy reducido, sin que ello deba sorprender lo más mínimo.

Si los textos de Nostradamus pudieran ser interpretados de forma inmediata y precisa; si sus profecías en lugar de encubrirse en un lenguaje enigmático estuviesen al alcance de todo el mundo, su obra sería el *best-seller* más grande de todos los tiempos. ¿Quién de nosotros renunciaría a satisfacer la curiosidad de conocer su porvenir? ¿Quién prefiere ignorar lo que el destino reserva a los hombres?

El empleo de un lenguaje esotérico en sus escritos se justifica porque, en el terreno de la profecía más que en cualquier otro campo, las verdades no son siempre agradables para quien las dice, ni halagadoras para quienes las escuchan.

Un elemental imperativo de humanidad exige que, en este sondear el destino del mundo, se actúe con prudencia y caridad, puesto que no deja de ser un bien, en la gran mayoría de ios casos, que el significado preciso de una revelación profética no sea comprendido hasta que el acontecimiento predicho se haya cumplido. ¿Cómo actuaríamos con libertad si conociéramos ya nuestro futuro? De ahí la necesidad de emplear un lenguaje sibilino rico en neologismos creados por el autor, valiéndose de raíces latinas, griegas, españolas, celtas o provenzales. La obra se presenta como la yuxtaposición de expresiones herméticas para no condicionarnos en nuestro quehacer diario ante la perspectiva del futuro.

Nostradamus subraya la necesidad de tal hermetismo en una carta dirigida al rey de Francia Enrique II: «para conservar el secreto de estos acontecimientos, conviene emplear frases y palabras enigmáticas en sí mismas, aunque cada una responda a un significado concreto».

En otro escrito suyo, después de precisar que las revelaciones contenidas en sus profecías le fueron comunicadas «en el curso de continuas vigilias nocturnas», insiste sobre el origen cósmico y divino de sus visiones, «visiones que Dios me ha dado a conocer a través de una revolución cósmica».

Nostradamus se funda en uno de los postulados principales de la antigua doctrina astrológica, según la cual, todos los acontecimientos y fenómenos terrestres y, por tanto, la historia de la humanidad, están en relación con los movimientos cíclicos de los astros; «todo está regido y gobernado por el inestimable poder de Dios que se manifiesta no en medio de furores báquicos, sino en las relaciones astrológicas».

Ante todo queremos dejar constancia de que no aceptaremos la tesis simplista sobre la obra de Nostradamus, que dice que sólo se trata de acontecimientos fácilmente previsibles en el contexto histórico de Francia, pues guerras, conflictos y cataclismos se repiten en la historia de cualquier nación. Nostradamus, vidente del siglo xvI, predijo hechos muy precisos, como será fácil comprobar más adelante, por ejemplo, la trágica muerte del rey Enrique II; la desatinada huida de Luis XVI a Varennes, origen de la gran tragedia del rey; y el nacimiento de Napoleón I (cfr. respectivamente Centurias I, 35; IX, 20; I, 60). Con idéntica precisión, supo describir im-portantes acontecimientos que forman parte de nuestra historia actual: predicciones de hechos que muchos de entre nosotros han visto realizarse desde el comienzo del presente siglo y que no pueden ser desmentidos o ser considerados fruto de la simple imaginación.

Nostradamus, este gran explorador de lo ignoto humano ¿merece o no ser contado entre los grandes sabios que desde los profetas bíblicos hasta nuestros días han escrito, con letras de fuego, la historia de los hombres?

La respuesta a tal interrogante podrá darla cada uno de nosotros después de haber leído con suma atención sus profecías. Incluso el más escéptico de los lectores tendrá que admitir que el singular documento literario que Nostradamus nos legó abre un abismo de hipótesis como ningún otro libro lo hiciera en el curso ae los siglos.

No es intención de este libro hacer un estudio pormenorizado de las profecías de Nostradamus sino dar una visión global del método de interpretación de las *Centurias* para ofrecer al lector la posibilidad de interpretar, por sí mismo, los hechos futuros que predijo tan ilustre vidente.

Nostradamus: erudición y videncia

Su vida según Jean Aimes de Chavigny de Beaune

Michel de Nostradamus, el vidente más renombrado y famoso de cuantos han sabido interpretar los astros, nadó en Saint-Rémy-de-Provence, sur de Francia, el año de gracia de 1503, un jueves 14 de diciembre, hacia el mediodía. Su padre fue Jaime de Nostre-dame, notario de aquel lugar; su madre fue Renée de Saint-Rémy, sus abuelos paternos y maternos eran profundos conocedores de las ciencias matemáticas y de la medicina. Como médicos habían vivido el uno en la Corte de René que, además de Conde de Provenza, era Rey de Jerusalén y de Sicilia; y el otro, en la Corte de Juan, Duque de Calabria e hijo del antedicho René.

Es necesario demostrar la inexactitud de ciertas versiones sobre los orígenes del gran vidente, formuladas por envidiosos de su celebridad o por quienes desconocen la realidad.

La familia de Nostradamus, según algunos, era de origen judío, de la tribu de Isacar, convertidos al cristianismo. Y de ahí que atestigüe nuestro autor haber recibido directamente de sus abuelos el conocimiento de las ciencias matemáticas; y en el prólogo de sus Centurias él mismo afirma que ellos le transmitieron el don de predecir el futuro.

Después de la muerte de su bisabuelo materno, que le había infundido, casi como juego, el gusto por las ciencias de los astros, Nostradamus fue enviado a Aviñón para cursar letras y formarse en humanidades.

Desde Aviñón el joven estudiante pasó a Montpellier, donde frecuentó la célebre universidad estudiando en sus aulas medicina, hasta que una grave pestilencia, declarada en las regiones de Narbona, Tolosa y Burdeos, le dio ocasión de poner al servicio de los apestados el fruto de cuanto había aprendido durante sus estudios. Tenía entonces 22 años.

Después de haber ejercido la medicina durante cuatro años en aquellas regiones, le pareció oportuno volver a Montpellier para conseguir el título de doctor, que obtuvo al poco tiempo con la admiración y el aplauso de todos.

Pasando por Tolosa, llegó a Agen, ciudad situada a orillas del Garona, donde Julio César Scaliger le retuvo junto a sí. Era este hombre un personaje muy erudito y un verdadero mecenas. Nos- tradamus tuvo con él una extraordinaria amistad que más tarde se tornó en oposición, discordia y divergencia, como suele suceder entre hombres sabios, según atestiguan muchos escritos.

En ese período se casó con una joven de la alta sociedad, de la que tuvo dos hijos, un niño y una niña. Murieron los tres y Nostradamus tomó la decisión de instalarse definitivamente en Provenza, su tierra natal.

De vuelta a Marsella, se instaló en Aix-en-Provence, parlamento de la región, donde ejerció durante tres años un cargo público ciudadano. Fue entonces, en 1546, cuando la peste azotó terriblemente aquella zona, según describe el señor de Launay en su *Teatro del mundo* sirviéndose de los relatos que le fueron hechos por el propio vidente. Estos hechos han sido confirmados por la investigación histórica de aquella época.

Desde Aix-en-Provence llegó a Salon-de-Crau, pequeña ciudad que dista de Aix una jornada de camino hasta Aviñón y media jornada hasta Marsella. Contrajo segundas nupcias; y fue aquí, en este lugar, donde, previendo los grandes cambios y las trágicas convulsiones que perturbaron luego y revolvieron a toda Europa, las sangrientas luchas civiles y los desgraciados acontecimientos que iban a precipitarse sobre Francia, comenzó, lleno de una exaltada inspiración e invadido de un frenesí irresistible, la redacción de las *Centurias*.

Centurias y presagios que él guardó por mucho tiempo en secreto, creyendo que la naturaleza insólita del argumento le acarrearía calumnias, envidias y ataques muy ofensivos, tal como luego sucedió.

Vencido, al fin, por el deseo de que los hombres sacasen algún provecho de sus predicciones, las dio a conocer. El rumor que suscitaron inmediatamente fue grande y corrió su fama de boca en boca, no sólo entre nosotros, sino también entre los extranjeros que sintieron por el vidente y por su obra una extraordinaria admiración. Esta fama impresionó tanto al poderoso Enrique II, Rey de Francia, que éste, en el año de gracia de 1556, mandó llamar al vidente a la Corte. Después de que revelara un cierto número de acontecimientos importantes que habían de suceder, recibió numerosos presentes y se volvió a su Provenza natal. Algunos años más tarde, concretamente en 1564, visitando Carlos IX las provincias y habiendo concedido la paz a las ciudades que contra él se habían rebelado, vino a Salon y no quiso dejar de visitar al profeta e insigne héroe, mostrándose para con él tan generoso, que lo honró con el cargo de consejero y le nombró médico suyo en la Corte.

Resultaría una tarea excesivamente prolija escribir todo cuanto él predijo, ya en general, ya en particular; y sería superfluo dar el nombre de todos los grandes señores, de los insignes sabios y otros muchos que vinieron de toda la región y de toda Francia para consultarle como oráculo. Lo que San Jerónimo decía de Tito Livio yo puedo decirlo del gran vidente: cuantos venían a Francia desde fuera no se proponían otro objetivo que ir a visitarle.

Cuando vino a verle Carlos IX, Nostradamus, que había sobrepasado los 60 años, estaba muy envejecido y se hallaba gravemente debilitado por las dolencias que le atormentaban desde hacía mucho tiempo, especialmente una artritis y la gota minaban constantemente su salud. Murió el día 2 de julio del año 1566, poco antes de salir el sol, después de una crisis que le duró ocho días y que le causó un acceso de hidropesía consecutivo a un ataque agudo de artritis.

Conoció anticipadamente el día de su tránsito y la hora exacta pues él había escrito, de su puño y letra, en las *Efemérides* de Jean Stadius, estas palabras en latín: *Hic prope mors est*, es decir: «Mi muerte está próxima».

Sobre su sepulcro se esculpieron las palabras de un epitafio, compuesto a imitación del de Tito Livio, historiador romano; epitafio que hoy puede todavía verse en la Iglesia de los Cordeleros de Salon, en la que, con grandes honores, fue enterrado el cuerpo de Nostradamus. La inscripción está en latín; traducida dice lo siguiente:

«Aquí descansan los restos mortales del ilustrísimo Michel de Nostradamus, el único hombre digno, a juicio de todos los mortales, de escribir con pluma casi divina, bajo la influencia de los astros, el futuro del mundo.»

Murió en Salon-de-Crau, en Provenza, el 2 de julio del año de gracia de 1566, a la edad de sesenta y dos años, seis meses y diecisiete días.

Fulgurante carrera de médico

La familia Nostradamus, estaba firmemente vinculada a Provenza y sus descendientes, en vez de circuncidarse, como judíos, habían sido bautizados, lo cual les había permitido adquirir bastantes derechos; sus hijos, por tanto, habían podido dejar las modestas ocupaciones anejas a la artesanía y a la práctica del pequeño comercio y dedicarse por completo al cultivo de las artes liberales. En la familia Nostradamus la medicina constituía una tradición que se transmitía ininterrumpidamente de padres a hijos: el padre de Jaime, Pierre de Nostredame, había sido médico en Arlés, y sólo la envidia de los drogueros y boticarios de aquella ciudad le había obligado a buscar refugio y ayuda fuera de ella, entre los poderosos. Aquéllos, efectivamente, no habían podido tolerar que Pierre curase a sus propios pacientes con remedios y medicamentos que él mismo preparaba; y no dudaron, por consiguiente, en denunciarle como falsificador y contraveniente de su oficio. Destituido de sus funciones de médico ciudadano, Pierre entró primero al servicio del Duque de Calabria, y luego del rey René d'Anjou, que más tarde le nombró médico personal suyo. El venerable y ya anciano sabio, versado en la ciencia de Esculapio y en aquella otra que deduce de los astros la interpretación de los sucesos del mundo, gozó siempre de la máxima confianza del Rey. Fue natural que, cuando el joven Michel tuvo la edad suficiente para escoger su futura profesión, se inclinase por el estudio de la medicina.

En aquel entonces, para quien vivía en Provenza, Aviñón representaba la ciudad por excelencia, era como la meca donde convergían, de todos los rincones de la provincia, cuantos aspiraban a ser alguien, o cuantos deseaban evadirse de la dura brega del campo y hallar en la gran ciudad las comodidades de la vida fácil. Majestuosamente ceñida por sus altas y torneadas murallas, con el Ródano que las acariciaba dulcemente deslizándose bajo sus magníficos puentes, Aviñón era una ciudad donde alternaban palacios suntuosos y callejones de mal olor, señoriales calles por donde paseaban elegantes carrozas y pobres tugurioines en los que se hacinaba una humanidad sin rostro.

A quienes procedían de una tranquila ciudad provinciana les parecía muy atractivo poder mezclarse con la inmensa muchedumbre que llenaba calles y plazas hasta estrujarse; en cuanto a diversiones y tentaciones, habían proliferado desde el momento en que un nutrido grupo de aventureros y hampones se habían aposentado como en su propia casa, por el libertinaje que reinaba dentro ae sus muros.

Nostradamus llegó, pues, a Aviñón y empezó sus estudios con seriedad y tenacidad. El estudio constituía para el una verdadera vocación y aun cuando su edad, porque era todavía muy joven, lo hiciese vulnerable a las seducciones de una vida desordenada y licenciosa, demostró desde el principio una clara tendencia y un verdadero amor a cuanto era introspección y búsqueda de la verdad, ajeno a cualquier tipo de ambición personal.

En la ciudad de los Papas, el joven Michel alternaba su tiempo ocupado en dos actividades principales: los deberes escolásticos y la observación del firmamento estrellado que, desde siempre, había ejercido en él una extraordinaria fascinación. La matemática, la astronomía y la astrología le eran materias muy conocidas, hasta tal punto familiares que podía discutir con profundo conocimiento y perfecta competencia ante cualquier auditorio, que siempre quedaba cautivado.

A este primer período de estudio en Aviñón siguió el segundo en Montpellier, a donde se trasladó Michel para seguir en su universidad los cursos de medicina.

En el siglo xvI, Montpellier gozaba de extraordinario renombre gracias a su facultad de medicina, conocida dentro y fuera de los confines de Francia: era lógico, pues, que Nostradamus frecuentase aquella universidad y prolongase allí su estancia hasta conseguir su doctorado.

Para ello necesitó tres años que aprovechó con extraordinaria aplicación; durante los cuales se hizo dueño y señor de los secretos del cuerpo humano, como más tarde se hizo conocedor de los del espíritu.

La Naturaleza ejercía sobre el auténtica fascinación, y así no se conformó con ser médico, sino que decidió profundizar sus propios conocimientos en el campo de la herboristería y de los remedios que de las hierbas y de las plantas pudieran obtenerse.

Empezó enronces a recorrer todo el país de comarca en comarca, para estudiar su flora, deteniéndole, cuando le parecía poder sacar de ello algún provecho, con quienes podían informarle sobre recetas y pociones. No olvidemos sobre el particular que, en aquel tiempo, medicina y herboristería iban de consuno y representaban el único remedio del que disponían entonces los hombres para oponerse a los traidores ataques de la enfermedad que se manifestaba de mil modos distintos.

En la Edad Media y durante el Renacimiento, Europa fue devastada en varias ocasiones por la peste; «la bestia selvática», corno la definió el médico Galeno. En el correr de cuatro siglos desencadenó unos treinta y dos ataques contra nuestro continente, entre los que se cuenta el tristemente famoso de la «peste negra», que duró dieciséis largos años (1334-1350) y que exterminó 25 millones de europeos, es decir, una cuarta parte de la población total del continente.

Lo mismo que los demás doctores, también actuaba Nostradamus entre la enfurecida peste; pero, a diferencia de sus colegas, prestaba eficacísima ayuda a los desventurados que se debatían entre las garras del terrible morbo. Había en nuestro doctor un algo de taumatúrgico que hacía que, a su paso, se obrase el prodigio de la salud. Él mismo nos ha dejado escritas unas palabras relativas al modo como curaba el mal, en un tratado suyo titulado *Excelente y óptimo opúsculo, necesario para quienes deseen conocer varias eficaces recetas.*

No es posible hoy, a tantos años de distancia, saber si su medicamento produjo efectos tan maravillosos como para considerar a Nostradamus vencedor del terrible azote; pero sí es cierto e incontestable este hecho: Nostradamus tuvo fama de excelente médico, no sólo por la extraordinaria erudición de su ciencia, sino también por el espíritu misionero con que la ejercía. Los africanos, que durante tantos lustros acudieron a Lambaréné, donde el gran doctor blanco Albert Schweitzer obra-ba tan admirables portentos de curaciones físicas y de amor, estarían tal vez en mejores condiciones que noso-tros mismos para entender el gran prodigio realizado por el vidente. Sus compatriotas supieron mostrarle su gratitud, bien merecida por cierto: a su paso, la gente se echaba a sus pies y bendecía su nombre; y esta fama de bienhechor y de salvador le precedía y le acompañaba por toda la Provenza. Cuando terminó la terrible plaga, cansada ya de segar miles y miles de vidas humanas, Nostradamus fue honrado con el público reconocimiento y colmado de honores por quienes, gracias al insigne doctor, se habían salvado.

Pero ni el oro, ni las riquezas, ni la fama podían hacer mella en su ánimo totalmente entregado a la búsqueda de la verdad y a la investigación del misterioso arcano de la vida. Transcurrido, pues, algún tiempo, volvió a su retiro, estableciéndose entonces en la ciudad de Aix.

Allí reanudó su labor de médico y, al mismo tiempo, volvió a ocuparse de la herboristería, de la cosmética y de los bálsamos, a preparar jarabes y confituras, esencias y extractos que le aseguraron la imperecedera gratitud de cuantos los utilizaron. La vida se deslizaba tranquila y serenamente y un buen día el doctor Nostradamus tomó por esposa a una joven doncella. Su casa pudo regocijarse pronto con el nacimiento de dos hijos que vinieron al mundo, uno tras otro en el espacio de pocos meses. Entonces el fuego de la presciencia, el anhelo de escudriñar los secretos de la vida y de la muerte parecían en él decisivamente adormecidos. Las enseñanzas que desde su más tierna infancia le habían transmitido los ancianos de su familia, su capacidad de escrutar el firmamento estelar, con aquella agudísima vista de quien sabe interpretar el cami-no de los astros y prever, por su curso, los futuros acontecimientos del mundo, parecían en aquel entonces momentos lejanos de otra persona.

Una respetabilísima profesión, un vivo amor por el prójimo, una familia que completaba su existencia, parecían un baluarte suficientemente sólido para impedir a su «yo» que reanudase la ruta de las estrellas. Pero nada puede detener ciertas predestinaciones que marcan al hombre. Oponerse al destino es imposible, porque equivaldría a torcer el curso de los astros o a detener la impetuosa corriente de los ríos.

Así le ocurrió a Nostradamus que, sin darse cuenta de ello y sin proponérselo, se vio empujado por los acontecimientos a reanudar el camino de las predicciones. De pronto, su vida sufrió un cambio sustancial: la muerte llamó a su puerta y le arrebató de golpe a toda su familia, que tan afectuosamente le rodeaba. Cómo y por qué ocurrió esta grave desgracia, nadie ha podido hasta ahora averiguarlo. Pero sabemos que la vida de Nostradamus dio un vuelco definitivo y éste se entregó, desde entonces, a una actividad completamente distinta.

Dejó la ciudad de Aix, que despertaba en su ánimo recuerdos demasiado dolorosos, y se estableció en Salon, alojándose en una casa construida en una plaza tranquila. Aunque seguía ejerciendo su profesión de médico, pasaba mucho tiempo en una especie de extraña contemplación que a veces provocaba ciertas dudas sobre sus facultades mentales. Si no hubiera sido por la fama de excelente médico que le aureolaba, sus ciudadanos habrían creído que sus potencias y facultades, tan extraordinariamente desarrolladas en él, habían disminuido peligrosamente e, incluso, que se habían alterado. Pero, por el contrario, su reputación de as-trólogo y de vidente empezó a crecer de día en día y le situaba en un plano muy diverso ante la gente que tenía contacto con él.

El mago de Salon

La vida del doctor Nostradamus transcurría tranquila, libre de cualquier desorden. Día tras día visitaba a sus enfermos y les ofrecía el consuelo de su taumatúrgica sabiduría que, al parecer, podía realizar cualquier clase de milagros. La gente de Salon se había acostumbrado a verle pasar por calles y plazas cubierto con su larga capa negra agitada por el viento.

Con la mayor estima y respeto, no dudaban en detenerle para consultarle los más diversos problemas. Tal era realmente su fama que todos le tenían por un gran sabio en el más completo sentido de la palabra; y así cualquier asunto que se deseas aclarar, cual-quier problema que preocupase, le era expuesto inmediatamente para escuchar sus sabios consejos. El tenía la respuesta más exacta y el remedio más apropiado para todos los males.

A partir del año 1555 Nostradamus empezó a escribir sus propios vaticinios en forma de cuartetas; y puesto que cada libro contenía exactamente cien de estas breves combinaciones métricas de cuatro versos, los llamó Centurias.

Tan extendido estaba en aquella época el arte de la magia que a nadie atemorizaba la lectura del futuro. Pululaban por pueblos y ciudades un sinfín de hábiles vaticinadores de la suerte que hallaban, con suma facilidad, un público dispuesto a escucharles y que les entregaba, como recompensa, alguna moneda de oro o de plata, con tal de que se les anunciase sucesos favorables y les tranquilizara ante las densas sombras del futuro.

El doctor Nostradamus no pertenecía a esta abominable ralea de falseadores charlatanes ni sacaba provecho alguno de sus predicciones. La luz divina se encendía en él y penetraba en los misterios del futuro; no era, pues, fruto de improvisadas charlatanerías.

Completamente solo, en el silencio de la noche, Nostradamus se acomodaba en el sillón, rodeado de los instrumentos que utilizaba y de los textos en los que bebía su misteriosa ciencia astronómica.

Se extendía, ante sus penetrantes ojos, la bóveda celeste que él contemplaba a través de la ventana: aquel firmamento estrellado tenía para él pocos secretos y en aquellos innumerables cuerpos celestes leía como en un inmenso libro abierto. Mas no siempre es agradable este privilegio porque ocurre, algunas veces, que aquello que está escrito en las misteriosas páginas de los astros no corresponde a los deseos y a los intereses de quienes tienen la llave para inter-pretar sus signos. De esta forma, Nostradamus leyó en la bóveda celeste un futuro doloroso para sí y para sus seres más queridos: la esposa y sus dos hijos serían pronto presas de la muerte y envueltos en las frías tinieblas de la tumba.

Y cuando se cumplió puntualmente aquel trágico vaticinio, Nostradamus, impotente, se vio obligado a aceptar la decisión de un destino que se le había dado a conocer, pero en el que no podía intervenir para detenerlo.

Entonces su vida se vio bruscamente trastornada y el sabio tuvo que pagar un duro y penoso tributo a la notoria fama de su nombre. Las crónicas de su vida nos dicen que viajó durante mucho tiempo por lejanos países.

En el año 1556, poco después de la primera edición de las siete primeras Centurias, Nostradamus se trasladó a Italia, y en Roma fue recibido por el Santo Padre. Durante este viaje se detuvo algún tiempo en Turín.

Después de sus viajes por el extranjero Nostradamus se instaló de nuevo en Salon y reanudó su vida de siempre; sin embargo, su fama había crecido hasta tal punto que príncipes y reyes, ricos y poderosos, acudían a él para interrogarle sobre los acontecimientos futuros.

Transcurrieron los años y las profecías de Nostradamus se cumplieron con inexorable puntualidad: la conjura de Amboise, el levantamiento de Lyon y la muerte de Francisco I son otros acontecimientos vaticinados por el sabio vidente.

En el decurso de los años Nostradamus salió con menos frecuencia de Salon, ya que su quebrantada salud no le permitía fatigosos desplazamientos. Por esta razón, quienes deseaban consultarle sobre algún tema acudían a él, en Provenza.

El 17 de octubre de 1564, llegó a las puertas de la ciudad donde vivía el mago un lujoso cortejo; cuando los prohombres salieron para presentar su homenaje a los ilustres visitantes, les salió al encuentro el propio rey Carlos IX en persona, que venía a consultar al eminente doctor.

Nostradamus murió cristianamente tal como había vivido durante toda su vida.

Hechos históricos predichos y realizados

En su obra profética, conocida por todo el mundo con el nombre de *Centurias*, Nostradamus quiso recoger los acontecimientos relacionados con el futuro de la Humanidad, desde los días en que él empezó a escribir hasta el fin de los tiempos.

Qué son las Centurias puede decirse en pocas palabras. Así como un libro está dividido en capítulos y un poema en cantos, de la misma manera las profecías del vidente de Salon están divididas en Centurias, cada una de las cuales contiene un número variable de cuartetas (originariamente habían de ser cien por Centuria) en las que se da siempre una rima, forzada algunas veces, y en las que, en la mayor parte de los casos, no puede decirse que haya un nexo lógico de tiempo y de lugar y, sobre todo, una claridad de interpretación que las haga fácilmente inteligibles y nos dé a conocer exactamente el tiempo en que se realizarán los acontecimientos vaticinados.

Se dice hoy que son doce las Centurias, pero sólo las diez primeras son, sin lugar a dudas, de Nostradamus. La primera edición de estas diez Centurias la luz en 1555, por obra de un editor de Lyon.

Después, las sucesivas ediciones que han aparecido en diversas épocas han presentado, añadidas a las diez Centurias, un cierto número de nuevas cuartetas proféticas y, concretamente, cuatro cuartetas añadidas a la Centuria VII, seis a la Centuria VIII y una a la Centuria X. Sólo dos cuartetas han formado la Centuria XI y once la Centuria XII.

No se sabe con certeza cuál es el origen de estas cuartetas, posteriormente insertas en la obra prorética del mago de Salon.

En esta cuestión, sólo podemos aventurar hipótesis. Así, algunos investigadores afirman que, al morir Nostradamus, se hallaron entre sus papeles un cierto número de profecías, escritas ciertamente por él y que, por tanto, podrán añadirse a las suyas propias. Otros, por el contrario, las han atribuido a quienes nada tenían que ver con el vidente y las consideran, por consiguiente, apócrifas.

Pero volvamos a los versos con los que comienza el fascinante y cautivador misterio de las predicciones.

La imagen por ellos evocada es altamente sugestiva, y resulta fácil reconstruir, a través de las palabras empleadas por el profeta, la atmósfera tan separada del mundo en la que nuestro mago ejercía su facultad adivinatoria.

En el tranquilo refugio de su morada, donde se agolpaban durante el día ilustres o modestos visitantes que acudían para consultar a Nostradamus en su doble calidad de médico y de profeta, solía él encerrarse a altas horas de la noche en su propio estudio.

Según hemos podido averiguar, era una pieza amplia y separada de las demás estancias de la casa, que le servía tanto de retiro como de laboratorio. El sabio guardaba aquí, con preciado cuidado, libros y manuscritos valiosos y curiosos objetos relacionados con sus exploraciones astrológicas, plantas y hierbas útiles para su labor de médico: retortas, alambiques, vasos de cristal en los que destilaba preparados e infusiones destinados a sanar el cuerpo y a darle, independientemente de la edad, la fuerza y el vigor; astrolabios y espejos mágicos que el sabio utilizaba para explorar el porvenir, habitualmente impenetrable para el común de los mortales. Preciosos talismanes, medallas, sellos y sagrados amuletos constituían para él otros tantos instrumentos de poder sobre la misteriosa fuerza de lo ultrasensible.

En las claras noches estrelladas en las que el firmamento de los astros parecía un inmenso y maravilloso libro abierto de par en par ante los hombres, mientras el silencio envolvía misterio-samente todo —cosas y personas—, Nostradamus se acomodaba en un asiento de cobre (o de bronce) y, después de haber cumplido los ritos sagrados que exigían el uso de una banqueta mágica (la varilla que el vidente menciona en la cuarteta) y algunas ceremonias de purificación, veía materializarse ante sus ojos, y bajo la forma de una exigua llamita, la evocación ilumina-dora, gracias a la cual el Señor Dios suscitaba en él la visión profética de los acontecimientos.

La minúscula llama danzaba en la oscuridad y brillaba con el resplandor del agua lustral, recogida en un barreño de cobre.

El reverbero de la llama atenazaba los ojos del profeta y su mente caía en un estado de *trance* por el que no sólo descubría, en el fondo del futuro, un sinfín de hechos y de sucesos lejanos, sino que percibía asimismo sonidos y voces como si fuesen verdaderamente reales, hasta tal punto que los personajes, protagonistas de los eventos que él preveía, se agitaban vivos ante él y parecían no tener secretos para el gran vidente.

Y la voz de Dios, percibida por él con claridad, pero que parecía salir de los amplios pliegues de su manto, le ilustraba los hechos que desfilaban ante sus ojos y a los que él mismo, como invitado de honor, asistía, invadido siempre de un cierto reverencial respeto y de un santo y tranquilo temor.

Como sentía un irreprimible deseo de legar a los demás un recuerdo perenne de lo que él había conocido sobre el futuro, Nostradamus tomó nota de todo «modelando el borde y el pie de lo que no se cree en vano», o dicho en otras palabras: encerrando en los versos de sus proféticas cuartetas, lo que su mente había descubierto escudriñando en el porvenir.

Las exiguas tirillas de papel en las que Nostradamus escribía sus herméticos versos rimados, se amontonaban junto a él y abrían simas de interrogantes para quienes, andando el tiempo, los examinarían con ojos puramente humanos.

Por desgracia para nosotros, muy pocas de las cuartetas que compuso el gran vidente poseen la relativa claridad de las dos primeras con las que comienza la obra; y de ahí la dificultad de la interpretación.

Fiel al convencimiento de que el porvenir no había de ser claramente desvelado a la mayoría de los hombres y temeroso de que los tesoros de su profecía fuesen despreciados y conculcados, como perlas echadas a los puercos, por quienes los tomasen en sus manos, Nostradamus compuso una obra asequible sólo a un corto número de iniciados.

Todo lo que de extraordinario y portentoso realizaba Nostradamus en los cuerpos y en las almas de cuantos a él acudían, porque le consideraban un eminente sabio y un gran profeta, lo atribuían sus envidiosos y denigrantes adversarios a Satanás y a inspiraciones diabólicas; sus propios admiradores sentían un cierto temor reverencial ante sus prodigiosas facultades. Que Nostradamus era un hombre recto, honrado y apreciado y de extraordinaria caridad, nadie lo ponía en duda; pero de dónde le provenía aquel notable poder que le distinguía de cualquier otro ser humano, nadie, rico o pobre, sabio o ignorante, había atinado a descifrarlo.

Según hemos podido observar, Nostradamus nunca dejó de ser hombre de su tiempo y, por consiguiente, sabía muy bien que los severos censores ministros de la Inquisición habrían podido averiguar fácilmente sus actos e interpretarlos maliciosamente en caso de que los rumores y las veladas insinuaciones hubiesen sido graves e insistentes o hubiesen hallado en sus escritos siquiera la más leve sospecha o prueba de algo que consideraban punible.

Existían, además, otros motivos de justificación de su siempre extremada prudencia: el primero y principal era el de aparecer profeta de terribles desventuras. El hecho de predecir los sucesos más trágicos de la historia de la Humanidad con palabras fácilmente comprensibles habría levantado contra él toda la opinión popular y se hubiese visto condenado al extrañamiento, a la cárcel o a la muerte. Los profetas de desventuras, según nos enseña la Historia, nunca han sido bien recibidos; y se sabe que la gente prefiere precipitarse en el abismo, desconociendo e ignorando lo que les va a suceder, antes que conocer la desgracia que les espera. Nostradamus sabía muy bien todo esto y así prefirió ocultar sus profecías a la gran masa de los hombres, dejándolas voluntariamente enigmáticas y nebulosas y confiando sólo en un reducido número de iniciados capaces de comprenderlas y, llegado el caso, de explicarlas.

Esto explica el lenguaje hermético y oscuro al tratar del porvenir de Francia, su querida Francia, y que no fuera tan impenetrable al hablar de otros pueblos y naciones.

Para conseguir el oportuno grado de misterio, el escritor-profeta redactó sus cuartetas no sólo en francés arcaico para aquella época, sino que también lo mezcló con palabras alemanas, españolas, italianas, provenzales, y neologismos que tomaba de raíces griegas y latinas, o anagramando los nombres más conocidos de aquella época.

Así, Francia se transforma a veces en sus versos en Nercaf o Cerfan, París en Rapis o Sipar; Henric se presenta con la grafía Chydren; Mazarin se cambia en Nizaram y Lorrains toma la forma de Norlais. Con la grafía «Phi» indica el nombre de Felipe; Estrage se convierte en Estrange, es decir extranjera, y designa con este nombre a la reina María Antonieta, esposa de Luis XVI, aunque él transforma la palabra en Ergaste.

El estudio comparativo y atento de las muchas ediciones de las Centurias, permite asegurar que algunas grafías de palabras, consideradas sucesivamente por los comentaristas como errores del autor o del editor que las publicó, son, en cambio, inexactitudes expresamente queridas por el autor para velar sus profecías.

Es razonable que después de hablar con tanto encarecimiento de Nostradamus y de sus excepcionales dotes de vidente, sintamos curiosidad y tengamos un vivísimo deseo de poder «leer», a través de sus cuartetas, los eventos humanos que él predijo.

En diversas épocas, insignes investigadores y oscuros comentaristas han estudiado las Centurias, intentando esclarecer por todos los medios a su alcance el sentido arcano de las frases contenidas en aquellos versos. En muchos casos los resultados han sido satisfactorios; en otros, por el contrario, si bien costosos y estimables, a nada esclarecedor han conducido y las frases han conservado su secreto intacto; sólo desaparecerá el enigma cuando un acon-tecimiento histórico ofrezca a los estudiosos la clave que muestre su mecanismo.

De entre sus profecías, la primera que maravilló extraordinariamente a sus contemporáneos fue la que hizo Nostradamus refiriéndose a su propia muerte. La vida terrenal del gran profeta se extinguió en Salon, el día 2 de julio de 1566, un poco antes de la aurora, como consecuencia de un ataque de artritis y gota que había degenerado en hidropesía.

Pero la profecía que le valió, por sí sola, fama y notoriedad mientras aún vivía, fue la que consta en las Centurias y se refiere a Enrique II, Rey de Francia y esposo de Catalina de Médicis, en la cuarteta treinta y cinco de la Centuria I.

Esta cuarteta consigue dar, con viveza excepcional y concisión admirable, todos los detalles de la muerte del Rey; no es de maravillar, pues, el asombro que suscitó al aparecer públicamente este vaticinio.

A simple vista podría parecer incluso absurda, ya que un rey nunca se batía en duelo; no obstante dio mucho que pensar a cuantos estaban junto a Enrique. Los hechos ocurrieron de esta manera:

En junio de 1559 **Enrique II** se hallaba en París; se acababa de firmar el Tratado de Chateau-Cambrésis que ponía fin a las discordias entre España y Francia. Por él el soberano francés renunciaba a sus miras sobre Italia y restituía las tierras del Duque de Saboya, a quien había concedido, además de consolidar su situación política fuera de sus fronteras, la mano de su hermana Margarita. Y a Felipe II, viudo de María Tudor, habíale prometido por esposa a su jovencísima hija Isabel.

La Corte francesa festejaba aquellos esponsales y se había organizado, en aquella ocasión, un brillante torneo en la plaza que se extendía ante el palacio real, en aquel entonces palacio de los Torrejones (Tournelles).

El 30 de junio el Rey bajó al campo vestido con una magnífica armadura, con el propósito de batirse en combate individual a caballo contra tres adversarios por lo menos.

El primer caballero con quien compitió el Rey fue Manuel Filiberto de Saboya; el segundo, el Duque de Guisu, y el tercero era Gabriel Montgo mery, joven c impetuoso combatiente, comandante de la guardia del Rey. Uno tras otro, los asaltos se desarrollaron normalmente y las tres lanzas que el Rey había recibido terminaron rotas en el polvo. Un sentimiento de alivio pareció llenar el corazón de la multitud que había acudido a la plaza para presenciar el combate, y los íntimos del Rey se dijeron que el peligro estaba ya superado. Se relajó con ello la tensión, pero Enrique, no satisfecho con su triple victoria, no se alejaba del circo, dando a entender con sus gestos que deseaba repetir el asalto con el último de sus adversarios, el Conde de Montgomery, que antes había inferido al Rey un golpe tan fiero que faltó poco para derribarle.

De nuevo en el campo, los caballeros se colocaron uno enfrente del otro, preparados para una nueva lucha, en medio de un profundo silencio, roto solamente por el furioso galopar de los cabellos. Calada la visera de la armadura y dirigida la lanza contra el adversario, cargaron impetuosamente el uno contra el otro. En un abrir y cerrar de ojos se cruzaron las lanzas y la del joven Montgomery, partida en pedazos por el certero golpe del Rey, voló, otra vez, por los aires hasta el polvoriento suelo.

Nada trágico había ocurrido y de momento se pudo pensar que era falsa la negra profecía, desmentida por la realidad. Sólo faltaba un detalle, un in- significante detalle: cumplir la regla que ordenaba que los dos caballeros, echadas las anmas, volviesen al pumo de partida. Pero Montgomery, desarmado, no dejó la esquirla o pedazo que sostenía aún en su mano, sino que, al contrario, lo cogió con más fuerza y, al pasar junto al Soberano, con aquel tronco muñonrio fúe a chocar contra la visera del Rey —la jaula de oro de la que había hablado Nostradamus—, la levantó en parle y, habiendo hallado expedito el camino, fue a clavarse en el ojo saliendo trágicamente por el oído.

Enrique permaneció inconsciente durante cuatro días, y al cabo de once murió en medio de terribles dolores.

La profecía de Nostradamus se había cumplido punto por punto y el propio Rey moribundo la recordó, añadiendo que nadie podía hurtarse a su propio destino.

Tras la muerte de su esposo, Cata lina de Médicis vio realizada la segunda profecía que Nostradamus le había hecho, cuando su hijo Francisco II ciñó la corona de Rey de Francia.

El mago de Salon más de una vez había escrutado los abismos de las estrellas para sondear el destino de Jos hijos de Catalina y responder a los insistentes ruegos de la ambiciosa Reina.

Por lo que cuentan las crónicas de aquella época, la profecía que él hizo a propósito del destino de los príncipes fue una de las más famosas sesiones mágicas que recuerda la historia.

A altas horas de la noche, en el salón hexagonal de la torre del castillo de Chaumont, el mago de Salon invocó la presencia del Ángel de la Muerte.

Acudió puntualmente el fatal personaje y rompió con su presencia los halos o círculos que sucesivamente, por orden de edad, hicieron durante la célebre sesión las sombras de los hijos de Catalina, ataviados con las insignias reales.

Cada halo correspondía a un año de reinado y la marcha espectral se interrumpía en la fecha lijada por Anací, el Ángel de la Muerte.

El mago respondió a la Soberana (que le pedía cuentas de lo que él veía) que los votos y deseos de ella serían absolutamente cumplidos, porque todos sus hijos —sus tres hijos— ocuparían el trono de Francia.

Lo que él se calló fue este detalle: que los tres hermanos se sucederían en el trono en un pequeño espacio de tiempo, relativamente breve, y ello porque una temprana muerte los arrebataría en la flor de su edad, uno tras otro, como así sucedió.

Transcurrido sólo un año de reinado, Francisco II murió después de una breve dolencia, tal como había vaticinado el vidente en una de sus cuartetas. La Corte experimentó un nuevo estremecimiento de horror y se difundió el pánico entre los dignatarios que veían en el gran amigo de la Soberana un infalible vaticinador de desventuras.

Carlos IX sucedió a su hermano Francisco en el trono de Francia; era aún un niño y su madre fue regente hasta la mayoría de edad del Rey; pero habiendo muerto también el segundo hijo de Catalina, tal vez de remordimiento por no haber sabido oponerse a la terrible matanza de la noche de San Bartolomé, ocupó el trono su hermano **Enrique III**, que volvió a la patria desde las lejanas tierras de Polonia, donde había aceptado ceñir la corona de Segismundo.

Pero murió también este Rey, asesinado por un fanático, Jaime Clement, y Nostradamus hizo también para él un presagio, el que está señalado con el número 58 y referido al año 1561, mientras que en realidad el regicidio tuvo lugar en 1589: «El rey-rey no es ya (causa) la perniciosidad del Duce».

Y un comentarista del vidente destaca que el doble substantivo empleado para Enrique III recuerda su doble corona, la de Polonia y la de Francia, y el nombre del Duce ha de entenderse como sinónimo del apellido del asesino Clement.

Desde la muerte de Nostradamus hasta nuestros días, la historia se ha encargado de registrar una serie de hechos importantísimos para todos los países europeos. Si, por ejemplo, nos limitamos a las vicisitudes por las que ha pasado Francia, vemos que esta grande y poderosa nación, que desde hace muchos siglos ha cumplido la misión de guía, no sólo ha marcado con una impronta personalísima todos sus actos civiles, políticos o sociales, sino que con dos epopeyas trágicamente señeras ha cambiado, probablemente, el curso de la historia imprimiendo primero a Europa y después al mundo entero un giro que no dudaríamos en llamar «determinante». Nos referimos a la Revolución de 1789 y al advenimiento de Napoleón Bonaparte.

Por lo que concierne a la **Revolución Francesa**, lo que de ella dice Nostradamus es bastante incompleto, si bien hay algunas cuartetas con claras referencias a la grave convulsión social, política y religiosa que en ella tuvo su origen. En pocos versos cita expresamente el nombre del lugar, Varennes, donde el Rey Luis XVI fue detenido cuando intentaba huir, disfrazado, para eludir la guardia revolucionaria que buscaba capturarlo. Es más, el vidente da, con ligerísimas variantes, el nombre de la persona que lo reconoció y denunció a los revolucionarios. Y nos parece que estos detalles no pueden atribuirse a puras y simples coincidencias (Centuria IX, cuarteta XX).

Probablemente la mis grave dificultad que encuentra un observador para descifrar estos versos se debe esencialmente a la complejidad del lenguaje utilizado por Nostradamus para describir un acontecimiento que debía modificar profundamente el rostro de Francia y alterar, con tan graves repercusiones, el orden establecido en todo el mundo.

Hombre de su tiempo, adicto a la Corona y profundamente respetuoso para con la autoridad y la persona del Rey (recordemos que fue médico cortesano, consejero y astrólogo muy apreciado en la Corte de Francia), Nostradamus no se atrevía a predecir claramente a la monarquía (que le distinguía con su benevolencia y que probablemente estaba dispuesta a protegerlo contra cualquier eventual acción contra él por el terrible Tribunal de la Inquisición), el trágico acontecimiento después del cual la Corona sería sustituida por la República y el propio Rey ignominiosamente guillotinado.

Cuando se refiere a Napoleón, por el contrario, Nostradamus es sorprendentemente claro y sumamente inteligente; de él predice el lugar del nacimiento, la duración y los principales hechos de su reinado e incluso la naturaleza de su amor por María Luisa (Centuria I, cuarteta LX).

El vidente no habría podido hablar más claro. Ningún otro emperador nació cerca de Italia; Napoleón costó muy caro al Imperio erigido por él mismo para su prestigio personal y para su propia gloria, la hecatombe de muertos directa o indirectamente provocada por el corso, justifica el título de «carnicero» que Nostradamus le da en sus cuartetas. Y es ésta, asimismo, la opinión de muchos.

Aunque separadas una de otra por un espacio bastante largo que ocupan otras cuartetas, las dos citadas están perfectamente encadenadas y se complementan entre sí de tal modo que no es posible desconocer el nexo que las une.

La decimotercera cuarteta de la Centuria VII que, con maravillosa precisión, dice exactamente el número de años que Napoleón detentó el poder.

También aquí es muy fácil interpretar los versos: la ciudad marítima y tributaria es, evidentemente, Ajaccio, lugar donde nació Napoleón Bonaparte. La ciudad se levanta junto al mar, en el golfo de su nombre, en la isla de Córcega; y podía ser considerada como tributaria del gobierno central francés porque recientemente había sido adquirida por la Corona y anexionada a Francia, más o menos cuando nació en ella el joven jefe.

La explicación no deja lugar a dudas; y de un cuidadoso examen de todas las palabras se desprende la absoluta certeza —sin temor a errar— de que se trata de la capital de Córcega.

Por lo que respecta al segundo verso, puede parecernos un tanto sibilino y enigmático, pero basta un momento de reflexión para descartar cualquier clase de duda. La testa rapada en Francia, a principios del siglo pasado, fue un exclusivo atributo de Napoleón, que nunca quiso llevar peluca, a diferencia hasta aquel entonces de los personajes reales, sistemáticamente repre-sentados por pintores y retratistas con largas melenas ensortijadas.

Este particular detalle podría causar alguna extrañeza a los hombres de hoy, pero en los días aquellos en los que Napoleón empezó a imponer su autoridad y su prestigio, causó un efecto extraordinario entre las tropas y entre la población que le estaba sujeta. Sus propios soldados se complacían en llamarle familiarmente le petit tondu, literalmente «el pequeño pelón». Esta frase despierta con suma facilidad en nuestra mente la característica figura de Napoleón.

El tercer verso, por el contrario, es muy oscuro y sólo se pueden aventurar, para intentar explicarlo, algunas hipótesis, como aquella que dice que cuando accedió Bonaparte al poder estaba aún muy fresco el recuerdo de los hombres del Directorio que habían aterrorizado a la Francia revolucionaria, comportándose como «sórdidos» exponentes de un poder dictatorial que hubo de someterse, de buen o mal talante, al Primer Cónsul.

Referente al último verso, hemos de decir que contiene, al menos, dos datos incontrovertibles: el número «catorce» y la palabra «tiranía». La cifra indica con claridad la duración del reino, o mejor del poder, que detentó Napoleón: desde el 9 de noviembre de 1799 al 23 de junio de 1815. Son exactamente 14 años, siete meses y catorce días, que se reducen a algo menos de catorce años, si restamos de ellos los once meses que Napoleón estuvo desterrado en la isla de Elba. La palabra «tiranía» ha sido empleada por Nostradamus para destacar el carácter del régimen imperial instaurado por Napoleón, para quien los parlamentos y las asambleas no tenían absolutamente ningún valor.

¡Síntesis admirable de la vida de Napoleón la que nos ofrece Nostradamus en sus cuartetas! Y no hay duda de que su vaticinio se cumplió en todos y en cada uno de los detalles.

Una minuciosa panorámica del siglo XX

Guerra y paz

Desde que terminó la primera guerra mundial hasta que estalló la segunda, o sea, desde 1917-18 hasta 1939, los principales acontecimientos que caracterizan este período (período de tanta importancia para nosotros que puede aseverarse que vivimos todavía hoy sus consecuencias) fueron descritos por Nostradamus con absoluta precisión y, a menudo, con particularidades y detalles que excluyen cualquier posibilidad de error en la interpretación de cuanto nos legó el gran vidente.

Dice la cuarteta sesenta y tres de la I Centuria:

Los azotes pasados disminuido el
 [mundo,
Largo tiempo la paz, tierras
 [deshabitadas,
Hermana caminará por cielo, tierra,
 [mar y onda,
Después de nuevo las guerras
 [suscitadas.

Cuando los azotes de la primera guerra mundial terminen, el número de habitantes del mundo habrá disminuido: tal es el significado del primer verso; y reparemos que el profeta habla de azotes en plural, por lo cual podemos pensar que se refiere no sólo a la guerra que estalló en Europa, sino también a la revolución rusa y a la terrible y violenta epidemia que se declaró en España y se extendió por otras naciones europeas, causando entre la población incontables víctimas. En cuanto a las tierras deshabitadas, no es preciso esforzarse demasiado para en-tender que son las tierras que con el paso de la guerra quedaron estériles y desoladas, como fueron, por ejemplo, muchas regiones de Francia, de Rusia y de Polonia, calcinadas por completo.

En este punto especifica Nostradamus que durante el período de paz que seguirá a tanta desventura, una «hermana» irá por el cielo, tierra y onda. A quién se refiere el apelativo «hermana» consta claramente en otra cuarteta, la cuarta de la IV Centuria:

El impotente Príncipe enojado,
 [lamentos y querellas
De rapiñas y saqueos por galos y
 [porb líbicos:
Grande es por tierra, en mar
 [infinitas velas.
Hermana Italia será echando a los
 [célticos.

Se describe aquí, en una rápida visión, el período de la historia italiana que va aproximadamente desde 1860 a 1870, y que culminó con la **ocupación de Roma**, que estaba defendida por los zuavos, franceses o libios. El impotente Príncipe es Francisco II de Bor- bón, el «Grande» por la tierra es Napoleón III y las infinitas velas son las irlo- tas borbónicas, francesa e inglesa, como asimismo la italiana y la austríaca, que surcaron, durante aquellos años, el Mediterráneo. «Hermana Italia» es, pues, la frase escogida para indicar que se trata de esta nación; y he aquí que por aquel entonces Italia irá por el cielo, por mar, por tierra y sobre la onda, que en este caso es el éter, dominado por la prodigiosa invención de la radio.

Y luego, otra vez, las guerras que vendrán a turbar el equilibrio de Europa tan difícilmente conseguido y tan precariamente consolidado. Por otra parte, el Oriente de Europa habrá conocido, durante aquellos mismos años, una convulsión apocalíptica:

Al gran Imperio llegará otro muy
[distinto
Bondad distante más de felicidad:
Regido por uno salido no lejos de
[la plebe,
Corromper reinos gran infelicidad.
(CENTURIA VI, CUARTETA LXVII)

¿Qué otra nación fuera de Rusia estaba entonces regida por la forma imperial? Este gran imperio estará regido, pues, por un jefe bien distinto, ya por censo, ya por sangre, casi plebeyo que se comportará tan cruelmente como aquel a quien ha derribado y se seguirá de ahí una gran tragedia para todas aquellas naciones que, siguiendo las huellas de este gran imperio, se corromperán por la nueva doctrina.

Es extraordinariamente interesante proseguir el examen de las cuartetas que se refieren también a este acontecimiento:

Los dos malignos de Escorpión
[conjuntos,
El gran Señor asesinado dentro
[de la sala:
Peste a la Iglesia por el nuevo Rey
[agregado,
La Europa baja y la septentrional.
(CENTURIA I, CUARTETA LII)

Recordemos la historia: el 15 de marzo de 1917 abdicaba el Zar Nicolás II y luego era detenido y deportado con toda su familia a Ekaterinenburg, en Siberia; allí fue asesinado el 16 de julio de 1918, en la sala del pabellón, corriendo también la misma suerte todos sus allegados.

Ahora bien, la cuarteta dice que el asesinato se cometerá bajo la enseña de los dos malignos unidos por Escorpión, es decir, de Saturno y de Marte, cuyos símbolos son la hoz y el martillo, enlazados para formar la figura de Escorpión que, a su vez, simboliza el error que emponzoña a los pueblos con doctrina y métodos insidiosos y fraudulentos.

La cuarteta añade, además, que esto acarreará igualmente a la Iglesia grave daño y en especial el nuevo cabecilla que cambiará la faz de Rusia; sus acólitos perseguirán a la religión en la Europa meridional y septentrional, como realmente ocurrió en todo el territorio ruso, en no pocos países situados al otro lado del telón de acero y, durante el tiempo de la guerra civil, en España.

El cuadro de la revolución rusa se completa con los versos de la cuarteta cincuenta y nueve de la III Centuria, que dice:

Bárbaro imperio por el tercero
[usurpado
La mayor parte de su sangre condenar
[a muerte,
Por muerte senil, por él, el cuarto
[atacado,
Por temor de que sangre por otra
[sangre sea muerta.

Si a primera vista parece algo confuso el sentido, es suficiente detenernos brevemente en cada una de las palabras para desentrañar su significado. El gran imperio, después de la usurpación del tercer estado, o sea, la burguesía, es llamado bárbaro, porque, efectivamente, a los dirigentes de la época zarista les sucedió una clase de baja y mediana burguesía que dio en seguida pruebas de crueldad y de barbarie, llevando a cabo muchas sangrientas depuraciones en el seno de sus propios adeptos; por lo cual, transponiendo la frase, conseguiríamos una mayor coherencia de cuanto se dice. La interpretación podría ser ésta: el tercer estado condenará a muerte a una buena parte de los de su propia sangre; y a muchos de los del cuarto estado, es decir, obreros, campesinos y desheredados de la fortuna, serán por él perseguidos y condenados mediante muerte senil (que es el hambre), indigencia y trabajos forzados, y ello por temor de que la sangre derramada se vuelva contra ellos y provoque otra sangre, o dicho con otras palabras más claras, para que no estalle una reacción y una abierta rebelión contra los jerifaltes que tanta sangre derramaron ya con el fin de reafirmar el nuevo régimen ruso.

Los principales acontecimientos de nuestro siglo son claramente mencionados en los versos del vidente. Veámoslo:

La cuarteta cincuenta y cuatro de la Centuria dice con claridad que a la plaga de dos revoluciones seguirá la explosión nacional-socialista de la **Alemania hitleriana**. Leemos a este propósito:

Dos revoluciones hechas por el
[malvado hocero,
De reino y siglos hace mutación,
El móvil signo en su lugar se insiere,
A los dos iguales y de inclinación.

Cuando el malvado hocero, es decir Saturno, que es símbolo de la perversidad y se identifica con la hoz, habrá llevado a cabo dos revoluciones, la francesa y la rusa, cambiarán, como consecuencia, tiempos y naciones. Aparecerá entonces otro partido revolucionario cuyo símbolo será la señal movible (la cruz gamada) y, sustituyendo al comunista, será semejante a él en sus objetivos y en sus métodos: la opresión y la muerte para cuantos a él se opongan.

La cuarteta cuarenta y siete de la I Centuria se refiere a la **Sociedad de las Naciones**. Dice:

Del lago Leman los discursos enojarán
Los días serán reducidos a semanas,
Luego meses, luego años, luego
[todos desfallecerán,
Los Magistrados serán condenados
[por leyes vanas.

La cuarteta es un juicio nada halagüeño y más bien severo de la labor llevada a cabo por los ministros reunidos en Ginebra, como representantes de las naciones del mundo: los discursos que se pronunciarán a orillas del lago Leman, dice, cansarán a todos y serán causa de desunión y de fastidio; los días serán como semanas, después como meses, como años; todos abandonarán la lucha y al final las propias leyes que, por falta de un espíritu superior, se convertirán en letra muerta, condenarán a los mismos magistrados que las elaboraron.

La cuarteta sexta de la V Centuria es una clara referencia a la proclamación de **Víctor Manuel III** como emperador:

Al Rey augur la mano imponer sobre
[el jefe,
Vendrá a rogar por la paz itálica:
A la mano izquierda cambiará el cetro,
De Rey llegará a ser Emperador
[pacífico.

Es asimismo muy importante el anuncio en la cuarteta ochenta y nueve de la II Centuria, de dos personajes destinados a gobernar Europa totalitariamente. La transcribimos para nuestros lectores:

Un día se repartirán el mundo los dos
[grandes maestros,
Su gran poder se verá aumentado:
La tierra nueva estará en sus
[poderosas, manos,
Los días del sanguinario están contados.

Dos grandes maestros subirán al poder del Estado, es decir, serán coronados de autoridad, como se hace con una pieza en el juego de damas; su influencia política aumentará considerablemente.

Es clara la alusión a **Hitler y Mussolini**, maestros de escuela ambos mientras que la Tierra Nueva, América del Norte, alarmada ante el predominio de los dos jefes sobre el resto de Europa y de la peligrosa extensión de sus doctrinas, vigilarán el número siempre creciente de sus adeptos y seguidores.

Sigamos viendo el desarrollo de los sucesos bélicos de los años 1941-1945, a través de una serie de cuartetas que vaticinan los principales hechos (Centuria III, cuarteta LXXI; Centuria II, cuarteta V; Centuria IV, cuarteta LXVIII).

Algunos versos no necesitan explicación por su claridad. Cuando los habitantes de las islas, después de un largo asedio, hayan recobrado fuerza y vigor, los sitiadores de fuera serán derrotados, y sufrirán de nuevo y más que nunca.

En cuanto a las tentativas de negociar la paz, recordemos que en mayo de 1941 Rudolf Hess, enviado especial de Hitler, partió en avión para Inglaterra con el encargo de entablar negociaciones de paz y lograr posiblemente una alianza contra la Rusia Soviética. Con el mismo fin, parece que también había comunicación epistolar secreta entre diplomáticos italianos y japoneses con los aliados; tentativas que no dieron resultado positivo, por lo cual, como dice el vidente, «muchos desearán parlamentar con los grandes señores que llevaron la guerra a sus hogares, pero nadie absolutamente querrá oírlos. ¡Ay, si Dios no envía paz a la Tierra!». En esta exclamación parece encerrarse todo el horror de quien, con cuatro siglos de antelación sobre la realidad de los hechos, veía la espantosa carnicería que iba a seguir a estos vanos esfuerzos de paz entre los hombres.

El dolor por las desventuras que van a caer sobre la humanidad es nuevamente vaticinado por los versos en los que Nostradamus dice que nunca se vio una tal alianza y amistad entre lobos que correrán famélicos a arremeter y despedazar la codiciada presa.

Y hace una clara alusión aquí a la guerra que se endurecerá más y más, empleando armas especiales y nuevos inventos cada vez más perfectos para lograr la victoria sobre los respectivos adversarios. En pleno siglo XVI era de todo punto imposible imaginar un «pez de hierro»; trase en la que podemos ver una imagen de los submarinos, cuya torrecilla se abre y se cierra como se abría en la época de Nostradamus una carta cerrada con un sello-lacre.

En el año en que los habitantes de Saturno (o sea, las naciones más ricas), y los de Marte (que podemos identificar con las naciones belicistas) se habrán enzarzado en una terrible guerra y estará el mundo encendido en furia devastadora, el aire estará entonces seco (y de hecho el verano de 1944 fue particularmente duro para los pueblos envueltos en la contienda) y se emplearán fuegos secretos, es decir, armas desconocidas, a propulsión especial, que describirán una larga trayectoria y provocarán incendios, especialmente en una gran ciudad. Vemos en todo ello el devastador incendio de Londres, provocado por los alemanes con sus famosas V1 y V2, las terribles armas que destruyeron la capital inglesa, dando lugar a grandes torbellinos y desplazamientos de aire (viento) e incendios (calor).

Un año después, en 1945, un año más distante todavía de Venus —que significa más alejado del bienestar y del amor entre los pueblos— los dos gran-des de África y de Asia que no pueden ser otros que Inglaterra (que poseía grandes colonias en África) y Rusia, invadirán todos los territorios comprendidos entre el Rhin y el Danubio, como asimismo las tierras comprendidas entre Malta y la Liguria. Las gentes, al principio, aplaudirán y enaltecerán la hazaña, pero luego habrá dolores, lutos y lágrimas, primero en Malta y después en toda Italia.

Además, el jefe supremo de los sitiados (la suerte se ha trocado y la situación, cada día peor, ha convertido a los sitiadores en sitiados) es el dictador alemán; y contra él y su loco proyecto de lucha a ultranza se ha Mamado una conjuración que, sin llegar a conseguir plenamente su objetivo, ha sembrado el pánico entre los altos mandos alemanes, Heles al Führer.

Finalmente, el cuadro conclusivo de la retirada germánica en Francia: las fuerzas anglo americanas, después de haber desembarcado en las costas francesas y de haber ocupado la lamosa empalizada atlántica y toda la Bretaña, se dividieron en tres columnas y se drigieron hacia el corazón de Francia, hacia las fronteras de Bélgica y de Alemania y hacia Italia.

Al mismo tiempo, otras tropas desembarcaban en Marsella con el claro objetivo de encerrar entre dos fuegos a las fuerzas alemanas, completamente dislocadas y deshechas en el Sur de Francia. Los alemanes abandonaron Marsella (y a los soldados germanos les sustituyeron inmediatamente los aliados) y se dirigieron a marchas forzadas, en precipitada fuga, hacia Lyon, donde se encontraron con los ejércitos que procedían del Norte (Bordelés y Alto Garona).

En esta trágica retirada, ciudades como Toulouse y Narbona sufrieron gravísimas pérdidas, y los mismos alemanes perdieron, entre muertos y prisioneros, casi un millón de hombres.

Siguen otras cuartetas de extraordinaria importancia, porque contienen la descripción de los hechos que determinaron la **caída del fascismo**, la lucha de los partisanos y los sucesos que acontecieron después.

En esta época la situación de la guerra en Italia era tal como la describe Nostradamus: desembarcos de los aliados en Sicilia que habían determinado la fuga y el abandono de las zonas costeras de la isla por parte de la población para dirigirse al interior y hacia el continente; desembarcos en Córcega, Cerdeña, Nápoles y Salerno con ocupación de toaa la Italia meridional, en tanto que la población huía en gran parte hacia el norte; gran carestía de alimentos y hambre en todas estas localidades, agravada por una epidemia de tifus (peste) y por las inevitables tragedias que siguen a una ocupación por parte de una fuerza bárbara (no olvidemos que con los ingleses y americanos había también marroquíes y tropas de color), sin olvidar los efectos derivados de la falta de higiene.

Un nieto ocupará el trono por la decisión de dos cosas bastardas; será él quien doble la enseña del fascio lictorio a causa de las envenenadas saetas disparadas contra el mismo fascio. Éstos son, en resumen, los acontecimientos que determinaron la caída del gobierno de Mussolini el 25 de julio de 1943. En cuanto al nieto, Víctor Manuel III, que subió ai trono en 1900 cuando el anarquista Bresci (de origen desconocido) mató a Humberto I, a él, dice Nostradamus, corresponderá la misión de derribar al fascismo. Seguiría aquí, seguramente, la cuarteta ochenta y tres de la VII Centuria, de la que hablan muchos intérpretes y comentaristas, pero se ha perdido el texto original.

Decía que en una noche de aire cálido, en Consejo, sería atacado sin armas; y que habría, algún tiempo después, otras lágrimas y otros lamentos, al trocarse el epitalamio.

Y pasemos ya a los últimos días de la guerra en Italia.

La descripción de ios hechos empieza en la Centuria VIII, cuarteta sesenta y cuatro:

En las islas los niños serán transporta-
[dos,
Los dos de siete caeran en deses-
[peración:
Los del continente serán soportados,
Nombre de pala, conquistados por las
  [ligas abandonada toda esperanza.

Se recordará muy bien que cuando comenzaron sobre Inglaterra los bombardeos masivos con las nuevas armas germanas (que tenían como objetivo especial Londres y las regiones meridionales de la isla), se decidió poner a salvo al mayor número posible de niños.

Los dos de los siete no son otros que Alemania y Japón, habida cuenta de que las naciones beligerantes en aquel entonces eran exactamente siete: Japón, Alemania, Inglaterra, Francia, Estados Unidos, Rusia e Italia. Ésta se había pasado ya de campo y su nueva posición no le hacía temer grandes peligros; mientras tanto, sus antiguos aliados continuaban sufriendo los asaltos de la coalición. Los del continente son los alemanes, mientras que con «nombre de pala» el vidente pretende significar Ancona. La conquista de esta ciudad por parte de los anglo-ameri- canos al principio del año 1945 significó el principio de la derrota germánica, primero en Italia y luego en el resto de Europa, sin ninguna esperanza de reacción por parte de los alemanes (Centuria VII, cuarteta XXVII).

Si añadimos a esta cuarteta otras dos, tendremos completo el cuadro de la marcha de las operaciones aliadas en Italia, durante el período 1944-1945 (Centuria II, cuarteta XVI y Centuria V, cuarteta XCIX).

Mientras que la ocupación de las islas y de la Italia meridional había tenido lugar con cierta facilidad y rapidez, la invasión de las demás regiones de la península había sido mucho más lenta; los aliados emplearon para completarla dieciocho meses.

Así, Nostradamus dice que la gran masa de la caballería, es decir, las tropas acorazadas, de los auto-vehículos y de las fuerzas aéreas que procedentes de Sicilia habían llegado en muy breve tiempo hasta Vasto en los Abruzzos, tendrán que esforzarse mucho y fatigarse para alcanzar Ferrara, como si se viesen impedidos por una enorme cantidad de bagaje (y por bagaje puede asimismo entenderse, además de los muchos obstáculos interpuestos por la metódica y lenta retirada de los alemanes, el triste peso de las incontables pérdidas humanas). Pero llegado el ejército anglo-americano a las proximidades de Ferrara, desaparecerán los obstáculos y podrán extenderse fácilmente por toda la Italia septentrional. Entonces, en aquella coyuntura, se celebrarán grandes fiestas en Turín por la inminente llegada de los libertadores. Y aquellos mismos que festejarán el acontecimiento darán caza a sus enemigos (alemanes y soldados de la República de Saló) y sacarán de la cárcel de la ciudad a los rehenes, que los mismos habían capturado, para fusilarlos.

Los ejércitos aliados, de los que formaban parte tropas de diversas nacionalidades, ocuparán Italia, y la liberación de este país será acogida con grandes festejos, a pesar de la espantosa hecatombe de vidas humanas que habrá costado.

Lombardía, Piamonte, Véneto, Emilia y Pulla (las ciudades ocupan aquí, en esta cuarteta, el lugar de las regiones) se contarán entre las más devastadas y destruidas por gentes célticas, es decir, por soldados ingleses y sus aliados de habla inglesa, y por una falange aguilada, es decir, por un ejército que tendrá un águila como especial símbolo distintivo (los germánicos tenían precisamente un águila como distintivo).

Todo esto acontecerá, dice el vidente, cuando Italia (significada por Roma, su capital) esté bajo la autoridad y el control cíe un anciano jefe británico, que podemos identificar con el almirante Stone, el cual dominó la situación hasta el final de la ocupación de Italia por los aliados.

Los hechos, también en este punto, confirman lo que predijo Nostradamus: el Rey de Italia perdería, a causa de la guerra, su corona y sus partidarios serían perseguidos y muertos cruelmente en los dolorosos sucesos de aquellos trágicos días.

Por tanto, los diferentes acontecimientos que jalonaron las dos guerras mundiales fueron predichos por Nostradamus con escalofriante exactitud.

La guerra del Golfo y otros conflictos de Oriente Medio

En la centuria I, cuarteta LV, Nostradamus ubica en Oriente Medio algunos movimientos terroristas que considera sectas, palabra que se adecúa perfectamente a todas las milicias y facciones que han ido apareciendo en estos países, como por ejemplo Setiembre Negro, la Organización para la Liberación de Palestina, la Djihad Islámica o los Revolucionarios de Egipto.

En esta misma cuarteta se define la guerra entre Irán e Irak, así como la situación global en Oriente Medio. «Habrá efusión de sangre de gentes que viven bajo el clima opuesto a Irak, hasta el punto que la tierra, el mar, el aire y el cielo traerán la oscuridad cuando, durante el hambre, las facciones, los gobiernos serán responsables de pestilencia y de confusión».

Esta es la acertadísima interpretación que, de esta cuarteta, ha llevado a cabo Fontbrune en su libro *Los cometas y las profecías*. Nostradamus describió en esta cuarteta, de una forma clara y precisa, la guerra entre Irán e Irak. Efectivamente, ésta comenzó el 1 de Septiembre de 1980, y produjo más de 500.000 muertos. El presidente Saddam Hussein, el día 17 de Septiembre del mismo año, denunciaba unilateraímente el acuerdo firmado en Argel, con el sha de Irán, el 6 de Marzo de 1975, mediante el cual el territorio quedaba dividido en dos partes iguales, atribuidas a los dos países ribereños, la vía fluvial formada por la reunión del Tigris y el Eufrates, denominada Chatt el-Arab.

Desde 1980 la guerra estuvo encallada en las marismas del Chatt el-Arab. «Pestilencia» podría hacer referencia a la utilización de los gases por Irak, y nos hace pensar en las frecuentes imágenes de soldados iraníes abrasados o ciegos. Desde 1980, como todos sabemos por las noticias que de estos países nos llegaron, el Irán bombardeó las grandes ciudades de Irak con cohetes.

Una fiel interpretación de la centuria VIII, cuarteta LXX, nos haría pensar que, según Nostradamus, el vencedor de este conflicto sería Irán. Aunque luego, por la historia hemos visto que justamente sucedió lo contrario. «Entrará miserablemente, malvado, infame, tiranizando Mesopotamia».

La interpretación que da Fontbrune de este trozo de la cuarteta es que «el jefe iraní» tiranizará Irak (siempre teniendo en cuenta que anteriormente Irak era Mesopotamia, entre el Tigris y el Éufrates).

En cuanto a la guerra del Golfo Pérsico, existen indicios, frases, que agrupadas bajo la idea del conflicto bélico mundial, fin de siglo, fin de milenio, etc., podrían tener un sentido y hacernos creer que el problema del Golfo estaba ya en la mente del profeta. De hecho, la III guerra mundial podría empezar empujada por la acción de los ejércitos árabes.

No obstante, la estrofa XCIII de la tercera centuria es clara al respecto, y muy concretamente en relación al inicio del conflicto: «Nueva ley, nueva tierra ocupar». En otras estrofas se anuncia el final del conflicto: «Después de la victoria (...) vencedor sanguinario del conflicto discurseará, asar la lengua, la carne y los huesos». (Centuria IV, estrofa LVI).

Descubrimientos e inventos

En las Centurias no sólo encontramos en sus versos la historia de la Humanidad bajo el perfil de los acontecimientos históricos que han sucedido o que todavía han de suceder, sino que topamos a menudo con anticipaciones sobre descubrimientos e inventos absolutamente inimaginables en el tiempo en que fueron escritos aquellos versos y, desde luego, mucho más difíciles de prever y de descubrir con la precisión con que lo hace el gran vidente. Lo cual confirma y ratifica, caso de que fuese necesaria esta confirmación, el carácter de verdadero vidente que hemos de atribuir al mago de Salon, a quien algunos detractores negaron veracidad y profecía entendida ésta en el más alto sentido de la palabra.

Algunos de los inventos y descubrimientos que él describió en sus profecías, a menudo bajo forma de auténticas adivinanzas y siempre con el acostumbrado estilo alegórico y hermético, hoy son perfectamente conocidos; otros, en cambio, pertenecen a un futuro más o menos próximo, y de ellos esperamos poder tener confirmación en los años venideros.

El cine mudo y el sonoro

En la cuarteta décima de la Centuria I se dice:

Serpientes transmitidas en la jaula de
[hierro,
Donde los siete hijos del Rey van presos,
Los ancianos y padres saldrán bajo de
la fosa.
Antes de morir ven su fruto muerto y
[grita.

Las «serpientes transmitidas en la jaula de hierro» son las películas cinematográficas, enrolladas como serpientes en sus bobinas de hierro y encerradas en proyectores metálicos para ser proyectadas. En estas películas han sido aprisionados los siete colores del arco iris (los siete hijos del Rey, es decir, del sol), para formar las imágenes, ya en blanco y negro, ya en color. De esta manera nuestros lejanos antepasados y nuestros padres, reproducidos en la cinta cinematográfica, volverán a vivir para gozar y esparcimiento nuestro, aunque reducidos a imágenes de muy pequeñas proporciones.

Antes de su muerte, los hermanos Lumière, inventores del cine mudo, consiguieron ver cómo el producto de su invención (el fruto muerto) hablaba y gritaba, es decir, cómo se convertía en sonoro el cine mudo.

El aeroplano

La voz oída del insólito pájaro
Sobre el canal del respirable plano:
Tan alto verá del trigo la medida,
Que el hombre del hombre será
[antropófago.
(CENTURIA II, CUARTETA LXXV)

Se oirá la voz de un insólito y desconocido pájaro sobre el canal del respirable plano. Entonces la medida o precio del trigo será tan alta que el hombre se convertirá en antropófago del hombre.

He aquí nuestra exégesis: cuando se oiga el característico zumbido del motor de los aviones (que el propio Nostradamus, en su carta a Enrique II, describe como un «huy-huy» prolongado), comparado a desconocidos pájaros sobre los aleros de las casas, en la parte más respirable (o en lo más alto del aire), entonces los precios de todos los alimentos subirán hasta las estrellas y los víveres más indispensables, como el pan, serán muy caros.

Telégrafo, teléfono, electricidad

Cuando el animal al hombre doméstico,
Después de grandes penas y saltos
[venga a hablar,
El rayo a virgen será tan maléfico,
De tierra tomado y suspendido en el
[aire.
(CENTURIA III, CUARTETA XLIV)

Cuando el animal venga a hablar al hombre doméstico, después de grandes penas y saltos, el rayo, tomado y suspendido en el aire, será muy maléfico a la virgen.

Es decir, cuando el hombre primitivo, selvático, pueda comunicar y hablar con su semejante civilizado desde las más remotas tierras, primero a través de grandes penas y saltos (o sea: mediante el empleo del telégrafo que transmitía rítmicamente líneas y puntos), y después también directamente mediante un micrófono, entonces el rayo, es decir, la corriente eléctrica (que dañará enormemente a la cera virgen de la que se fabricaban las velas) se tomará del suelo con hilos conductores y se suspenderá en el aire mediante cables y aisladores aue la llevarán a todos los ángulos de la tierra. Nos parece que el significado de las cuartetas es, también aquí, bastante claro y que no admite otras interpretaciones.

La «peste» de nuestro fin de siglo

La guerra no toma ahora las características descritas al principio de este capítulo, sino otras completamente distintas, a pesar de que el color de los fogonazos no cambia de gama, materializándose en un arma nueva que en vez de destruir espectacularmente destruye en silencio. Dice la cuarta sesenta y cinco de la Centuria X:

La *vasta Roma* se ha convertido en otra capital en el nuevo imperio, la gran potencia en el mundo occidental, los Estados Unidos. En nuestro siglo, la guerra no saldrá de sus muros, es decir, de sus armas bélicas, sino la sangre y el semen. El virus fatídico se encuentra en la sangre, y la transmisión del virus se realiza por vía sanguínea directa. Las siglas de la enfermedad fatal son como muescas horribles o signos mortales, las cuatro letras del nuevo terror: **S.I.D.A.** La dolencia se extenderá a todo el mundo. Nadie se verá libre de la posibilidad de contagiarse ni de sus espantosas consecuencias, puesto que su vía de contagio es tan elemental como la propia sangre que se halla expuesta a la enfermedad a cada momento. El «Hierro afilado metido a todos hasta el mango» no puede ser más explícito en este sentido, una frase que también es posible interpretar como una alusión al grupo social que primero se vio afectado por el nuevo morbo: los homosexuales.

Las palabras de esta cuarteta hablan claramente de la caída del Imperio. El semen, con sus portadores de vida, se hundirá en el vacío y la sangre que da la vida, será precisamente portadora de todo lo contrario: la sangre y la sustancia mismas serán pues las desencadenantes de la destrucción. Éstas son las armas del nuevo imperio, de la nueva Roma que ejerce su influencia por todas partes pero que camina directamente hacia el desastre. En esta cuarteta Nostradamus sentencia nuestro mundo, herido ya de muerte.

¿Qué pasará mañana?

«El emperador alemán acongojará a la religión y a la Iglesia. Llenará a Italia de infinitas amarguras, derribará el castillo de Sant'Angelo y toda la ciudad leonina. También Francia sufrirá mucho. El emperador se aliará con los orientales y septentrionales. A causa de estas graves tribulaciones morirá el Papa. Vendrá luego el Pastor Angelicus y el emperador alemán será derrotado por el Gran Monarca.»

Esta última profecía es de Nostradamus y está sacada de sus predicciones en prosa; en ella puede añadírsele la contenida en la cuarteta cincuenta y siete de la Centuria II:

Antes del conflicto el grande caerá,
El grande a muerte, muy repentina y
[sentida,
La Nave imperfecta, la mayor parte
[nadará,
Junto al río la tierra quedará de sangre
[teñida.

Asesinato del Papa

Antes de que estalle la tercera guerra mundial y caiga el telón de acero (tal podría ser el significado de «el gran muro» que traen algunas ediciones) Italia será invadida y el Papa asesinado. De este modo la nave de Pedro, huérfana de guía, quedará a merced de los dramáticos acontecimientos que seguirán a esta muerte, no excluida la posibilidad de un cisma; entonces el clero, simbólica tripulación de la simbólica nave, la abandonará, echándose al mar como único medio para salvar la vida. Junto al río (que podría ser el Tíber, si se toma Roma como sede del papado), la tierra se teñirá de sangre.

Esta profecía se completaría con la contenida en la cuarteta noventa y nueve, de la Centuria VIII:

Por el poder de los tres Reyes
[temporales,
A otro lugar será transferida la Santa
[Sede,
Donde la sustancia del espíritu corpóreo,
Será repuesta y recibida por verdadera
[sede.

La guerra que se desencadenará entre tres grandes potencias afectará igualmente al jefe de la cristiandad y el pontífice que habrá sucedido al Papa muerto correrá a su vez un peligro muy grave, no sólo en su incolumidad personal, sino también por la estabilidad de su propio apostolado: la Santa Sede, es decir, la cátedra de San Pedro será trasladada a otro lugar y sólo al final del conflicto podrá el Santo Padre volver a Roma, la verdadera sede destinada a albergar al representante del Señor en la Tierra.

Y la profecía continúa en la cuarteta ochenta y tres de la Centuria V:

Los que tengan empresa subvertir,
Inigualable reino, tuerte e invencible:
Obrarán, con fraude, noches tres
[advertir,
Cuando el mayor en la mesa lea la
[Biblia.

Quienes se habían propuesto la obra de subversión y destrucción de la Iglesia recurrirán al fraude y al engaño y a cualquier otro medio para poder sorprender al Papa. Lo cual sucederá en cierta ocasión estando el Papa sentado en la mesa leyendo la Biblia. Tres serán los encargados de capturar al Papa, mediante un engaño.

Sigue, a continuación, la Centuria IV, cuarteta treinta y tres, que explica quiénes serán los que tiendan la trampa al Papa y por consiguiente a la misma Iglesia:

Júpiter unido más a Venus que a la Luna
Apareciendo de plenitud blanca:
Venus escondida bajo la blancura de
[Neptuno,
Por Marte golpeada con la grande rama.

El lenguaje es completamente metafórico: Nostradamus dice que cuando Júpiter aparezca con plenitud blanca y esté más próximo a Venus que a la Luna, y Venus se esconda bajo la blancura de Neptuno, entonces Marte la golpeará con la blanca rama.

Procuremos explicar el simbolismo: cuando el pontífice aparezca más inclinado o decidido a fijar su atención más en las naciones protestantes que en las católicas y se esfuerce en poner en práctica el precepto de la caridad, entonces los protestantes serán maltratados y perseguidos (juntamente con el pontífice) por una muchedumbre de enemigos (que en este caso quizá podemos identificar con los comunistas).

Dice la Centuria IX en la noventa y nueve cuarteta:

Viento Aquilón hara partir la sede.
Por muros echar cenizas, cal y polvo:
Por lluvia luego que les causara mas
[daño,
Último socorro llegar desde su
[frontera.

El viento de Aquilón, es decir, el que obligara al pontífice, inmediatamente después de su elección, a dejar Roma, vendrá del Norte. Los habitantes de Roma defenderán su ciudad, echando desde las murallas sustancias agresivas (podría evidentemente tratarse de nuevas sustancias químicas, empleadas corno armas de tensivas), pero de poco servirán sus esfuerzos, porque el atacante, a su vez, los acometerá con una verdadera lluvia de bombas que les causarán mucho mas daño que el anteriormente experimentado.

Siguen unas cuartetas que explican y declaran el desconcierto general que se producirá según vayan desarrollándose los hechos.

Un personaje de gran lustre, destinado a ser muy pronto emperador, fingirá someterse al pontífice para simular así su apoyo en el cisma que habrá tenido lugar en el seno de la Iglesia y ayudar a algunos países del Este en su lucha contra la opresión comunista. Pero luego, la rebelión de este simulador y falsario causará gravísimo daño a la Iglesia y provocará enconadas luchas entre sus seguidores.

Los rojos, que podemos identificar como fuerzas enemigas del papado y de la cristiandad, se echarán sobre Roma so pretexto de que van a restablecer el pontificado (la gran Capa), esclavo de la anarquía y sometida al cisma. Entonces el estrago, la carnicería y la venganza serán tales que prácticamente no habrá familia que no llore la muerte de alguno de sus miembros, y los rojos asesinaran a un purpurado (probablemente uno de los papas cismáticos). En esta coyuntura, desde la ciudad de Roma se transmitirá un falso mensaje para comunicar otra elección papal, también falsa. Los cristianos perderán totalmente la esperanza de ver volver al verdadero Papa y aceptarán como auténtica la versión de quienes dicen que ha muerto; se cometerá un delito en una capilla y el anti-papa superviviente triunfará y coronará a su autor como jefe supremo.

«La gran estrella arderá durante siete días»: esta frase puede interpretarse en el sentido de que una nueva arma vendrá a sembrar la destrucción y la ruina entre los hombres; y de esta nueva tempestad (que bien podría ser una guerra) nacerán dos nuevos personajes de gran prestigio.

Y cuando un gran pontífice logre extender sus dominios sobre nuevos territorios, entonces los pueblos del Oriente Medio reaccionarán violentamente.

Después de la victoria de la predicación de un engañamundos, estallará otra revuelta en Alemania; dos ejércitos se unirán en uno solo y el jefe y su hijo serán asesinados, en tanto que sobre algunas regiones italianas se abatirán la violencia y el terror como represalia.

Holocausto nuclear

Dicen las cuartetas sexta y séptima de la Centuria III:

En el templo cerrado el rayo penetrará, Los ciudadanos extenuados en sus fuertes:

Caballos, bueyes, hombres la onda los
[tocará
Con hambre, sed los más débiles
[armados.
Sobre las picas de los fugitivos fuego
[del cielo,
Conflicto próximo de los cuervos
[jugueteando,
Desde tierra se implora ayuda socorro
[del cielo,
Cuando junto a los muros estarán los
[combatientes.

Creemos que se trata de un arma tan extraordinariamente mortífera que podría pulverizar cualquier edificio por sólido que fuese (hoy construye ya el hombre refugios antiatómicos que podrían asegurarle la supervivencia en caso de ataques con armas nucleares) y la palabra «templos» puede entenderse en sentido estrictamente religioso, o en sentido metafórico. Además, el infernal mecanismo profetizado por Nostradamus podría destruir seguramente las armas de los enemigos en fuga; lo cual produciría una trágica oleada de muerte, a la que seguiría una igualmente trágica carestía: ésta será, dice el profeta, la única miserable arma que va a quedar a los más débiles que sobrevivan.

La nación de la hoz creerá haber eliminado toda resistencia contra ella, pero en realidad la satisfacción por la victoria obtenida contra todo el mundo durará poco. Precisamente cuando se crea que todo está perdido, entonces, «in extremis», las naciones de Occidente se tomarán el más completo desquite. Un sabio inventor descubrirá y pondrá a punto una novísima arma terrible, cuyos efectos producirán indefectiblemente gran consternación y luto entre los hombres. La potencia y el radio de acción de este «dardo del cielo» serán tales que abarcarán una vastísima extensión de nuestro planeta y, por consiguiente, no habrá para los enemigos ninguna posibilidad de salvarse.

Estando reunidos los jefes para hallar un remedio y una solución para prevenir o alejar el grave peligro que les amenaza, se abatirá sobre ellos la nueva arma y los destruirá. En consecuencia, las tropas, sin sus adalides y caudillos, huirán a la desbandada y el caos político y militar desbarajustará el orden anterior de la nación de la hoz. Será como si se hubiese llevado a cabo una masiva ejecución de los jerifaltes enemigos.

En fin, contra las sectas de los rojos, es decir, contra los varios gobiernos de régimen comunista, se alinearán todas las demás naciones que se esforzarán en devolver la paz y la tranquilidad al mundo tan duramente probado a través de tantas y tan terribles guerras. Después de haber barrido el mundo con un huracán de hierro y de fuego, no habrá salvación posible para los supervivientes, de forma que muchos morirán por juicios sumarísimos y cuantos maquinaron contra la verdadera libertad morirán despiadadamente, a excepción de uno —escribe el gran profeta—, que más que cualquier otro causará al mundo lutos, desolación y ruinas.

Esta precisión tiene caracteres de especial importancia, porque permite determinar una lógica sucesión cronológica entre las cuartetas que se refieren a futuros acontecimientos, estableciendo una fundamental distinción entre las predicciones que dicen relación con el próximo conflicto (la tercera guerra mundial, de la que hemos ya hablado) y las concretan los sucesos que señalarán el fin de los tiempos.

Este temido **Anticristo**, a quien se cita muchas veces en las cuartetas de Nostradamus y asimismo en predicciones de otros varios videntes que vivieron en distintas épocas, escapará al merecido castigo y saltará de nuevo a la escena del mundo sólo cuando suene la tremenda hora del fin, preludio del segundo advenimiento de Cristo sobre la Tierra.

Veamos ahora los acontecimientos que seguirán a la definitiva derrota de los «Bárbaros», reconstruyéndolos a través de algunas cuartetas que transcribimos:

Cuanto más esté el grande en falso
[sueño
La inquietud vendrá a tomar reposo:
Levantad falange de oro, de azul y rojo,
Subyugar África, roerla hasta los
[huesos.
(CENTURIA V, CUARTETA LXIX)

Selín monarca pacificador Italia,
Reinos unidos, rey cristiano del mundo,
Muriendo querrá reposar en Tierra
[Santa,
Después de haber barrido del mar a los
[piratas.
(CENTURIA IV, CUARTETA LXXVII)

Tiempos de paz

Europa, tan duramente probada, podrá, al fin, gozar de un poco de paz. El gran monarca, que tan hábil se habrá mostrado para conseguir la victoria sobre los enemigos de Occidente, se mostrará también activo y eficaz en la consolación y robustecimiento de esta paz tan difícilmente conseguida; y, gracias a su gestión, el ansia y la inquietud que habían tan vivamente atormentado a los hombres hasta llevarlos al borde de la más grave ruina cesarán y la paz dominará en el mundo. Y añade todavía el proteta que el advenimiento de esta esperada y feliz Era no impedirá la explotación de las inmensas reservas ocultas en el continente africano que serán aprovechadas y explotadas al máximo, para conseguir así que todas las naciones reciban de ello beneficios comunes.

Nostradamus escribe aquí un nombre en cuyo esclarecimiento han trabajado afanosa c inútilmente muchos sabios comentaristas: Selin Monarca. No sabemos quién pueda ser este esclarecido Monarca, y son válidas aquí todas las hipótesis, ya sea que con este nombre haya querido indicar el vidente el lugar de origen del monarca, ya se trate de un anagrama del nombre verdadero. Este gran soberano (y la palabra «soberano» puede admitir una más amplia interpretación, sin necesidad de que se tome al pie de la letra, y así podría muy bien significar el jefe supremo de una hegemonía, no necesariamente monárquica), conseguida ya la pacificación de Italia y unificados bajo su real mando todos los Estados, será el representante cristiano del mundo, y después de haber limpiado los mares de los últimos piratas, es decir, de los restos de la flota enemiga, supervivientes después de la gran derrota, deseará ser enterrado en Tierra Santa, como homenaje a la tradición cristiana.

Y comenzará entonces un nuevo estado de cosas, una nueva ordenación social, como indican algunas cuartetas (Centuria III, cuarteta XL y Centuria X, cuarteta XL).

La guerra, maldición de los hombres, será finalmente sometida por la feliz unión de los Estados; su impotencia para estallar asegurará la paz.

Todas las naciones caerán

Pero los dulces y tranquilos años de paz verán pronto su fin, si hemos de dar crédito a lo que se dice en la cuarteta cuarenta y seis de la Centuria II.

El primer verso dice con claridad que, después de una gran discordia entre los hombres, se aproxima otra mucho mayor todavía. Del cielo caerán bombas tan abundantes como gotas de lluvia que esparcirán mucha sangre inocente, y otra vez la Humanidad será azotada por crueles desventuras que causarán lutos, dolores y pestilencias irreprimibles, incluso por parte de la más avanzada ciencia médica. Esto acontecerá, precisa Nostradamus, cuando en el cielo, por enésima vez, aparezcan las estelas luminosas de los misiles.

Algunos comentaristas han interpretado esta cuarteta como si fuese una profecía cumplida ya en la Segunda Guerra Mundial, cuando la V1 y la V2 alemanas surcaron el cielo de Europa y sembraron, a su paso, desolación, muerte y ruina. Pero si bien no faltaron durante aquella contienda violentísimos episodios que afectaron a muchos inocentes y a muchos pueblos indefensos, es preciso tener en cuenta las palabras que se refieren al gran motor que renueva los siglos y la alusión que se hace a la epidemia, que en realidad no se declaró durante el ante-rior conflicto. La alusión al fin del mundo, la referencia al ciclo histórico en el que actualmente vivimos hace posible afirmar que este martirio de la Humanidad, aún no ha sucedido.

Al término de la predicción, el mundo, dividido en facciones y lacerado por graves cismas, se hallará inmerso en el más negro y trágico caos. Las mayores capitales del mundo serán destruidas.

La ciudad que se indica en la cuarteta ochenta y cuatro de la Centuria III, es, indudablemente, París, cuya destrucción ha sido también vaticinada por otros videntes, entre los cuales está San Juan Bosco, quien en una carta dirigida al entonces Papa Pío IX, dice: «El Creador se dará a conocer y visitará París tres veces con la vara de su enojo». Después de haber exhortado a los parisienses a que no desprecien sus consejos, concluye el Santo de esta manera a propósito del destino que les aguarda: «Caerás, durante la tercera visita, en manos extranjeras y tus enemigos mirarán desde lejos cómo arden tus palacios, reducidas tus moradas a un montón de ruinas y rociadas con la sangre de tus prohombres que ya no existen...».

Como puede verse, concuerdan los vaticinios, puesto que Nostradamus afirma que la ciudad de París quedará completamente desolada y sólo podrán habitarla contados supervivientes.

Se derrumbarán los edificios y la población será exterminada con hierro y fuego y nadie se apiadará de los inermes y de los pequeños; hasta los templos serán violados por la furia demoledora que implacablemente se abatirá sobre ellos. Y quienes se libren de las armas, morirán víctimas de la epidemia que caerá sobre la desgraciada metrópoli.

Por lo que respecta a Londres, capital de la nación que poseyó en su día el más vasto de los imperios coloniales, Nostradamus predice trescientos años de dominio absoluto y de próspero comercio marítimo que disgustará a los portugueses. Éstos habrán de ceder a Albión el predominio y la supremacía de las Indias.

Y llegamos por fin a la profecía que se refiere, seguramente, a la ciudad de Nueva York, la «gran ciudad nueva» que será atacada por un incendio que podría estar localizado en la zona de 40° de latitud. Esta súbita llama envolverá totalmente la ciudad que saltará por el aire, hecha añicos; lo cual sucederá cuando se piense someter a dura prueba a la gente del norte de Europa, probablemente los alemanes.

También Roma, la ciudad eterna, se incluye entre las ciudades que van a ser destruidas. Leemos en la cuarteta cien de la VI Centuria:

Hija de la Aurora, asilo del malsano,
Donde hasta el cielo se ve el anfiteatro:
Prodigio visto, tu mal está muy próximo, Serás cautiva y veces más de cuatro.

Esta profecía, en la que el vidente llama a Roma «hija de la Aurora», ciudad que levanta hacia el cielo el anfiteatro del coliseo, aconseja tener en cuenta los próximos desgraciados acontecimientos que se avecinan: la ciudad será asediada más de cuatro veces.

Para Roma, pues, el destino no es el mismo que el reservado a otras grandes ciudades: no los hombres, sino las fuerzas de la Naturaleza, darán cuenta de ella y de su perversidad que consistirá muy especialmente en haber violado las mismas leyes naturales.

Desde Sicilia, es decir, desde aquel mismo lugar donde Jasón hizo construir sus naves, vendrá un espantoso y súbito diluvio del que nadie podrá escapar. El terrible cataclismo hinchará hasta tal exceso las alborotadas aguas del mar que éstas llegarán a sumergir toda la parte meridional de la península italiana y la furia de los desatados elementos sólo se detendrá al pie de las colinas donde están los restos del teatro romano de Fiesole, en Toscana.

En este punto, la profecía de Nostradamus sobre el futuro que nos aguarda parece decir que el mal triunfará inconteniblemente sobre la tierra; por fortuna no será así porque será de escasa duración su apoteosis. Se vislumbra ya la última y definitiva lucha entre los hijos de las tinieblas, mandados por el Anticristo y los hijos de la Luz, guiados por el Mesías.

El triunfo de la Gran Verdad

Dice Nostradamus que cuando el sol llegue al 20° del Toro, es decir, el día once de mayo, la Tierra temblará y tragará a todos los espectadores; mientras tanto el aire se oscurecerá y caerán sobre la Tierra las más densas tinieblas y Dios, con sus legiones de ángeles y de santos, arrollará y arrumbará totalmente a la demoníaca criatura que había querido escalar el cielo. Acometido y atacado por el rayo celeste, el Anticristo se desplomará en la arena e incapaz de llevar a cabo las maravillas de las que había osado presumir, se abismará en las entrañas de la tierra, vencido y derrotado. La justicia de Dios se abatirá entonces sobre los secuaces de Satanás y causará entre los hombres una terrible carnicería. De esta manera el gran nieto, es decir, el Anticristo descendiente de Satanás, será constreñido a dejar la Tierra para nunca jamás volver a ella.

Entonces triunfará María, Madre de Dios (a la que Nostradamus indica como una curiosa perífrasis, siendo «maría» el plural del nombre latino «mare»), de la cual se ha dicho que «las puertas del Infierno no prevalecerán contra ella».

El Anticristo, descendiente de la tribu (o califato) de Dan y su inspirador, Satanás, temblarán ante el juicio que les espera.

Nostradamus ratifica y sanciona la fecha de cuando va a suceder todo esto: transcurridos veinte años santos o jubilares, lo cual equivale a decir después de veinte siglos de la fundación de la Iglesia (indicada por el vidente, como de costumbre, con el nombre de Luna, ya que Cristo es el verdadero Sol que ilumina con su luz a la Iglesia, como el caso de nuestro satélite), o sea en el año siete mil del calendario judío, calculado a partir de la expulsión de Adán y Eva del paraíso. Aquel año, otro retendrá la monarquía; lo cual significa que el sol dejará de iluminar a la Tierra; mi profecía entonces —añade Nostradamus— se habrá cumplido.

En aquel período próximo al acabamiento del segundo milenio, los muertos que estarán en sus tumbas se presentarán de nuevo ante la presencia de Dios y las espantosas hecatombes que tanto habrán afligido y atormentado al mundo aparecerán como uno de los medios purificadores de los que Dios se ha valido para realizar sus propios designios y no ya como una tragedia de la Humanidad, salvada y redimida.

Un gran Juez juzgará los tiempos pasados, lo mismo que el presente, y pronunciará su sentencia para los vivos y para los muertos, y todos aquellos que no comprendieron la palabra de Dios serán por Él repudiados.

Finalmente Nostradamus, después de precisar que, conscientes de lo que les aguarda, los hombres considerarán el día de su muerte no ya como algo triste, sino como un momento de gran regocijo y como un nacimiento a la vida espiritual, concluye diciendo que el Espíritu Santo llenará de gozo y de felicidad a aquellas almas que, por la victoria tan meritoriamente alcanzada, tendrán derecho a contemplar en toda su plenitud el esplendor del Verbo.

Las Centurias

Ofrecemos en las siguientes páginas, íntegramente, las diez Centurias de Michel de Nostradamus junto a la correspondiente versión española de cada una de las cuartetas.

La traducción es literal y, por consiguiente, oscura muchas veces. Expresamente no hemos querido dar a los versos una interpretación subjetiva, por cuidadosa y esmerada que ella fuese, para no desviar el juicio del lector, dejando así a todos la más amplia libertad de lectura. Por otra parte, tampoco en la lengua original las profecías del vidente francés son excesivamente claras. Porque, según hemos visto, él mismo quiso dejar oscura la significación de muchas de sus previsiones, por cuyo motivo se prestan a más de una versión la interpretación y la eventual confirmación de algún suceso por él vaticinado. Hemos preferido traducir palabra por palabra, incluso en aquellos pasajes en que las frases y las cuartetas parecen no tener un significado demasiado lógico.

CENTURIE I

I *Estant assis de nuict secret estude,*
   Seul reposé sur la selle d'aerain:
   Flambe exigue sortant de sollitude,
   Fait prospérer qui n'est à croire vain.

II *La verge en main mise au milieu de Branches*
   De l'onde il moulle & le limbe & le pied:
   Un peur & voix fremissent par les manches:
   Splendeur divine. Le divin pres s'assied.

III *Quand la lictiere du tourbillon versee,*
    Et seront faces de leurs manteaux couverts,
    La republique par gens nouveaux vexee,
    Lors blancs & rouges iugeront à l'envers.

IV *Par l'univers sera faict un Monarque*
   Qu'en paix & vie ne sera longuement:
   Lors se perdra la piscature barque,
   Sera regie en plus grand detriment.

V *Chassez seront pour faire long combat*
   Par le pays seront plus fort grevez:
   Bourg & cité auront plus grand debat
   Carcas. Narbonne auront coeur esprouvez.

VI *L'oeil de Ravenne sera destitué,*
   Quand à ses pieds les aisles failliront:
   Les deux de Bresse auront constitué,
   Turin, Verseil que Gaulois fouleront.

VII *Tard arrivé, l'execution faicte,*
    Le vent contraires, lettres au chemin prinses:
    Les coniurez XIIIJ d'une secte,
    Par le Rousseau senez les entreprinses.

VIII *Combien de fois prinse cité solaire*
     Sera changeant les lois barbares & vaines:
     Ton mal s'approche. Plus sera tributaire
     La grand Hadrie recourira tes veines.

CENTURIA I

I   Estando de noche absorto en mi secreto estudio,
Sentado, solo, sobre un sillón de cobre:
Pequeña luz que de las soledades brota,
Hace decir lo que no se ha esperado en vano.

II   Vara en mano puesta en medio de Branco,
Moja de la onda el pie y el borde:
Un temor y una voz se agitan por las mangas:
¡Divino resplandor!, Dios se asienta al lado.

III   Cuando la litera del torbellino derramada.
Y estarán los rostros con sus mantos cubiertos,
La república por nuevas gentes vejada,
Entonces juzgarán al revés blancos y rojos.

IV   Del universo será hecho un Monarca,
Que en paz y vida no será por mucho tiempo:
Entonces se perderá la pescadora barca,
Será regida en más grande detrimento.

V   Cazados serán para hacer largo combate,
Por el país serán mayormente afectados:
Burgo y ciudad tendrán mayor debate,
Carcas. Narbona tendrán el corazón probado.

VI   El ojo de Ravena será destituido,
Cuando a sus pies fallarán las alas:
Los dos de Bresse habrán constituido,
Turín, Vercelli que pisotearán los Galos.

VII   Llegado tarde, la ejecución cumplida,
El viento contrario, cartas en el camino tomadas,
Los conjurados XIIIJ de una secta,
Mediante Rousseau sanad los proyectos.

VIII   Cuantas veces ciudad solar tomada
Serán tornadizas tus leyes bárbaras y vanas
Tu mal se acerca. Más veces será tributaria
La gran Hadria recorrerá tus venas.

IX   *De l'Orient viendra le coeur Punique*
Fascher Hadrie, & les hoirs Romulides.
Accompagné de la classe Libyque,
Temple Melites et proches Isles vuides.

X   *Sespens transmis en la cage de fer,*
Où le enfans septains du Roy sont prins,
Les vieux & peres sortiront bas de l'enfer,
Ains mourir voir de fruict mort & cris.

XI   *Le mouvement de sens, coeur, pieds & mains*
Seront d'accord Naples, Lyon, Sicile
Glaives, feux, eaux puis aux nobles Romains,
Plongez, tuez, morts par cerveau debile.

XII   *Dans peu dira faulce brute fragile,*
De bas en hault eslevé promptement.
Puis en istant desloyale & labile,
Qui de Veronne aura gouvernement.

XIII   *Les exilez par ire, haine intestine,*
Feront au Roy grand coniuration:
Secret mettront ennemis par la mine,
Et ses vieux siens contre eux sedition.

XIV   *De gent esclave chansons, chants & requestes.*
Captifs par Princes & Seigneurs aux prisons:
A l'advenir par idiots sans testes,
Seront receux par divines oraisons.

XV   *Mars nous menasse par la force bellique*
Septante fois fera le sang espandre:
Auge & ruyne de l'Ecclesuastique,
Et plus ceux qui d'eux rien voudront entendre.

XVI   *Faulx à l'estang ioncte vers le Sagittaire,*
En son hault auge de l'exaltation,
Peste, famine, mort de main militaire,
Le siecle approche de renovation.

IX   Desde Oriente vendrá el corazón Púnico.
A hostigar a Hadria y a los herederos Romúlos.
Acompañado de la flota Líbica.
Temblarán los Malteses y las expoliadas Islas próximas.

X   Serpientes transmitidas en la jaula de hierro,
Donde los hijos séptimos del Rey van presos,
Los ancianos y padres saldrán del fondo de su sepultura
Antes de morir ver su fruto muerto y grita.

XI   El movimiento de los sentidos, corazón, pies y manos
Estarán de acuerdo Nápoles, Lyon, Sicilia
Espadas, fuegos, aguas después a los nobles Romanos,
Herid, matad, muertos por mente débil.

XII   Dentro de poco dirá la hoz potente y frágil,
De abajo arriba levantada prontamente.
Luego al instante desleal y lábil.
Quien de Verona tendrá el gobierno.

XIII   Los exiliados con ira, odio latente,
Harán contra el Rey gran conjuración:
En secreto pondrán a los enemigos por el semblante,
Y sus ancianos contra ellos sedición.

XIV   De gente esclava canciones, cantos y peticiones,
Cautivos de Príncipe y Señores en las prisiones:
En el futuro por idiotas sin cabeza,
Serán recibidos con divinas oraciones.

XV   Marte nos amenaza con la fuerza bélica,
Setenta veces hará la sangre derramar:
Auge y ruina del Eclesiástico,
Y más quienes de ellos nada querrán escuchar.

XVI   La hoz en el estanque hacia Sagitario,
En su más alto grado de exaltación,
Peste, hambre, muerte por mano militar,
El siglo se aproxima a la renovación.

XVII *Par quarante ans l'Iris n'apparoistra,*
Par quarante ans tous les iours sera veu:
La terre arride en siccité croistra,
Et grand deluges quand sera apperceu.

XVIII *Par la discorde negligence Gauloise*
Sera passage à Mahommet ouvert:
De sang trempé la terre & mer Senoise,
Le port Phocen de voiles & nefs couvert.

XIX *Lors que serpens viendront circuir l'are,*
Le sang Troyen vexé par les Espaignes:
Par eux grand nombre en sera fait tare,
Chef suict, caché au mares dans les saignes.

XX *Tours, Orleans, Blois, Angers, Reims & Nantes*
Citex vexees par subit changement,
Par langues estranges seront tendues tentes,
Feuves, dars, Renes, terre & mer tremblement.

XXI *Profonde argile blanche nourrit rocher,*
Qui d'un abysme istra lacticineuse,
En vain troublez ne l'oseront toucher,
Ignorant estre au fond terre argilleuse.

XXII *Ce qui vivra et n'ayant aucun sens,*
Viendra leser à mort son artifice,
Autun, Chalons, Langres, & les deux Sens,
La gresle et glace fera grand malefice.

XXIII *Au mois troisième se levant le Soleil,*
Sanglier Liepard, au champ Mars pour combattre
Liepard lassé au Ciel estend son oeil,
Un aigle autour du Soleil voit s'esbattre.

XXIV *A cité neuve pensif paur condamner,*
L'oisel de proye au Ciel se vient offrir:
Apres victoire à captifs pardonner,
Cremone et Mantouë grand maux aura souffert.

XVII Durante cuarenta años el Arco Iris no aparecerá,
Durante cuarenta años todos los días se le ha de ver:
La tierra seca su aridez aumentará,
Y gran diluvio cuando se logre ver.

XVIII Por la discordia negligencia Francesa
Quedará el paso a Mahomed abierto:
De sangre empapada la tierra y el mar Senense,
El puerto Focense de velas y naves cubierto.

XIX Cuando vengan serpientes a circuir el ara,
La sangre troyana vejada por las Españas:
Por ellos gran número habrá hecho merma,
Jefe huye, escondido en las charcas entre las cañas.

XX Tours, Orleans, Blois, Angers, Reims y Nantes
Ciudades por cambio repentino vejadas,
Por lenguas extrañas tiendas serán levantadas,
Ríos, dársenas, Rennes, tierra y mar temblarán.

XXI Profunda arcilla blanca nutre la roca,
Que de un abismo saldrá lacticinosa,
En vano, turbados, osarán tocarla,
Ignorando que hay en el fondo tierra arcillosa.

XXII Lo que vivirá y no teniendo ningún sentido,
Procurará dañar a muerte su artificio,
Autun, Chalons, Langres y los dos Sens,
El granizo y el hielo causarán gran maleficio.

XXIII En el mes tercero al levantarse el Sol,
Jabalí Leopardo, al campo de Marte para combatir,
Leopardo cansado al Cielo abre su ojo,
Un águila alrededor del Sol ve volar.

XXIV A una ciudad nueva, pensativo, para condenar,
El pájaro de presa al Cielo viene a ofrecerse:
Después de la victoria a cautivos perdonar,
Cremona y Mantua grandes daños habrán sufrido.

XXV *Perdu, trouvé, caché de si long siecle,*
     Sera pasteur demy Dieu honoré:
     Ains que la Lune acheve son grand siecle,
     Par autres vents sera deshonoré.

XXVI *Le grand du fouldre tombe d'heure diurne.*
      Mal & predict par porteur postulaire:
      Suivant presage tombe d'heure nocturne,
      Conflict Reims, Londres; Etrusque pestifere.

XXVII *Dessous de chaine Guien du Ciel frappé,*
       Non loing de là est caché le tresor,
       Qui par long siecles avoir esté grappé,
       Trouvé mourra, l'oeil crevé de ressor.

XXVIII *La tour de Boucq craindra fuste Barbare,*
        Un temps, long temps apres barque hesperique
        Bettail, gens, meubles, tous deux feront grand tare
        Taurus & libra, quelle mortelle picque?

XXIX *Quand le poisson terrestre & aquatique*
      Par force vague au gravier sera mis,
      Sa forme estrange suave & horrifique,
      Par mer aux murs bien tost les ennemis.

XXX *La nef estrange par le tourment marin*
     Abordera pres de port incogneu:
     Nonobstant signes de rameau palmerin,
     Apres mort pille bon advis tard venu.

XXXI *Tant d'ans en Gaule les guerres dureront,*
      Outre la course du Castulon monarque:
      Victoire incerte trois grands couronneront,
      Aigles, Coq, Lune, Lyon, Soleil en marque.

XXXII *Le grand Empire fera tost translaté*
       En lieu petit, qui bien tost viendra croistre,
       Lieu bien infime d'exigue comté,
       Où au milieu viendra poser son sceptre.

XXV Perdido, hallado, escondido tanto tiempo,
Será pastor semidiós honrado:
Antes que la Luna termine su gran ciclo,
Por otros vientos será deshonrado.

XXVI El gran rayo cae durante la hora diurna.
El mal fue previsto por un portador postulario:
El siguiente presagio cae durante la hora nocturna,
Conflictos Reims, Londres; Etruria apestada.

XXVII Bajo la sierra Guayana por el Cielo golpeada,
No lejos de allí está escondido el tesoro,
Que durante muchos siglos ha permanecido inviolado,
Morirá quien lo hallare el ojo por el resorte atravesado.

XXVIII La torre de Boucq temerá leño Bárbaro,
Un tiempo, mucho tiempo después barca hespérica,
Ganado, gentes, muebles, los dos harán gran tara,
Tauro y Libra, ¿qué mortal lanzada?

XXIX Cuando el pez terrestre y acuático
Por una fuerza vaga sea arrojado a tierra,
Su forma extraña suave y horrorífica,
Por el mar a los muros muy pronto los enemigos.

XXX La nave extraña por tormenta marina,
Abordará cerca de un puerto desconocido:
A pesar de signos de rama palmerina,
Después de la muerte recibe buen consejo tarde venido.

XXXI Tantos años en Galia las guerras durarán,
Más allá de la carrera del Castulón Monarca:
Victoria incierta tres grandes coronarán,
Águila, Gallo, Luna, León, Sol en marca.

XXXII El gran Imperio será pronto trasladado
A lugar pequeño, que bien pronto crecerá,
Lugar muy ínfimo de exigua comarca,
Donde, en medio, su cetro establecerá.

XXXIII *Pres d'un grand pont de plaine spatieuse,*
Le grand Lyon par forces Cesarees,
Fera abbattre hors cité rigoureuse,
Par effroy portes luy seront reserrees.

XXXIV *L'oyseau de proye volant à la fenestre,*
Avant conflict faict aux François pareure,
L'un bon prendra, l'un ambigu sinistre:
La partie foible tiendra par bon augure.

XXXV *Le lyon ieune le vieux surmontera,*
En champ bellique par singulier duelle,
Dans cage d'or les yeux luy crevera,
Deux classes une puis mourir mort cruelle.

XXXVI *Tard le Monarque se viendra repentir,*
De n'avoir mis à mort son adversaire,
Mais viendra bien à plus hault consentir,
Que tout son sang par mort fera deffaire.

XXXVII *Un peu devant que le Soleil s'absconse*
Conflict donné, grand peuple dubuteux,
Prosligez, port marin ne fait response,
Pont & sepulcre en deux estranges lieux.

XXXVIII *Le Sol et L'Aigle au victeur paroistront,*
Response vaine au vaincu l'on asseure,
Par cor ny cris harnois n'arresteront,
Vindicte paix par mors si acheve à l'heure.

XXXIX *De nuict dans lict le supresme estrangle,*
Pour trop avoir seiourné blond esleu,
Par trois l'Empire subroge exancle,
A mort mettra carte, & paquet ne leu.

XL *La trombe fausse dissimulant folie,*
Fera Bisance un changement de loix.
Histra d'Egypte, qui veut que l'on deslie,
Edict changeant monnoye & aloys.

XXXIII   Cerca de un gran puente de una planicie espaciosa,
         El gran León por fuerzas Imperiales,
         Hará abatir fuera de la ciudad rigurosa,
         Por temor las puertas le serán cerradas.

XXXIV   El pájaro de presa volando a la ventana,
         Antes del conflicto hace a los Franceses pavura,
         Uno bueno tomará, el otro ambiguo siniestro:
         La parte débil tendrá por buen presagio.

XXXV   El joven león dominará al viejo
         En campo bélico, por duelo singular,
         En jaula de oro le saltará los ojos,
         Dos clases una, luego morir con muerte cruel.

XXXVI   Tarde el Monarca se arrepentirá,
         De no haber dado muerte a su adversario,
         Pero llegará luego a consentir mucho más,
         Que toda su sangre por muerte hará deshacer.

XXXVII   Un poco antes de que el Sol se esconda
         Conflicto estallado, gran pueblo en duda,
         Oíd, puerto marino no responde,
         En dos extraños lugares, Puente y Sepultura.

XXXVIII El Sol y el Águila al vencedor se aparecerán,
         Respuesta vana al vencido se le asegura,
         Los arneses ni con cuerpos ni con gritos detendrán,
         Vindicada la paz con la muerte se termina a tiempo.

XXXIX   De noche en la cama al supremo estrangula,
         Por haber permanecido demasiado rubio elegido,
         Por tres el Imperio subrogado exangüe,
         A muerte condenar carta y paquete no leído.

XL   La falsa tromba, simulando locura,
         Hará Bizancio un cambio de leyes,
         Histra de Egipto que quiere que se desligue,
         Edicto cambiando moneda y quilates.

XLI	*Siege en cité est de nuict assaillie,*
	Peu eschapé, non loin de mer conflict,
	Femme de ioye, retours fils defaillie,
	Poison & lettres cachees dans le plic.

XLII	*Le dix Calende d'Avril de faict Gotique,*
	Resuscité encor par gens malins,
	Le feu estainct, assemblee diabolique,
	Cherchant les os du d'Amant & Pselin.

XLIII	*Avant qu'advienne le changement d'Empire,*
	Il adviendra un cas bien merveilleux,
	Le champ mué, le pillier de Porphire
	Mis, transmué sus le rocher noilleux.

XLIV	*En bref seront de retour sacrifices,*
	Contrevenans seront mis à martyre:
	Plus ne seront moines, abbez, ne novices,
	Le miel sera beaucoup plus cher que cire.

XLV	*Secteur de sectes grand peine au delateur*
	Beste en theatre, dresse le ieu scenique,
	Du faict antique annobly l'inventeur,
	Par sectes monde confus & schismatique.

XLVI	*Tout apres d'Aux, de Lestore & Mirande,*
	Grand feu du ciel en trois nuicts tombera:
	Cause adviendra bien stupende & Mirande,
	Bien peu apres la terre tremblera.

XLVII	*Du lac Leman les sermons fascheront,*
	Des iours seront reduicts par des semaines,
	Puis mois, puis an, puis tous defailliront
	Les Magistrats damneront leurs loix vaines.

XLVIII	*Vingt ans du regne de la Lune passez,*
	Sept mille ans autre tiendra sa monarchie:
	Quand le Soleil prendra ses iours lassez,
	Lors accomplir & mine ma prophetie.

XLI Asedio en ciudad es de noche asaltada,
Escapado por poco, no lejos del mar conflicto,
Mujer de gozo desvanecida por la vuelta del hijo,
Veneno y cartas escondidas en la plica.

XLII La décima Calenda de Abril del hecho gótico
Resucitado todavía por gente perversa,
El fuego extinto, diabólica asamblea,
Buscando los huesos de Amant y de Pselin.

XLIII Antes de que llegue el cambio del Imperio
Sucederá un caso maravilloso,
El campamento atónito, el depredador de Porfirio
Enviado, impuesto sobre el escollo litigioso.

XLIV En breve volverán los sacrificios,
Contraventores sufrirán martirio:
No existirán más monjes, abades ni novicios,
La miel será mucho más cara que la cera.

XLV Sectario de sectas gran pena al delator
Bestia en teatro, dispuesto el aparato escénico,
Del hecho antiguo ennoblecido el inventor,
Por sectas mundo confuso y cismático.

XLVI Muy cerca de Aux, de Lestore y Miranda,
Gran fuego del cielo en tres noches caerá:
Causa ocurrirá muy estupenda y Miranda,
Muy poco después la tierra temblará.

XLVII Del lago Leman los discursos enojarán,
Los días serán reducidos a semanas,
Luego meses, luego años; luego todos desfallecerán,
Los Magistrados condenarán sus leyes vanas.

XLVIII Veinte años del reino de la Luna transcurridos,
Siete mil años otro tendrá su Monarquía,
Cuando el sol tome sus días cansados,
Entonces cumplida y consumada mi profecía.

XLIX *Beaucoup avant telle menees,*
Ceux d'Orient par la vertu lunaire:
L'an mil sept cens feront grand emmenees,
Subiuguant presque le coing Aquilonaire.

L *De l'aquatique triplicité naistra,*
D'un qui fera le Ieudy pour sa feste:
Son bruit, loz, regne, sa puissance croistra,
Par terre & mer aux Oriens tempeste.

LI *Chefs d'Aries, Iupiter & Saturne,*
Dieu eternel quelles mutations?
Puis par long siecle son maling temps retourne
Gaule et Italie, quelles esmotions?

LII *Les deux malins de Scorpion conioincts,*
Le grand seigneur meurdry dedans la salle:
Peste à l'Eglise par le nouveau Roy ioinct,
L'Europe basse et Septentrionale.

LIII *Las qu'on verra grand peuple tourmenté,*
Et la loy saincte en totale ruine,
Par autres loix toutes la Chrestienté,
Quand d'or d'argent trouve nouvelle mine.

LIV *Deux revolts faits du maling facigere,*
De regne & siecles fait permutation:
Le mobil signe à son endroit si ingere,
Aux deux esgaux & d'inclination.

LV *Soubz l'opposite climat Babylonique,*
Grande sera de sang effusion,
Que terre & mer, air, ciel sera inique,
Sectes, faim, regnes, pestes, confusion.

LVI *Vous verrez tost & tard faire grand change,*
Horreurs extremes & vindications:
Que si la Lune conduicte par son ange,
Le ciel s'approche des inclinations.

XLIX　　Mucho antes de tales intrigas,
　　　　 Los de Oriente por la virtud lunar:
　　　　 El año mil setecientos harán grandes cambios,
　　　　 Subyugando casi el rincón Aquilonar.

　　L　 En la acuática triplicidad nacerá,
　　　　 De uno que tendrá el Jueves por su fiesta:
　　　　 Su fama, loor, reino, su poderío crecerá,
　　　　 Por tierra y mar tempestad en los Orientes.

　　LI　 Jefes de Aries, Júpiter y Saturno,
　　　　 ¿Oh Dios eterno, qué mutaciones?
　　　　 Después por larga duración vuelve su perverso tiempo
　　　　 Galia e Italia, ¿qué mutaciones?

　　LII　 Los dos malignos de Escorpión conjuntos,
　　　　 El gran señor asesinado dentro de la sala:
　　　　 Peste a la Iglesia por el nuevo Rey agregado,
　　　　 La Europa baja y la septentrional.

　　LIII　 ¡Ay! Cuando se vea a un gran pueblo atormentado,
　　　　 Y la ley santa en total ruina,
　　　　 Por otras leyes la Cristiandad toda,
　　　　 Cuando de oro y de plata se halle nueva mina.

　　LIV　 Dos revoluciones hechas por el malvado hocero,
　　　　 De reino y siglos hace mutación:
　　　　 El móvil signo en su lugar se insiere,
　　　　 A los dos iguales y de inclinación.

　　LV　 Bajo el contrario clima babilónico,
　　　　 Grande será de sangre la efusión,
　　　　 Porque tierra y mar, aire, cielo será inicuo,
　　　　 Sectas, hambre, reinos, pestes, confusión.

　　LVI　 Veréis tarde o temprano hacer gran cambio,
　　　　 Horrores extremos y vindicaciones:
　　　　 Que si la Luna por su ángel conducida,
　　　　 El cielo se acerca a las inclinaciones.

LVII *Par grand discord la trombe tremblera,*
Accord rompu dressant la teste au Ciel,
Bouche sanglante dans le sang nagera,
Au sol la face oincte de laict & miel.

LVIII *Trenché le ventre naistra avec deux testes,*
Et quatre bras, quelques ans entiers vivra?
Iour qui Alquiloye celebrera ses festes,
Fossen, Turin, chef Ferrare suyvra.

LIX *Les exilez deportez dans les Isles,*
Au changement d'un plus cruel Monarque,
Seront meurtris, & mis deux les scintiles,
Qui de parler ne seront estez parques.

LX *Un Empereur naistra pres d'Italie,*
Qui à l'Empire sera vendu bien cher,
Diront avec quels gens il se ralie,
Qu'on trouvera moins prince que boucher.

LXI *La republique miserable infelice*
Sera vastée du nouveau magistrat,
Leur grand amas de l'exil malefice
Fera Sueve raur leur grand contract.

LXII *La grande perte, las que feront les lettres,*
Avant le ciel de Latona parfaict,
Feu grand deluge plus par ignares sceptres,
Que de long siecle ne se verra refaict.

LXIII *Les fleurs passez diminue le monde,*
Long temps la paix terres inhabitees,
Seur marchera par Ciel, terre, & onde,
Puis de nouveau les guerres suscitees.

LXIV *De nuict Soleil penseront avoir veu*
Quand le pourceau demy homme on verra.
Bruit, chant, bataille au Ciel battre aperceu,
Et bestes brutes à parler l'on orra.

LVII   Por gran discordia la tromba temblará,
        Acuerdo roto levantando la cabeza al Cielo,
        Boca sangrante en la sangre nadará,
        Al suelo el rostro untado de leche y miel

LVIII   Abierto el vientre nacerá con dos cabezas,
        Y cuatro brazos; ¿cuántos años enteros vivirá?
        Día en que Aquilea celebre sus fiestas,
        Fossen, Turín, jefe Ferrara seguirá.

LIX   Los proscritos deportados a las Islas,
        Al cambiar por un más cruel Monarca,
        Serán ejecutados y quemados en grandes piras,
        Los que al hablar no hayan sido parcos.

LX   Nacerá un Emperador cerca de Italia,
        Que al Imperio costará muy caro;
        Dirán con qué gentes él se alia,
        Y lo encontrarán menos príncipe que carnicero.

LXI   La república miserable infeliz
        Devastada será por el nuevo magistrado,
        Su gran montón del exilio maléfico
        Hará Suecia quitar lo contratado.

LXII   La gran pérdida, ¡ay!, que harán las letras,
        Antes de que el cielo de Latona sea perfecto,
        Hubo gran diluvio más por ignaros cetros,
        Que por largo tiempo no se verá rehecho.

LXIII   Los azotes pasados disminuido el mundo,
        Largo tiempo la paz, tierras deshabitadas,
        Hermana irá por el cielo, tierra, y onda,
        Después de nuevo las guerras suscitadas.

LXIV   De noche Sol creerán haber visto
        Cuando se vea el cerdo mitad hombre.
        Ruido, canto, batalla, en el cielo batir apercibido,
        Y bestias brutas se oirán hablar.

LXV Enfant sans mains iamais veu si grand foudre,
L'enfant Royal au ieu d'oesteuf blessé,
Au puy brises fulgures allant mouldre,
Trois souz les chaines par le milieu troussez.

LXVI Celuy qui lors portera les nouvelles,
Apres un il viendra respirer,
Viviers, Tournon, Montferrant & Pradelles,
Gresles & tempeste le fera souspirer.

LXVII La grand famine que ie sens approcher,
Souvent tourner, puis estre universelle,
Si grande & longue qu'on viendra arracher
Du bois racine, &, l'enfant de mammelle.

LXVIII O quel horrible & mal'heureux tourment,
Trois innocens qu'on viendra à livrer,
Poison suspecte, mal gardé tradiment,
Mis en horreur par bourreaux enyvrez.

LXIX La grand montagne ronde de sept stades,
Apres paix, guerre, faim, inondation,
Roulera loin abismant grands contrades,
Mesmes antiques, & grand fondation.

LXX Pluye, faim, guerre en Perse non cessee,
La foy trop grande trahira le monarque:
Par la finie en Gaule commencée,
Sevret augure pour à un estre parque.

LXXI La Tour Marine trois fois prise et reprise,
Par Espagnols, Barbares, Ligurins:
Marseille & Aix, Arles par ceux de Pise,
Vast, feu, fer, pillé Avignon des Thurins.

LXXII De tout Marseille des habitans changee,
Course & poursuitte iusque aupres de Lyon,
Narbon, Toloze, par Bourdeaux outragee
Tuez captifs presque d'un million.

LXV	Niño sin manos, nunca visto tan gran fulgor, El niño real al juego de bolos herido, En el pozo rotos, fulgurados yendo a triturar, Tres bajo cadenas por la mitad partidos.
LXVI	Aquel que entonces llevará las noticias, Después del primero él vendrá a respirar, Viviers, Tournon, Montferrant y Pradelles, Tempestad y granizo le harán suspirar.
LXVII	La gran hambre que siento acercarse, Rondará a menudo y luego será universal, Tan grande y larga que llegará a arrancarse Del bosque la raíz y al niño del pecho.
LXVIII	¡Oh qué horrible e infeliz tormento! Tres inocentes serán condenados, Veneno sospechoso, traición mal considerada, Puestos en horror por verdugos borrachos.
LXIX	El gran monte redondo de siete estadios, Después de la paz, hambre, inundación, Rodará lejos atropellando grandes comarcas, Aun antiguas y de gran fundación.
LXX	Lluvia, hambre, guerra en Persia no ultimada, La fe demasiado grande traicionará al monarca: Para la terminación en Galia iniciada, Secreto augurio para una existencia parca.
LXXI	La Torre Marina tres veces tomada y reconquistada, Por Españoles, Bárbaros, Ligurinos: Marsella y Aix, Arlès por los de Pisa, Pillaje, fuego, hierro, saqueada Aviñón por los Turineses.
LXXII	Completamente Marsella de los habitantes cambiada, Galopada y después fuga hasta cerca de Lyón, Narbona, Tolosa por Burdeos ultrajadas, Muertos y prisioneros cerca de un millón.

LXXIII France à cinq pars par neglect assaillie,
Tunys, Argal esmeuz par Persiens:
Leon, Seville, Barcellonne faillie,
N'aura la classe par les Venitiens.

LXXIV Apres sejourné vogueront en Epire,
Le grand secours viendra vers Antioche:
Le noir poil crespe tendra fort à l'Empire,
Barbe d'aerain se rostira en broche.

LXXV Le tyran Siene occupera Savonne,
Le fort gaigné tiendra classe marine:
Les deux armees par la marque d'Anconne,
Par effrayeur le chef s'en examine.

LXXVI D'un nom farouche tel proferé sera,
Que les trois seurs auront fato le nom:
Puis grand peuple par langue & faict dira,
Plus que nul autre aura bruit & renom.

LXXVII Entre deux mers dressera promontoire,
Que puis mourra par le mors du cheval:
Le sien Neptune pliera voile noire,
Par Calpre & classe aupres de Rocheval.

LXXVIII D'un chef vieillard naistra sens hebeté,
Degenerant par sçavoir & par armes:
Le chef de France par sa soeur redouté,
Champ divisez, concedez aux gendarmes.

LXXIX Bazaz, Lectore, Condon, Ausch, Agine,
Esmeus par loix, querelle & monopole:
Car Bourd, Tholoze Bay mettra en ruine,
Renouveller voulant leur tauropole.

LXXX De la sixiesme claire splendeur celeste,
Viendra tonner si fort en la Bourgogne,
Puis naistra monstre de tres hideuse beste,
Mars, Avril, May, Iuin grand charpin & rongne.

LXXIII	Francia tiene cinco partes por negligencia asediadas, Túnez, Argal acometidas por Persas: León, Sevilla, Barcelona caída, No tendrá la flota por los Venecianos.
LXXIV	Después de su estancia navegará hacia Epiro, El gran socorro vendrá hacia Antíoco: El negro pelo rizado tendrá en su mano el Imperio, Barba de bronce se asará en el espetón.
LXXV	El tirano Siena ocupará Savona, El vencedor fuerte tendrá flota: Las dos armadas de la Marca de Ancona, Por miedo el jefe se examina.
LXXVI	Alguien proferirá un nombre temido, Que las tres hermanas habrán pronunciado: Después un gran pueblo con lengua y hecho dirá, Más que otro cualquiera fama y renombre tendrá.
LXXVII	Entre dos mares levantará un promontorio, Y luego por mordedura de caballo morirá: El suyo Neptuno negra vela plegará, Por Calpre y ejército cerca de Rocheval.
LXXVIII	De un jefe viejo nacerá cerebro alelado, Degenerando por saber y por armas: El jefe de Francia por su hermana temido, Entregado a los gendarmes, campo dividido.
LXXIX	Bazaz, Lectore, Condon, Ausch, Agine, Hartos de leyes, querella y monopolio: Ya que Bourd, Tolosa Bay pondrá en ruina, Queriendo renovar su tauropolio.
LXXX	De la sexta claro resplandor celeste, Vendrá a tronar muy fuerte en la Borgoña, Luego nacerá monstruo de odiosa bestia, Marzo, Abril, Mayo, Junio gran esqueleto y roña.

LXXXI *D'humain troupeau neuf seront mis à part,*
De iugement & conseil separez,
Leur fort sera divisé en depart,
Kappa, Thita, Lambda mors bannis esgarez.

LXXXII *Quand les colonnes de bois grande tremblee,*
D'austere conduicte, couverte de rubriche,
Tant vuidera dehors grande assemblee,
Trembler Vienne & le pays d'Austriche.

LXXXIII *La gent estrange divisera butins,*
Saturne en Mars son regard furieux,
Horrible estrange aux Toscans & Latins,
Grecs qui seront à frapper curieux.

LXXXIV *Lune obscurcie aux profondes tenebres,*
Son frere passe de couleur ferrugine,
Le grand caché long temps sous les tenebres,
Tiedera fer dans la praye sanguine.

LXXXV *Par la response de Dame Roy troublé,*
Ambassadeurs mespriseront leur vie,
La grand ses freres contrefera doublé,
Par deux mourront ire, haine & envie.

LXXXVI *La grande Royne quand se verra vaincuë*
Fera excez de masculin courage,
Sur cheval, fleuve passera toute nue,
Suite par fer, à foy fera outrage.

LXXXVII *En nosigee feu du centre de terre,*
Fera trembler autour de cité neuve
Deux grands rochers longtemps feront la guerre,
Puis Arethuse rougira nouveau fleuve.

LXXXVIII *Le divin mal surprendra le grand Prince,*
Un peu devant aura femme espousee
Son appuy & credit à un coup viendra mince,
Conseil mourra pour la teste rasee.

LXXXI De la humana grey nueve serán puestos aparte,
Separados por juicio y por consejo,
Su fuerza será dividida en partes,
Kappa, Thita, Lambda muertos confinados dispersos.

LXXXII Cuando las columnas de madera tiemblen fuertemente,
De austera conducta, cubiertas de adornos,
Entonces se vaciará para fuera gran asamblea,
Temblar Viena y el país de Austria.

LXXXIII La gente extraña repartirá botines,
Saturno en Marte mirará furioso,
Horrible extraño a los Toscanos y Latinos,
Griegos que estarán deseosos de herir.

LXXXIV Luna oscurecida en profundas tinieblas,
Su hermano pasa de color ferruginoso,
El gran escondido mucho tiempo bajo tinieblas,
Entibiará hierro en la presa sanguinosa.

LXXXV Por la respuesta de Dama Rey turbado,
Embajadores despreciarán su vida,
El grande imitará a sus hermanos,
Por dos morirán ira, odio y envidia.

LXXXVI La gran Reina cuando se vea vencida
Hará exceso de masculino coraje,
Sobre caballo, río pasará desnuda,
En seguida, por hierro, a la fe hará ultraje.

LXXXVII En el fuego del centro de la tierra,
Hará temblar alrededor de ciudad nueva
Dos grandes riscos largo tiempo harán la guerra,
Después Aretusa enrojecerá río nuevo.

LXXXVIII El divino mal sorprenderá al gran Príncipe,
Que un poco antes habrá mujer desposado,
Su apoyo y crédito de repente será débil,
Consejo morirá por la cabeza rapada.

LXXXIX *Tous ceux de Illerde seront dans la Moselle,*
Mettant à mort tous ceux de Loire & Seine,
Le cours marin viendra pres d'haute velle,
Quand Espagnols ouvrira toute veine.

XC *Bourdeaux, Poictiers au son de la campagne,*
A grande classe ira jusqu'à l'Angon,
Contre Gaulois sera leur tramontane,
Quand monstre hideux naistra pres de Orgon.

XCI *Les Dieux feront aux humains apparence,*
Ce qu'ils seront auteurs de grand conflict,
Avant Ciel veu serain espee & lance,
Que vers main gauche sera plus grand afflict.

XCII *Sous un la paix par tout sera clamee,*
Mais non long temps pille & rebellion,
Par refus ville, terre & mer entamee,
Mort et captifs le tiers d'un million.

XCIII *Terre Italique pres des monts tremblera,*
Lyon & Coq non trop confederez,
En lieu de peur l'un l'autre s'aydera,
Seul Catulon & Celtes moderez.

XCIV *Au port Selin le tyran mis à mort*
La liberté non pourtant recouvree:
Le nouveau Mars par vindicte et remort,
Dame par force de frayeur honnoree.

XCV *Devant Moustier trouvé enfant besson,*
D'heroic sang de moine & vetustique:
Son bruit par secte langue & puissance son,
Qu'on dira fort eslevé le vopisque.

XCVI *Celuy qu'aura la charge de destruire*
Temples, & sectes, changez par fantasie:
Plus aux rochers qu'aux vivans viendra nuire,
Par langue ornee d'oreilles ressasie.

LXXXIX	Todos los de Illerda estarán en el Mosela, Matando a todos los del Loira y Sena, El curso marino vendrá cerca de alta vela, Cuando Españoles abrirán toda vena.
XC	Burdeos, Poitiers al son de la batalla, En tropel irán hasta el Angón, Contra Galos será su tramontana, Cuando odioso monstruo nazca cerca de Orgón.
XCI	Los Dioses harán a los humanos aparición, Porque serán autores de gran conflicto, Antes visto el Cielo sereno espada y lanza, Que en la mano izquierda será mayor aflicción.
XCII	Bajo uno la paz será por doquier aclamada, Pero no por mucho tiempo saqueo y rebelión. Por rechazo ciudad, mar y tierra mermadas, Muertos y cautivos el tercio de un millón.
XCIII	Tierra Itálica junto a montes temblará, Lyón y Coq no muy confederados, En vez de miedo uno a otro se ayudarán, Sólo Catulón y Celtas moderados.
XCIV	En puerto Selín el tirano condenado a muerte, No por eso la libertad recuperada: Por venganza y remordimiento el nuevo Marte, Dama a fuerza de espanto honrada.
XCV	Ante Moustier hallado niño gemelo, De heroica sangre de monje y vetusto, Su clamor por secta, lengua y potente sonido, Que se diría el rapaz muy educado.
XCVI	Aquel que tendrá a su cargo destruir, Templos y sectas cambiados por fantasía: Más a las rocas que a los vivientes dañará, Mediante lengua adornada con orejas recogidas.

XCVII *Ce que fer, flamme n'a sçeu parachever,*
La douce langue au conseil viendra faire:
Par repos, songe, le Roy fera resver,
Plus l'ennemy en feu, sang militaire.

XCVIII *Le chef qu'aura conduict peuple infini*
Loing de son ciel, de meurs & langue estrange
Cinq mil en Crete & Thessalie finy,
Le chef fuyant sauvé en la marine grange.

XCIX *Le grand monarque qua fere compagnie*
Avec deux Roys unis par amitié:
O quel souspir fera la grand mesgnie,
Enfans Narbon à l'entour, quel pitié.

C *Longtemps au ciel sera veu gris oyseau,*
Aupres de Dole & de Toscane terre:
Tenant au bec un verdoyant rameau
Mourra tost grand et finira la guerre.

CENTURIE II

I *Vers Aquitaine par insuls Britanniques*
De par eux mesmes grandes incursions:
Pluyes, gelees feront terroirs iniques,
Port Selyn fortes fera invasions.

II *La teste blue fera la teste blanche*
Autant de mal que France a faict leur bien:
Mort à l'anthene, grand pendu sus la branche,
Quand prins des siens le Roy dira combien.

III *Pour la chaleur solaire sus la mer*
De Negrepont les poissons demy cuits,
Les habitans les viendront entamer,
Quand Rhod & Gennes leur faudra le biscuit.

XCVII Lo que hierro, llama no supo acabar,
       La dulce lengua al consejo vendrá a hacer:
       Por esposo, sueño, el Rey hará soñar,
       Más el enemigo en fuego, la sangre militar.

XCVIII El jefe que habrá conducido pueblo infinito
       Lejos de su cielo, de costumbres y lengua extraños,
       Cinco mil en Creta y Tesalia acabados,
       El jefe huyendo en la marina cabaña.

XCIX   El gran monarca que hará compañía
       Con dos Reyes unidos por amistad:
       ¡Oh, qué suspiro dará la gran comarca!
       Hijos Narbon alrededor, ¡qué piedad!

C   Largo tiempo en el cielo pájaro gris será visto,
       Cerca de Dole y de Toscana tierra,
       Llevando en el pico verdeante rama
       Morirá pronto grande y acabará la guerra.

CENTURIA II

I   I Hacia Aquitania por ínsulas Británicas
       Y desde las mismas grandes incursiones:
       Lluvias, gelatinas harán tierras inicuas,
       Puerto Selín hará fuertes invasiones.

II   La cabeza azul hará la cabeza blanca,
       Tanto mal que Francia ha hecho su bien:
       Muerte en la antena, gran colgado en la rama,
       Cuando presos por los suyos dirá cuántos el Rey.

III   Por el calor del sol subido del mar
       Los peces de Negroponte medio cocidos,
       Los habitantes vendrán a comerlos,
       Cuando a Rodi y Gennes les faltará el bizcocho

IV   *Depuis Monech iusqu'aupres de Sicile,*
Toute la plage demourra desolee,
Il n'y aura faux-bourg, cité, ne ville,
Que par Barbares pillee soit & vollee.

V   *Qu'en dans poisson, fer & lettre enfermee*
Hors sortira, qui puis fera la guerre,
Aura par mer sa classe bien ramee,
Apparoissant pres de Latine terre.

VI   *Aupres des portes & dedans deux citex*
Seront deux fleaux & onc n'apperceu un tel,
Faim, dedans peste, de fer hors gens boutez,
Crier secours au grand Dieu immortel.

VII   *Entre plusieurs aux isles deportez,*
L'un estre nay à deux dents en la gorge:
Mourront de faim les arbres esbrotez,
Pour eux neuf Roy, nouvel edict leur forge.

VIII   *Temples sacrez prime façon Romaine,*
Reietteront les goffres fondements,
Prenant leurs lois premieres & humaines,
Chassant, non tout, des saincts les cultements.

IX   *Neuf ans le regne le maigre en paix tiendra,*
Puis il cherra en soif si sanguinaire,
Pour luy grand peuple sans foy & loy mourra,
Tué par un beaucoup debonnaire.

X   *Avant long temps le tout sera rangé*
Nous esperons un siecle bien senestre:
'estat des masques & des seuls bien changé;
Peu trouveront qu'à son rang vueille estre.

XI   *Le prochain fils de l'aisnier parviendra,*
Tant eslevé iusqu'au regne des fors:
Son aspre gloire un chacun la craindra,
Mais ses enfans du regne gettez hors.

IV Desde Mónaco hasta junto a Sicilia,
    Toda la playa quedará desolada,
    No habrá barrio, ciudad ni villa,
    Que por Bárbaros no sea saqueada y robada.

V   Cuando dentro de un pez, hierro y carta cerrada,
    Afuera salga el que luego hará la guerra,
    Tendrá por mar su flota bien bogada,
    Apareciendo cerca de la Latina tierra.

VI Cerca de las puertas y dentro dos ciudades
    Habrá dos azotes, nunca se vio tal,
    Hambre, dentro peste, por el hierro fuera gente echada,
    Invocar socorro al gran Dios inmortal.

VII Entre varios a las islas deportados,
    Uno nacido con dos dientes en la garganta:
    Morirán de hambre, los árboles agitados,
    Para ellos nuevo Rey nuevo edicto emanará.

VIII Templos sacros del antiguo rito romano,
    Rechazarán la sima de los fundamentos,
    Tomando sus leyes primeras y humanas,
    Rechazando, no tocio, los cultos de los santos.

IX Nueve años el macilento en paz se mantendrá,
    Luego estallará en una sed muy sanguinaria,
    Por él gran pueblo sin fe ni ley morirá,
    Muerto por otro mucho más clemente.

X   Muy pronto todo será arreglado,
    Esperamos un siglo bien siniestro:
    El estado de las máscaras y de los solitarios bien cambiado;
    Pocos encontrarán que a su rango quieran ser.

XI El próximo hijo del mayor llegará,
    Tan alto hasta el reino de los fuertes:
    Su áspera gloria cada uno temerá,
    Pero sus hijos del reino serán echados.

XII *Yeux clos, ouverts d'antique fantasie,*
L'habit des seuls seront mis à neant:
Le grand monarque chastiera leur frenaisie.
Ravir des temples le trésor par devant.

XIII *Le corps sans ame plus n'estre en sacrifice,*
Iour de la mort mis en nativité:
L'esprit divin fera l'âme felice,
Voyant le verbe en son esternité.

XIV *A Tours, Gien, gardé seront yeux penetrants,*
Descouvriront de loing la grande sereine:
Elle & sa suite au port seront entrans,
Combat, poussez, puissance souveraine.

XV *Un peu devant monarque trucidé*
Castor, Pollux en nef, astre crinite:
L'erain public par terre & mer vuidé,
Pise, Ast, Ferrare, Turin, terre interdite.

XVI *Naples, Palerme, Sicile, Syracuses,*
Nouveaux tyrans, fulgures feux celestes:
Force de Londres, Gand, Bruxelles, & Suses,
Grand hecatombe, triomphe faire festes.

XVII *Le champ du temple de la vierge vestale,*
Non esloigné d'Ethene & monts Pyrenees:
Le grand conduict est caché dans la male,
North getez fleuves et vignes mastinées.

XVIII *Nouvelle et pluye subite, impetueuse,*
Empeschera subit deux exercites:
Pierre, ciel, feux faire la mer pierreuse,
La mort de sept terre & marin subites.

XIX *Nouveaux venus lieu basty sans defence,*
Occuper la place par lors inhabitable:
Pres, maisons, champs, villes prendre à plaisance
Faim, peste, guerre, arpen long labourable.

XII	Ojos cerrados, abiertos a la antigua fantasía, La costumbre de los solitarios será aniquilada: El gran monarca castigará su frenesí, Robar de los templos el tesoro antes que nada.
XIII	El cuerpo sin alma no es ya en sacrificio, Día de la muerte puesto en natividad: El espíritu divino hará feliz al alma, Contemplando al Verbo en su eternidad.
XIV	En Tours, Gien, ojearán ojos penetrantes, Descubrirán de lejos la gran serena: Ella y su séquito entrarán en el puerto, Combates, empujad, potencia soberana.
XV	Un poco antes del monarca asesinado, Cástor y Pólux en nave, astro con crines: El bronce público por tierra y mar vaciado, Pisa, Asti, Ferrara, Turín, tierra prohibida.
XVI	Nápoles, Palermo, Sicilia, Siracusa, Nuevos tiranos, fulgurantes fuegos celestes: Fuerza de Londres, Gante, Bruselas y Susa, Gran hecatombe, triunfo festejar victoria.
XVII	El campo del templo de la virgen vestal, No lejos de Ethen y los montes Pirineos: El gran conducto es ocultado en el aguazal, Norte arrojados ríos y viñas cruzadas.
XVIII	Nueva Lluvia, súbita, impetuosa, Impedirá de súbito a los dos ejércitos: Piedra, cielo, fuegos hacer la mar pedregosa, La muerte de siete, tierra y mar súbitos.
XIX	Nuevos llegados lugar edificado sin defensa, Ocupar el lugar hasta entonces inhabitable: Tomar a placer prados, casas, campos y ciudades, Hambre, peste, guerra, vastas tierras laborables.

XX Freres & seurs en divers lieux captifs,
	Se trouveront passer pres du monarque:
	Les contempler ses rameaux ententifs,
	Deplaisant voir menton, front, nez, les marques,

XXI L'ambassadeur envoyé par biremes,
	A my chemin d'incogneus repoulsez;
	De les renfort viendront quatre triremes,
	Cordes & chaines en Negrepont troussez.

XXII Le camp Ascop d'Europe partira.
	S'adioignant proche de l'Isle submergee:
	D'Arton classe phalange pliera,
	Nombril du mond plus grand voix subrogée.

XXIII Palais, oyseaux, par oyseau dechassé,
	Bien tost apres le Prince parvenu:
	Combien qu'hors fleuve ennemy repoulsé,
	Dehor saisi trait d'oyseau soustenu.

XXIV Bestes farouches de faim fleuves tranner,
	Plus part du champ encontre Hister sera,
	En caige de fer le grand fera treisner,
	Quand rien enfant de Germain observera.

XXV La garde estrange trahira forteresse,
	Espoir & umbre de plus hault mariage:
	Garde deceuë fort prinse dans la presse,
	Loire, Saone, Rosne, Gar à mort outrage.

XXVI Pour la faveur que la cité fera,
	Au grand qui tost perdra camp de bataille
	Fuis le rang Pau Thesin versera,
	De sang, feux mors noyez de coup de taille.

XXVII Le divin verbe sera du ciel frappé,
	Qui ne pourra proceder plus avant:
	Du reserrant le secret estoupé,
	Qu'on marchera par dessus & devant.

XX	Hermanos y hermanos en varios lugares cautivos, Desfilarán cerca del monarca: Al contemplar con atención sus rasgos, Poco agradable ver mentón, frente, nariz, las marcas.
XXI	El embajador enviado con una birreme, Rechazado a medio camino por desconocidos: A su refuerzo vendrán cuatro trirremes, En Negroponte cargados de cuerdas y cadenas.
XXII	El campo Ascop de Europa partirá, Acercándose a la Isla inundada: El ejército de Artón falange doblegará, Ombligo del mundo por gran voz subrogada.
XXIII	Palacios, pájaros, por pájaro abatidos, Inmediatamente después de haber llegado el Príncipe: Muchas veces más allá del río enemigo rechazado, Vuelo sostenido de pájaro capturado fuera.
XXIV	Bestias enfurecidas codiciosas de beber en los ríos, Gran parte del campo será frente a Híster, En jaula de hierro el jefe se desplazará, Cuando nada observe el hijo Germánico.
XXV	La guardia extranjera traicionará fortaleza, Esperanza y sombra de más estrecho maridaje: Guardia completamente delusa encerrada en la prensa, Loira, Saona, Ródano, Gar a muerte ultraje.
XXVI	Por el favor que haga la ciudad, Al grande que pronto perderá el campo de batalla, Huido de las filas Pan Tesino verterá, Sangre, fuego, muertos, ahogados a hachazos.
XXVII	El divino verbo será desde el cielo herido, Y no podrá proceder más adelante: Del atacado el secreto es fulminado, Se le pisoteará por encima y por delante.

XXVIII	*Le penultiesme du surnom du prophete,*
	Prendra Diane pour son iour & repos:
	Loin vaguera par frenetique teste,
	Et delivrant un grand peuple d'impos.
XXIX	*L'Oriental sortira de son siege,*
	Passer les monts Apennins voir la Gaule:
	Transpercera le ciel, les eaux & neige,
	Et un chacun frappera de sa gaule.
XXX	*Un qui les dieux d'Annibal infernaux,*
	Fera renaistre, effrayeur des humains:
	Oncq' plus d'horreur ne plus dire journaux,
	Qu'avint viendra par Babel aux Romains.
XXXI	*En Campanie le Cassilin fera tant,*
	Qu'on ne verra que d'aux les champs couvers:
	Devant apres la pluye de longtemps,
	Hors mis les arbres rien l'on verra de verts.
XXXII	*Laict, sans grenoilles escoudre en Dalmatie,*
	Conflict donné, peste pres de Balennes
	Cry sera grand par toute Esclavonie,
	Lors naistra monstre pres & dedans Ravenne.
XXXIII	*Par le torrent qui descend de Veronne,*
	Par lors qu'au Pau guidera son entree:
	Un grand naufrage, & non moins en Garonne,
	Quand ceux de Gennes marcheront leur contrée.
XXXIV	*L'ire insensee du combat furieux,*
	Fera à table par freres le fer luire:
	Les departir, blessé, curieux,
	Le fier duelle viendra en France nuire.
XXXV	*Dans deux logis de nuict le feu prendra,*
	Plusieurs dedans ostouffez & rostis:
	Pres de deux fleuves pour seul il adviendra:
	Sol l'Arq, & Caper tous seront amortis.

XXVIII   El penúltimo con el sobrenombre del profeta,
Tomará Diana por su día de descanso:
Lejos vagará por frenética testa,
Y librando a un gran pueblo de impuestos.

XXIX   El Oriental saldrá de su sede,
Pasar los montes Apeninos, ver la Galia:
Traspasará el cielo, las aguas y la nieve,
Y a cada uno golpeará con su vara.

XXX   Uno que los dioses infernales de Aníbal,
Hará renacer, terror de los humanos:
Nunca más grande horror se contará,
De cuanto ocurrirá por Babel a los Romanos.

XXXI   En Campania el Casilino hará tanto,
Que no se verá más que campos inundados:
Y después de la lluvia muy intensa,
Fuera de los árboles no se verá nada verde.

XXXII   Leche sin ranas escurrirá en Dalmacia,
Conflicto dado, peste junto a Balennes
Grande será el grito en toda la Esclavonia,
Cuando nazca monstruo cerca y dentro Ravena.

XXXIII   Por el torrente que desciende de Verona,
Por entonces hasta el Po guiará su entrada:
Un gran naufragio y no menor en Carona,
Cuando los de Génova vayan a su encuentro.

XXXIV   La ira insensata del combate furioso,
Hará en la mesa de hermanos el hierro brillar:
Los separará y herido y curioso,
El fiero duelo vendrá a Francia perjudicar.

XXXV   En dos mansiones de noche el fuego prenderá,
Muchos dentro ahogados y quemados:
Cerca de dos ríos uno sólo llegará:
Excepto el Arcq y Caper todos serán amortiguados.

XXXVI *Du grande Prophete les lettres seront prinses,*
Entre les mains du tyran deviendront,
Frauder son Roy seront ses entreprinses,
Mais ses rapine bien tost le troubleront.

XXXVII *De ce grand nombre que l'on envoyra,*
Pour secourir dans le fort assiegez,
Peste & famine tous le devorera,
Hors mis septante qui seront profligez.

XXXVIII *Des condamnez serait fait un grand nombre,*
Quand les Monarques seront conciliez:
Mais l'un d'eux viendra si malencombre,
Que guere ensemble ne seront raliez.

XXXIX *Un'an devant le conflict Italique,*
Germains, Gaulois, Espagnols pour le fort,
Cherra l'escolle maison de republique,
Où hors mis peu, seront suffoquez mors.

XL *Un peu apres non point longue intervalle,*
Par mer & terre sera faict grand tumulte.
Beaucoup plus grande sera pugne navalle,
Feux, animaux, qui plus feront d'insulte.

XLI *La grand estoille par sept iours bruslera,*
Nuee fera deux soleils apparoir,
Le gros mastin toute nuict hurlera,
Quand grand pontife changera de terroir.

XLII *Coq, chiens & Chats de sang seront repeus,*
Et de la playe du tyran trouvé mort,
Au lict d'un autre iambes et bras rompus,
Qui n'avoit peu mourir de cruel mort.

XLIII *Durant l'estoille chevelue apparente,*
Les trois grands princes seront faits ennemis:
Frappez du ciel paix terre tremulente,
Pau, Timbre undans, serpent sus le bort mis.

XXXVI   Del gran profeta las cartas serán hurtadas,
Y entre las manos del tirano caerán,
Traicionar a su Rey serán sus empresas,
Pero sus rapiñas muy pronto le dañarán.

XXXVII   Del gran número que se le va a mandar,
Para socorrer al fuerte asediado,
Peste y hambre a todos han de devorar,
Excepto setenta que serán salvados.

XXXVIII   Habrá gran número de condenados,
Cuando los Monarcas se hayan concillado:
Pero uno de ellos estará tan disgustado,
Que casi nunca se verán ya juntos.

XXXIX   Un año antes del conflicto Itálico,
Germanos, Galos, Españoles por el fuerte,
Será revuelta la casa de la república,
Donde, al poco, excluidos, irán sofocados a la muerte.

XL   Poco después, sin excesivo intervalo,
Por mar y tierra será hecho gran tumulto.
Mucho mayor será pugna naval,
Fuegos, animales, que harán mayor insulto.

XLI   La gran estrella durante siete días arderá,
Nublado hará que dos soles aparezcan,
El fiero mastín toda la noche aullará,
Cuando gran Pontífice cambie de territorio.

XLII   Gallos, perros y gatos de sangre quedarán ahítos,
Y de la herida del tirano hallado muerto,
En la cama de otro, piernas y brazos rotos,
Que no había podido morir de peor muerte.

XLIII   Durante la visible estrella cabelluda,
Los tres grandes príncipes se habrán enemistado:
Heridos por el cielo, paz, tierra temblante,
Pau, Timbre, diente, serpiente puesta en el borde.

XLIV   *L'aigle poussée entour de pavillons,*
Par autres oyseaux d'entour sera chassee:
Quand bruit des cymbres tube & sonnaillons
Rendront le sens de la dame insensee.

XLV   *Trop le ciel pleure l'Androgyn procree,*
Pres de ciel sang humain respandu:
Par mort trop tard grand peuple recree,
Tard & tost vient le secours attendu.

XLVI   *Apres grand troche humain plus grand s'appreste*
Le grand moteur les siecles renouvelle:
Pluye, sang, laict, famine, fer et peste,
Au ciel veu feu, courant longue estincelle.

XLVII   *L'ennemy grand vieil dueil meurt de poison,*
Les souverains par infiniz subiuguez:
Pierres plouvoir, cachez soubs la toison.
Par mort articles en vain sont alleguez.

XLVIII   *La grand copie qui passera les monts,*
Saturne en l'Arcq tournant du poisson Mars:
Venins cachez soubs testes de saulmons,
Leur chief pendu à fil de polemars.

XLIX   *Les conseillers du premier monopole,*
Les conquerants seduits par la Melite:
Rodes, Bisance pour leurs exposants pole,
Terre faudra les poursuivans de fuite.

L   *Quand ceux d'Hainault, de Gand & de Bruxelles*
Verront à Langres le siège devant mis,
Derrier leurs flancs seront guerres cruelles,
La playe antique sera pis qu'ennemis.

LI   *Le sang du iuste à Londres fera faute,*
Bruslez par foudres de vingt trois les six,
La dame antique cherra de pace haute,
De mesme sectes plusieurs serront occis.

XLIV   El águila impelida en torno a los pabellones,
Por otros pájaros de alrededor será expulsada:
Cuando ruido de címbalos, flautas y esquilones,
Devuelvan el sentido a la insensata dama.

XLV   Demasiado el cielo llora a Andrógeno procreado,
Cerca del cielo sangre humana derramada:
Por muerte muy tardía gran pueblo recreado,
Tarde y temprano viene el socorro esperado.

XLVI   Después de gran discordia humana otra mayor se apresta
El gran motor los siglos renueva:
Lluvia, sangre, leche, hambre, hierro y peste,
En el cielo visto fuego, corriendo larga centella.

XLVII   El enemigo envejecido doliente muere envenenado,
Los soberanos por infinitos subyugados:
Piedras llover escondidas bajo el vello,
Para matar artículos en vano son alegados.

XLVIII   El gran ejército que pasará los montes,
Saturno en el arco giratorio del pez Marte:
Venenos escondidos en cabezas de salmones,
Su jefe suspendido de cuerda colgante.

XLIX   Los consejeros del primer monopolio,
Los conquistadores seducidos por la Melita:
Rodas, Bizancio para sus exponentes polos,
Tierra necesitarán los perseguidores en huida.

L   Cuando los de Hainault, de Gante y de Bruselas,
Vendrán ante el asedio de Langres,
Detrás de sus flancos habrá guerras crueles,
La lacra antigua será peor que enemigos.

LI   La sangre del justo en Londres escaseará,
Quemados por el rayo de veintitrés los seis,
La antigua dama caerá de su alto puesto,
De la misma secta muchos serán muertos.

LII *Dans plusieurs nuits la terre tremblera,*
Sur le printemps deux efforts suite,
Corinthe, Ephese aux deux mers nagera,
Guerre s'esmeut par deux vaillants de luite.

LIII *La grande peste de cité maritime,*
Ne cessera que mort ne soit vengee
Du iuste sang par pris damné sans crime,
De la grand dame par feinte n'outragee.

LIV *Par gent estrange & Romains loingtaine.*
Leur grand cité apres eaue fort troublee,
Fille sans trop different domaine,
Prins chef, ferreure n'avoir esté riblee.

LV *Dans le conflict le grand qui peu valloit,*
A son dernier fera cas merveilleux,
Pendant qu'Hadrie verra ce qu'il falloit,
Dans le banquet pongnale l'orgueilleux.

LVI *Que peste et glaive n'a sçeu definer*
Mort dans le puys sommet du ciel frappé:
L'Abbé mourra quand verra ruiner,
Ceux du nauffrage l'escueil voulant grapper.

LVII *Avant conflict le grand tombera:*
Le grand à mort, mort, trop subite & plainte,
Nay mi parfaict, la plus part nagera,
Aupres du fleuve de sang la terre tainte.

LVIII *Sans pied ne main dent ayguë et forte,*
Par globe au fort de port et lainé nay,
Pres du portail desloyal transporte,
Silene luit, petit, grand emmené.

LIX *Classe Gauloise par appuy de grand garde,*
Du grand Neptune & ses tridens souldars,
Rongee Provence pour soustenir grand bande,
Plus Mars Narbon par iavelots & dards.

LII En varias noches la tierra temblará,
Hacia la primavera dos esfuerzos seguidos,
Corinto, Éfeso en los dos mares nadará,
Guerra desencadenada por dos valientes corajudos.

LIII La gran peste de ciudad marítima,
No cesará hasta que muerte no sea vengada
Condenada sin crimen del justo sangre tomada,
De la gran dama por disimulo no ultrajada.

LIV Por gente extranjera y lejana de los Romanos,
Su gran ciudad después de la tempestad gravemente turbada,
Hija sin excesivo diverso dominio,
Prisionero el jefe, temor de ser afectado.

LV En el conflicto el grande que poco valía,
Al final hará algo maravilloso,
Mientras Hadria vea lo que necesitaba,
Durante el festín apuñala al orgulloso.

LVI Que peste y espada no ha sabido adivinar
Muerte en el pozo, bóveda del cielo batida:
El abate morirá cuando vea que caen en ruina,
Los del naufragio deseosos de agarrarse al escollo.

LVII Antes del conflicto el grande caerá,
El grande a muerte, muerte, muy repentina y sentida,
La Nave imperfecta, la mayor parte nadará,
Junto al río la tierra quedará de sangre teñida.

LVIII Sin pie ni mano diente agudo y fuerte,
Por globo al fuerte de puerto y el mayor nacido,
Junto al portal desleal se transporta,
Sileno reluce, pequeño, grande conducido.

LIX Flota gálica apoyada por gran guardia,
Del gran Neptuno y sus fuertes tridentes,
Ocupada Provenza para sostener gran banda,
Y Marte Narbón con dardos y venablos.

LX *La foy Punique en Orient rompue*
    Grand Iud, & Rosne, Loyre & Tag, changeront
    Quand du mulet la faim sera repue,
    Classe espargie, sang et corps nageront.

LXI *Euge, Tamins, Gironde & la Rochelle,*
     Osang Troyen Mort au port de la flesche,
     Derrier le fleuve au fort mise l'eschelle,
     Pointes feu grand meurtre sus la bresche.

LXII *Mabus puis tost alors mourra, viendra,*
      De gens & bestes une horrible defaite,
      Puis tout à coup la vengeance on verra,
      Cent, main, soif, faim, quand courra la comete.

LXIII *Gaulois Asone bien peu subiuguera,*
       Pan, Marme & Seine fera Perme l'urie,
       Qui le grand mur contre eux dressera,
       Du moindre au mur le grand perdra la vie.

LXIV *Seicher de faim, de soif, gent Genevoise,*
      Espoir prochain viendra au defaillir,
      Sur point tremblant sera loy Gebenoise,
      Classe au grand port ne se peu acueillir.

LXV *Le parc enclin grande calamité,*
     Par l'Hesperie & Insubre fera,
     Le feu en nef peste & captivité,
     Mercure en l'Arc Saturne fenera.

LXVI *Par grands dangiers le captif eschapé,*
      Peu de temps grand a fortune changee:
      Dans le palais le peuple est attrapé,
      Par bon augure la cité assiegee.

LXVII *Le blonds au nez forche viendra commettre.*
       Par le duelle & chassera dehors,
       Les exilez dedans fera remettre,
       Aux lieux marins commettant les plus forts.

LX La fe Púnica en Oriente rota
Gran Iud y Rosne, Loira y Tag, cambiarán,
Cuando el hambre del mulo sea saciada,
Ejército derrotado, sangre y cuerpos nadarán.

LXI Euge, Támesis, Gironda y la Rochella,
¡Oh, sangre troyana muerta en el puerto de la flecha!
Tras el río en el fuerte apoyada la escala,
Dardos, fuego, gran mortandad en la brecha.

LXII Mabus entonces muy pronto morirá, vendrá
De gentes y bestias terrible descalabro,
Luego, de pronto, se verá la venganza,
Cien, mano, sed, hambre, cuando corra el cometa.

LXIII El Galo a Asón bien poco subyugará,
Pau, Marne y Sena se enfurecerán contra Perme,
Quien el gran muro contra ellos levante,
Del primero al último el mayor perderá la vida.

LXIV Morir de hambre, de sed, gente Ginebrina,
Esperanza próxima vendrá a desfallecer,
Sobre puente temblante será ley Genovesa,
Flota en gran puerto no se puede acoger.

LXV El parque inclinado gran calamidad,
Por la Hesperia e Insubria hará,
El fuego en la nave peste y cautividad,
Mercurio en el Arco Saturno morirá.

LXVI De grandes peligros el cautivo escapado,
En poco tiempo el grande fortuna ha cambiado:
En palacio el pueblo es atrapado,
Por buen augurio la ciudad sitiada.

LXVII El rubio de nariz ganchuda vendrá a ejecutar,
Por el duelo y expulsará fuera,
Los desterrados dentro restablecerá,
En los lugares marinos venciendo los más fuertes.

LXVIII *De l'Aquilon les efforts seront grands,*
Sur l'Ocean sera la porte ouverte:
Le regne en Isle sera reintegrand,
Tremblera Londres par voille descouverte.

LXIX *Le Roy Gaulois par la Celtique dextre,*
Voyant discorde de la grand Monarchie,
Sus les trois parts fera florrir son sceptre,
Contre la cappe de la grand Hierarchie.

LXX *Le dard du ciel fera son estendue,*
Morts en parlant grande execution,
La pierre en l'arbre la fiere gent rendue,
Bruit humain monstre purge expiation.

LXXI *Les exilez en Sicile viendront,*
Pour délivrer de faim la gent estrange,
Au point du jour les Celtes lui faudront
La vie demeure à raison Roy se range.

LXXII *Armee Celtique en Italie vexee,*
De toutes parts conflict & grande perte,
Romains fius, ô Gaule repoulsee,
Pres du Thesin Rubicon pugne incerte.

LXXIII *Au lac Fucin de Benac le rivage,*
Prins du Leman au port de l'Orguion,
Nay de trois bras predict bellique image,
Par trois couronnes au grand Endymion.

LXXIV *De Sens, d'Autun viendront iusque au Rosne,*
Pour passer outre vers les monts Pyrenees,
La gent sortir de la marque d'Anconne
Par terre & mer suivra à grand trainees.

LXXV *La voix ouye de l'insolit oyseau*
Sur le canon du respiral estage
Si haut viendra du froment le poisseau,
Que l'homme d'homme sera Antropophage.

LXVIII   Del Aquilón los esfuerzos serán grandes,
         Sobre el Océano estará la puerta abierta:
         El reino en la Isla será restablecido,
         Temblará Londres por vela descubierta.

LXIX   El Rey Galo por la Céltica diestra,
         Viendo discordia en la gran Monarquía,
         Sobre las tres partes hará florecer su cetro,
         Contra la capa de la gran Jerarquía.

LXX   El dardo del cielo se extenderá,
         Muertos mientras hablan, gran ejecución,
         La piedra en el árbol la altiva gente se rendirá,
         Monstruoso fragor humano, purga y expiación.

LXXI   Los exiliados desembarcarán en Sicilia,
         Para librar del hambre a la gente extranjera,
         Al romper el día llegarán los Celtas,
         La vida permanece, el Rey a la razón se rinde.

LXXII   Armada Céltica en Italia vejada,
         De todas partes conflicto y gran pérdida,
         Romanos vencedores, oh Galia rechazada,
         Cerca de Tesín Rubicón pugna incierta.

LXXIII   En el lago Fucín de Benac la orilla,
         Apresado por el Leman en el puerto de Orguión,
         Nacido de tres brazos predice imagen bélica,
         Por tres coronas al gran Endimión.

LXXIV   Desde Sens y Autun llegarán hasta el Ródano,
         Para ir más allá y pasar los Pirineos,
         La gente dejará la comarca de Ancona,
         Por tierra y mar seguirá muy numerosa.

LXXV   La voz oída del insólito pájaro
         Sobre el canal del respirabie plano:
         Tan alta llegará del trigo la medida,
         Que el hombre del hombre será antropófago.

LXXVI *Foudre en Bourgogne fera cas portenteux.*
Que par engin oncques ne pourroit faire,
De leur senat sacriste faict boiteux.
Fera sçavoir aux ennemis l'affaire.

LXXVII *Par arcs feux, poix & par feux repoussez,*
Cris hurlements sur la minuit ouys:
Dedans sont mis par les rempars cassez,
Par canicules les traditeurs suys.

LXXVIII *Le grande Neptune du profond de la mer,*
De gent Punique et sang Gaulois meslé:
Les Ifles à sang pour le tardif ramer,
Plus luy nuira que l'occult mal célé.

LXXIX *La barbe crespe & noire par engin,*
Subiuguera la gent cruelle & fiere:
Le grand chiren ostera du lungin,
Tous les captifs par Seline baniere.

LXXX *Apres conflict du lesé l'eloquence,*
Par peu de temps se trame faint repos;
Point l'on n'admet les grands à délivrance,
Des ennemis sont remis à propos.

LXXXI *Par feu du ciel la cité presque aduste,*
L'urne menace encor Deucalion,
Vexees Sardaigne par la Punique fuste,
Apres que Libra lairra son Phaëton.

LXXXII *Par faim la proye fera loup prisonnier,*
L'assaillant lors en extresme detresse,
Le nay ayant au devant le dernier,
Le grand n'eschappe au milieu de la presse.

LXXXIII *Le gros traffic d'un grand Lyon changé,*
La plus part tourne en pristine ruine,
Proye aux soldats par pille vendange:
Par Iura mont & Sueve bruine.

LXXVI Rayo en Borgoña suscitará hecho portentoso.
Y con ningún medio nunca se podría hacer,
De su senado sacro un hecho dudoso.
Hará saber a sus enemigos el quehacer.

LXXVII Por arcos fuegos, acá y allá fuegos rechazados,
Gritos, alaridos a medianoche oídos:
Se adentran por los muros destruidos,
Por canículas los traidores seguidos.

LXXVIII El gran Neptuno de lo profundo del mar,
De gente Púnica y sangre Gala mezclado:
Las Islas a sangre por el tardo remar,
Más le dañará que el mal ocultado.

LXXIX La barba rizada y negra gracias a su ingenio,
Subyugará a la gente cruel y fiera:
El gran Chirén sacará del presidio
A todos los cautivos por Selín desterrados.

LXXX Tras conflicto del lesionado la elocuencia,
Por poco tiempo se trama fingido reposo;
En absoluto se admite la entrega de los grandes,
Enemigos son remitidos a propósito.

LXXXI Por fuego del cielo la ciudad casi quemada,
La urna amenaza aún Deucalión,
Vejada Cerdeña por la Púnica gente,
Después de que Libra deje su Phaëtón.

LXXXII Por hambre la presa hará lobo prisionero,
Asaltándola fuera con extrema habilidad,
El nacido teniendo delante el último
El grande no escapa en medio de la prensa.

LXXXIII El mucho tráfico de un gran Lyón cambiado,
La mayor parte cae en prístinas ruinas,
Presa a los soldados por saqueo vendimia:
Por los montes del Jura y Sueve neblina.

LXXXIV *Entre Campaige, Sienne, Flora, Tustie,*
Six mois neuf iours ne pleuvera une goutte:
L'estrange langue en terre Dalmatie,
Courira sus, vastant la terre toute.

LXXXV *Levieuxplainbarbesoubslestatutsevere,*
A Lyon faict dessus l'Aigle Celtique,
Le petit hrand trop outre persevere,
Bruit d'arme au ciel, mer ronge Lygustique.

LXXXVI *Naufrage à classe pres d'onde Hadriatique,*
La terre tremble esmuë sus l'air en terre mis,
Egypte tremble augment Mahometique,
L'Herault soy rendre à crier est commis.

LXXXVII *Après viendra des estremes contrees,*
Prince Germain, dessus le trosne doré:
La servitude et eaux rencontrees,
La dame serve, son temps plus n'adoré.

LXXXVIII *Le circuit du grand faict ruineux,*
Le nom septiesme du cinquiesme sera:
D'un tiers plus grand l'estrange belliqueux,
Mouton, Lutece, Aix ne garentira.

LXXXIX *Un iour seront demis les deux grand maistres,*
Leur grand pouvoir se verra augmenté:
La terre neuve sera en ses hauts estres,
Au sanguinaire le nombre raconté.

XC *Par vie & mort changé regne d'Ongrie,*
La loy sera plus aspre que service:
Leur grand cité d'urlemens plaincts et crie,
Castor et Pollux ennemis dans la lice.

XCI *Soleil levant un grand feu lon verra,*
Bruit & clarté vers Aquilon tendants,
Dedans le rond mort & cris l'on orra,
Par glaive feu, faim, mort les attendans.

| LXXXIV | Entre Campania, Siena, Flora, Tustia,
Seis meses nueve días no lloverá una gota:
La extraña lengua en tierra de Dalmacia,
Correrá adelante, devastando la tierra toda. |

| LXXXV | El viejo raso barba bajo el estatuto severo,
En Lyón sobrevuela el Águila Céltica,
El pequeño grande persevera a ultranza,
Ruido de armas en el cielo, mar roe Ligústica. |

| LXXXVI | Naufraga la flota cerca de onda Adriática,
La tierra tiembla sacudida por el aire en tierra puesto,
Egipto tiembla aumento Mahomético,
El Herault grita con todas sus fuerzas. |

| LXXXVII | Después vendrá de países lejanos,
Príncipe Germano en trono dorado:
La esclavitud y aguas removidas,
La dama esclava, su tiempo ya no es amado. |

| LXXXVIII | El circuito del grande y ruinoso pacto,
El séptimo nombre del quinto será:
De un tercio mayor el extranjero belicoso,
Mouton, Lutecia, Aix no garantizará. |

| LXXXIX | Un día se repartirán el mundo los dos grandes maestros,
Su gran poder se verá aumentado:
La tierra nueva estará en sus poderosas manos,
Los días del sanguinario están contados. |

| XC | Por vida y muerte cambiado reino de Hungría,
La ley será más áspera que obsequiosa:
Su gran ciudad de alaridos, quejas y gritos,
Cástor y Pólux enemigos en la palestra. |

| XCI | Al nacer el sol se verá un gran fuego,
Ruido y claridad hacia Aquilón tendientes,
Dentro del círculo se oirán gritos y muerte:
Muerte que será por guerra, fuego y hambre. |

| XCII | *Feu couleur d'or du ciel en terre veu,*
Frappé du haut nay, faict cas marveilleux:
Grand meurtre humain: prinse du grand neveu,
Morts d'espectacles eschappé l'orgueilleux. |

| XCIII | *Bien près du Tymbre presse la Lybitine,*
Un peu devant grand inondation:
Le chef du nef prins, mis à la sentine,
Chasteau, palais en conflagration. |

| XCIV | *Grand Pau, grand mal pour Gaulois recevra.*
Vaine terreue au maritin Lyon:
Peuple infiny par la mer passera,
Sans eschapper un quart d'un million. |

| XCV | *Les lieux peuplez seront inhabitables,*
Pour champs avoir grande division:
Regnes livrez à prudents incapables,
Lors les grands freres mort & dissention. |

| XCVI | *Flambeau ardant au ciel soir fera veu,*
Pres de la fin & principe du Rosne,
Famine, glaive, tard le secours pourveu,
La Perse tourne envahir Macedoine. |

| XCVII | *Romain Pontife garde de t'approcher.*
De la cité que deux fleuves arrouse,
Ton sang viendra aupres de là cracher,
Toy & les tiens quand fleurira la rose. |

| XCVIII | *Celuy du sang reperse le visage,*
De la victime proche sacrifice,
Tenant en Leo, augure par presage,
Mais estre à mort pour la fiancee. |

| XCIX | *Terroir Romain qu'interpretoit augure,*
Par gent Gauloise par trop sera vexee:
Mais nation Celtique craindra l'heure,
Boreas, classe trop loing l'avoit poussée. |

XCII Fuego calor de oro del cielo en tierra visto,
Herido del alto nacido, hecho caso maravilloso:
Gran excidio humano: presa del gran sobrino,
Muertos de espectáculos, huido el orgulloso.

XCIII Muy cerca del Tíber, junto a la Libitina,
Un poco antes gran inundación:
El jefe de la nave preso, metido en la sentina,
Castillo, palacio en conflagración.

XCIV Gran Pau, gran mal por Galos recibirá.
Vano terror al marítimo Lyón:
Pueblo infinito por el mar pasará,
Sin escapar un cuarto de un millón.

XCV Los lugares poblados serán inhabitables,
Para los campos habrá gran división:
Los reinos a prudentes ineptos entregados,
Entonces los hermanos mayores muerte y disensión.

XCVI Antorcha ardiente en el cielo, de noche, será vista,
Cerca del fin y principio del Ródano,
Hambre, espada, tarde el socorro previsto,
Persia vuelve a invadir Macedonia.

XCVII Romano Pontífice, guárdate de acercarte
A la ciudad regada por dos ríos:
Tu sangre vendrá allí cerca a esputar,
Cuando florezca la rosa, tú y los tuyos.

XCVIII Quien de sangre rocía la cara,
De la víctima próxima al sacrificio,
Teniendo en Leo augur por presagio,
Será llevado a muerte por la desposada.

XCIX Territorio romano que interpretaba agorero,
Por gente Gala será muy vejado:
Pero nación Céltica temerá el momento,
Boreas, ejército demasiado lejos lo habrá empujado.

C   *Dedans les isles si horrible tumulte,*
Bien on n'orra qu'une bellique brigue,
Tant grand sera des predateurs l'insulte,
Qu'on se viendra ranger à la grand ligue.

CENTURIE III

I   *Apres combat et bataille navalle,*
Le grand Neptune à son plus haut befroy:
Rouge aversaire de peur viendra pasle,
Mettant le grand Ocean en effroy.

II   *Le divin Verbe donra à la substance,*
Comprins ciel, terre, or occult au laict mystique
Corps, ame, esprit ayant toute puissance,
Tant soubs ses pieds comme au siege Celique.

III   *Mars & Mercure, & l'argent ioint ensemble,*
Vers le Midy extreme siccité:
Au fond d'Asie on dira terre tremble,
Corinthe, Ephese lors en perplexité.

IV   *Quand seront proche le defaut des lunaires,*
De l'un à l'autre ne distant grandement,
Foid, siccité, dangers vers les frontières,
Mesme ou l'oracle a prins commencement.

V   *Pres loing defaut de deux grands luminaires,*
Qui surviendra entre l'Avril et Mars:
Oquel cherté: mais deux grands debonnaires
Par terre & mer secourrant toutes parts.

VI   *Dans le temple clos le foudre y entrera,*
Les citadins dedans leur fort grevez:
Chevaux, boeufs, hommes, l'onde mur touchera
Par faim, soif, soubs les plus foibles armez.

C   En las islas tan terrible tumulto,
      Pronto no habrá más que una bélica pugna:
      Tan grande será de los depredadores el insulto,
      Que habrá que alinearse en la grande liga.

CENTURIA III

I   Después del combate y batalla naval,
      El gran Neptuno en su máxima exaltación:
      Rojo adversario palidecerá de miedo
      Poniendo al gran Océano en espanto.

II   El Verbo divino dará a la sustancia,
      Comprendidos cielo, tierra, oro oculto a la leche mística
      Cuerpo, alma, espíritu con toda potencia,
      Tanto bajo sus pies como en la sede Céltica.

III   Marte y Mercurio y la plata juntos,
      Hacia el Mediodía extrema sequedad:
      En el fondo de Asia se diría tierra temblar,
      Corinto, Éfeso entonces en perplejidad.

IV   Cuando el defecto de los lunares se aproxime,
      Y haya del uno al otro poca distancia,
      Frío, sequedad, peligros hacia los confines,
      En el propio lugar donde el oráculo tomó inicio.

V   El defecto más lejano de los dos grandes luminares,
      Que acontecerá entre Abril y Marzo:
      ¡Oh, qué precio!, pero dos grandes magnánimos,
      Por tierra y mar ayudando en todas partes.

VI   En el templo cerrado el rayo penetrará,
      Los ciudadanos extenuados en sus fuertes:
      Caballo, bueyes, hombres la onda los tocará
      Con hambre, sed los más débiles armados.

VII *Les fugitifs, feu du ciel sus les piques.*
Conflict prochain des corbeaux s'esbatans,
De terre on crie, aide, secours celiques,
Quand pres des murs seront les combattans.

VIII *Les Cimbres ioints avecques leurs voisins,*
Depopuler viendront presque l'Espaigne:
Gens amassez, Guienne & Limosins,
Seront en ligue, & leur feront compaigne.

IX *Bourdeaux, Roüan & la Rochelle ioints,*
Tiendront autour la grande mer Occeane,
Anglois, Bretons, & les Flamans coniionts,
Les chasseront iusqu'au pres de Roüane.

X *De sang & faim plus grand calamité,*
Sept fois s'appreste à la marine plage:
Monech de faim, lieu pris, captivité,
Le grand mené croc enferree cage.

XI *Les armes battre au ciel longue saison,*
L'arbre au milieu de la cité tombé:
Verbine, rogne, glaive, en face tyson,
Lors le Monarque d'Hadrie succombé.

XII *Par la tumeur de Heb, Po, Tag, Timbre, & Rome,*
Et par l'estang Leman & Aretin:
Les deux grands chefs & citez de Garonne,
Prins, morts, noyez. Partir humain butin.

XIII *Par foudre en l'arche or & argent fondu,*
De deux captifs l'un l'autre mangera:
De la cité le plus grand estendu,
Quand submergee la classe nagera.

XIV *Par le rameau du vaillant personnage,*
De France infime, par le pere infelice:
Honneurs, richesses, travail en son vieil aage,
Pour avoir creu le conseil d'homme nice.

VII   Sobre las picas de los fugitivos fuego del cielo,
Conflicto próximo de los cuervos jugueteando,
Desde tierra se implora ayuda socorro del cielo,
Cuando junto a los muros estarán los contendientes.

VIII   Los Cimbrios junto con sus vecinos,
Vendrán a despoblar casi la España:
Gentes amontonadas; Guyena y Lemosinos
Estarán en liga y les harán campaña.

IX   Burdeos, Rouen y la Rochelle unidos,
Tendrán alrededor el gran mar Océano,
Ingleses, Bretones y los Flamencos reunidos,
Los echarán hasta cerca de Roüane.

X   De sangre y hambre mayor calamidad,
Siete veces se acerca a la marina playa:
Mónaco de hambre, lugar tomado, cautividad,
El grande esposado golpeará jaula ferrada.

XI   Las armas batir en el cielo larga estación,
El árbol en mitad de la ciudad caído:
Tornado, roña, espada, enfrente tizón,
Cuando el Monarca de Hadria sucumbido.

XII   Por el tumor de Heb, Po, Tag, Tíber y Roma,
Y por el lago Leman y Aretín:
Los dos grandes jefes y ciudades del Garona,
Capturados, muertos, anegados. Partir humano botín.

XIII   Por rayo en el arco oro y plata fundidos
De los dos cautivos el uno del otro comerá:
De la ciudad la mayor extensión,
Cuando sumergida nade la flota.

XIV   Por la descendencia de un insigne personaje,
De Francia abatida por un padre desgraciado:
Honores, riquezas, trabajo en su edad venerando,
Por haber seguido el consejo de un hombre honrado.

XV   *Coeur, vigueur, gloire le regne changera*
     De tous points contre ayant son adversaire:
     Lors France enfance par mort subiuguera,
     Un grand Regent sera lors plus contraire.

XVI *Un Prince Anglois, Mars à son cœur de ciel,*
     Voudra poursuivre sa fortune prospere:
     Des deux duelles l'un percera le fiel,
     Hay de luy, bien aymé de sa mere.

XVII *Mont Aventine brusler nuict sera veu,*
     Le ciel obscur tout à un coup en Flandres,
     Quand le Monarque chassera son neveu,
     Leurs gens d'Eglise commettront les esclandres.

XVIII *Apres la pluye laict assez longuette,*
      En plusieurs lieux de Rheims le ciel touché:
      O quel conflict de sang pres d'eux s'appreste,
      Pere & fils Roys n'oseront approché.

XIX *En Luques sang & laict viendra plouvoir,*
     Un peu devant changement de preteur:
     Grand peste & guerre faim & soif fera voir,
     Loin où mourra leur Prince recteur.

XX   *Par les contrees du grand fleuve Bethique,*
     Loin d'Ibere au royaume de Grenade:
     Croix repoussees par gens Mahometiques,
     Un de Cordube trahira la contrade.

XXI *Au Crustamin par mer Hadriatique,*
     Apparoistra un horrible poisson,
     De face humaine & la fin aquatique,
     Qui se prendra dehors de l'ameçon.

XXII *Six iours l'assaut devant cité donné:*
     Livree sera forte & aspre bataille:
     Trois la rendront & à eux pardonné,
     Le reste à feu & sang tranche taille.

XV Corazón, vigor, gloria el reino cambiará
De todas partes teniendo en contra a su adversario:
Entonces Francia infancia por muerte subyugará,
Un gran Regente será entonces más contrario.

XVI Un príncipe Inglés, Marte en su corazón de cielo,
Querrá proseguir su próspera fortuna:
De los dos desafíos uno le atravesará la hiel,
¡Ay de él!, bienamado de su madre.

XVII Monte Aventino será visto de noche quemar,
El cielo oscuro súbitamente en Flandes,
Cuando el Monarca eche a su sobrino,
Sus gentes de Iglesia provocarán desórdenes.

XVIII Tras la lluvia caída bastante prolongada,
En varios lugares de Reims el cielo tocado:
¡Oh, qué conflicto de sangre junto a ellos se apresta
Padre e hijo Reyes no osarán acercarse.

XIX En Luca sangre y leche empezará a llover
Un poco antes cambio de pretor:
Gran peste y guerra, hambre y sed hará ver,
Lejos donde morirá el Príncipe rector.

XX Por las comarcas del gran río Bético,
Lejos de Iberia, en el reino de Granada:
Cruces rechazadas por pueblo Mahomético,
Uno de Córdoba traicionará a la comarca.

XXI En el Crustamín por mar Adriática,
Aparecerá un horrible monstruo marino,
De rostro humano y la cola acuática,
Que no se dejará coger por el anzuelo.

XXII Un asalto de seis días contra la ciudad dispuesto,
Una áspera y dura batalla será librada:
Tres la entregarán y a ellos perdonado,
Los demás a fuego y sangre serán pasados.

XXIII *Si France passe outre mer Lygustique,*
Tu te verras en isles & mers enclos:
Mahommet contraire plus mer Hadriatique,
Chevaux & Asnes tu rongeras les os.

XXIV *De l'entreprinse grande confusion.*
Perte de gens, thresor innumerable:
Tu n'y dois faire encore tension,
France à mon dire fais que sois recordable.

XXV *Qui au Royaume Navarrois parviendra,*
Quand le Sicile & Naples seront ioincts:
Bigore & Landes par Foix loron tiendra,
D'un qui d'Espagne sera par trop conioinct.

XXVI *Des Roys & Princes dresseront simulacres,*
Augures, creux eslevez aruspices:
Corne victime doree, & d'azur, d'acre,
Interpretez seront les extipices.

XXVII *Prince Lybinique puissant en Occident,*
François d'Arabe viendra tant enflammer,
Sçavant aux lettres fera condescendent,
La langue Arabe en François translater.

XXVIII *De terre foible & pauvre parentele,*
Par bout & paix parviendra dans l'Empire,
Long temps regner une ieune femelle,
Qu'oncques en regne n'en survint un si pire.

XXIX *Les deux neveux en divers lieux nourris:*
Navale pugne, terre peres tombez:
Viendront si haut eslevez enguerris,
Venger l'iniure, ennemis succombez.

XXX *Celuy qu'en luitte & fer au faict bellique*
Aura porté plus grand que luy le pris:
De nuict au lict six luy feront la pique,
Nud sans harnois subit sera surprins.

XXIII   Si Francia pasa más allá del mar de Liguria,
Te verás en islas y mares encerrado:
Mahomet contrario, más el mar Adriático,
De caballos y asnos roerás los huesos.

XXIV   De la empresa gran confusión,
Pérdida de gentes, tesoro innumerable:
Tú no debes aún provocar una tensión,
Francia a mí decir haz que sea recordable.

XXV   Quien al Navarro Reino llegue,
Cuando Sicilia y Nápoles se hayan unido:
Bigorra y Landas por Foix entonces ocupará,
De uno que de España será muy allegado.

XXVI   Reyes y Príncipes elevarán simulacros,
Augures creídos como elevados arúspices;
Cuerno, víctima dorada y azul, de acre,
Interpretados serán los presagios.

XXVII   Príncipe Libio poderoso en Occidente,
De Arabia tanto se inflamará el francés,
Sabio en las letras hará condescendiente,
La lengua árabe al francés verter.

XXVIII   De tierra mísera, y pobre parentela,
Por voluntad y paz llegará al Imperio:
Largo tiempo reinará una mujerzuela,
Que nunca a reino nada peor vino.

XXIX   Los dos sobrinos en lugares diversos instruidos:
Más horrible monstruo en tierra nunca visto,
Vendrán muy nobles e insignes guerreros,
A vengar las injurias y sucumbirán los enemigos.

XXX   Aquel que en lucha y hierro al hecho bélico
Haya traído más grande que él el precio:
De noche en la cama seis lo atacarán,
Desnudo, sin arnés, pronto será preso.

XXXI *Aux champs de Mede, d'Arabe & d'Armenie*
Deux grands copies trois fois s'assembleront,
Pres du rivages d'Araxes la mesgnie,
Du grad Soliman en terre tomberont.

XXXII *Le grand sepulchre du peuple Aquitanique*
S'approchera aupres de la Toscane:
Quand Mars sera pres du coing Germanique,
Et au terroir de la regent Mantuane.

XXXIII *En la cité où le loup entrera,*
Bien pres de là les ennemis seront:
Copie estrange grand pays gastera,
Aux murs & Alpes les amis passeront.

XXXIV *Quand le deffaut du Soleil lors sera,*
Sur le plain iour le monstre sera veu,
Tout autrement on l'interpretera,
Cherté n'a garde, nul n'y aura pourveu.

XXXV *Du plus profond de l'Occident d'Europe,*
De pauvres gens un ieune enfant naistra,
Qui par sa langue seduira grande troupe,
Son bruit au regne d'Orient plus croistra.

XXXVI *Ensevely non mort apopletique,*
Sera trouvé avoir les mains mangees,
Quand la cité damnera l'heretique,
Qu'avoit leurs loix, ce leur sembloit changees.

XXXVII *Avant l'assaut l'oraison prononcee,*
Milan prins l'Aigle par embusches deceus,
Muraille antique par canons enfoncee,
Par feu & sang à mercy peu receus.

XXXVIII *La gent Gauloise & nation estrange,*
Outre les monts, morts, prins & profligez,
Au moins contraire et proche de vendange,
Par les seigneurs en accord redigez.

XXXI   En los campos de Media, de Arabia, y de Armenia
        Dos grandes ejércitos tres veces chocarán,
        Cerca del río Araxes la mesnada,
        Del gran Solimán por tierra caerán.

XXXII   El gran sepulcro del pueblo de Aquitania
        Se acercará hasta la Toscana:
        Cuando Marte esté junto al suelo Germánico,
        Y a la tierra de la región Mantuana.

XXXIII En la ciudad donde entre el lobo,
        Muy cerca de allí acamparán los enemigos:
        Ejército extranjero un gran país asolará,
        Los amigos pasarán de los Alpes la barrera.

XXXIV   Cuando la ausencia del Sol entonces sea,
        En pleno día el monstruo será visto;
        De muy distinto modo se le interpretará,
        No importa la carestía, nadie habrá previsto.

XXXV   De lo más profundo del Occidente de Europa,
        De pobres gentes un niño nacerá,
        Que con su hablar seducirá a muchos,
        Su fama en el reino de Oriente más crecerá.

XXXVI   Sepultado, no muerto apoplético,
        Será hallado tener las manos comidas,
        Cuando la ciudad condene al herético,
        Que tenía sus leyes, sus costumbres cambiadas.

XXXVII Antes del asalto, rezada la oración,
        Milán tomada por el Águila mediante arteras trampas,
        Muralla antigua hundida a cañonazos,
        A sangre y fuego con gracia para pocos.

XXXVIII La gente Gálica y la nación extranjera,
        Más allá de los montes, muertos, presos y afligidos,
        Al menos contraria y próxima de vendimia,
        Por los amos en acuerdo firmado.

XXXIX *Les sept en trois mois en concorde,*
Pour subiuguer des Alpes Apennines,
Mais la tempeste & Ligure coüarde,
Les profligent en subites ruines.

XL *Le grand theatre se viendra redresser,*
Les dez iettez & les rets ja tendus,
Trop le premier en glaz viendra lasser,
Par arc prostrais de long temps ja fendus.

XLI *Bossu sera esleu par le conseil,*
Plus hideux monstre en terre n'apperceu,
Le coup voulant crevera l'oeil,
Le traistre au Roy pour fidele receu.

XLII *L'enfant naistra à deux dents en la gorge,*
Pierres en Tuscie par pluy tomberont,
Peu d'ans apres ne sera bled ni orge,
Pour saouler ceux qui de faim failliront.

XLIII *Gens d'alentour de Tarn, Loth, & Garonne,*
Gardez les monts Apennines passer,
Vostre tombeau pres de Rome & d'Anconne,
Le noir poil crespe fera tropher dresser.

XLIV *Quand l'animal à l'homme domestique,*
Apres grands peines & sauts viendra parler,
De foudre à vierge sera si malefique,
De terre prinse & suspendue en l'air.

XLV *Les cinq estranges entrez dedans le temple,*
Leur sang viendra la terre prophaner:
Aux Tholousains sera bien dur exemple,
D'un qui viendra ses loix exterminer.

XLVI *Le ciel (de Plancus la cité) nous presage,*
Par clers insignes & par estoilles fixes,
Que de son change subit s'approche l'aage,
Ne pour son bien, ne pour ses malefices.

XXXIX Los siete por tres meses en concordia,
       Para subyugar los Alpes Apeninos,
       Pero la tormenta y la Liguria cobarde,
       Los afligen con súbitas ruinas.

   XL El gran teatro será de nuevo enderezado,
       Los dados echados y las redes ya tendidas,
       Demasiado el primero aparte fue dejado,
       A causa de argos postrados, ya rotos desde mucho tiempo.

  XLI Un giboso será elegido por el consejo,
       Más horrible monstruo en tierra nunca visto,
       El golpe, queriendo, reventará el ojo,
       El traidor al Rey como fiel recibido.

 XLII El niño nacerá con dos dientes en la gola,
       Piedras en Tuscia por lluvia caerán,
       Pasados unos años no habrá ni trigo ni cebada,
       Para alimentar a quienes de hambre morirán.

XLIII Gentes de los alrededores de Tarn, Lolh y Garona,
       Mirad los montes Apeninos no pasar,
       Vuestra tumba cerca de Roma y de Ancona,
       El pelo negro y crespo hará trofeo levantar.

 XLIV Cuando el animal al hombre doméstico,
       Después de grandes penas y saltos venga a hablar,
       De rayo a virgen será tan maléfico,
       De tierra tomada y suspendido en el aire.

  XLV Los cinco extranjeros entrarán en el templo,
       Su sangre llegará a la tierra profana:
       Para los de Tolosa será un muy duro ejemplo,
       De uno que vendrá a sus leyes exterminar.

 XLVI El cielo (de Planeo la ciudad) nos presagia,
       Con señales insignes y con estrellas fijas,
       Que de su cambio súbito se acerca el tiempo,
       Ni por su bien, ni por sus maleficios.

XLVII *Le vieux Monarque deschassé de son regne,*
Aux Oreients son secours ira querre:
Pour peur des croix ployera son enseigne,
En Mitylene ira par port & par terre.

XLVIII *Sept cens captifs attachez rudement,*
Pour la moitié meurtrir, donné le fort:
Le proche espoir viendra si promptement,
Mais non si tost qu'une quinziesme mort.

XLIX *Regne Gaulois tu seras bien changé,*
En lieu estrange est translaté l'empire:
En autres moeurs & loix seras rangé,
Roan, & Chartres te feront bien du pire.

L *La republique de la grande cité,*
A grand rigueur ne voudra consentir,
Roy sortir hors par trompette cité,
L'eschelle au mur, la cité repentir.

LI *Paris coniure un grand meurtre commettre,*
Blois le fera sortir en plein effect:
Ceux d'Orleans voudront leur chef remettre,
Angers, Troyes, Langres, leur feront un meffait.

LII *En la campagne sera si longue pluye,*
Et en la Poüille si grande siccité,
Coq verra l'aigle, l'aisle mal accomplie,
Par Lyon mise sera en extremité.

LIII *Quand le plus grand emportera le pris,*
De Nuremberg, d'Ausbourg & ceux de Basle
Par Agrippine chef Frankfort repris,
Traverseront par Flamant iusqu'en Gale.

LIV *L'un des plus grands fuyera aux Espaignes*
Qu'en longue playe apres viendra saigner,
Passant copies par les hautes montaignes,
Devastant tout, & puis en paix regner.

XLVII   El viejo Monarca expulsado de su reino,
        A los de Oriente su auxilio irá a pedir:
        Por miedo de las cruces plegará su enseña,
        A Mitilene irá por tierra y mar.

XLVIII Setecientos cautivos encadenados duramente,
        Por la mitad herir, abandonado el fuerte,
        La próxima esperanza llegará muy rápidamente,
        Pero no tan pronto como una quincena muerte.

XLIX   Reino Galo serás muy cambiado,
        En lugar extranjero se ha trasladado el imperio:
        En otras costumbres y leyes serás colocado,
        Ruan y Chartres te harán mucho peor.

L   La república de la gran ciudad,
        De ningún modo consentir querrá,
        Rey salir fuera por trompeta ciudad,
        La escalera en el muro, la ciudad se arrepentirá.

LI   París conjura un gran asesinato cometer,
        Blois lo hará salir en pleno electo:
        Los de Orleans querrán a su jefe reponer,
        Angers, Troyers, Langres les harán una fechoría.

LII   En el campo habrá lluvia abundante,
        Y en la Pulla una muy grande sequedad,
        El Gallo verá al Águila con su ala mal cumplida,
        Por Lyón será puesta en extremidad.

LIII   Cuando el más grande se lleve al prisionero,
        De Nuremberg, de Absburgo y los de Basilea,
        Por Agripina, jefe Frankfurt tomado,
        Atravesarán por Flandes hasta Galia.

LIV   Uno de los mayores huirá a España
        Que en profunda llaga después vendrá a sangrar,
        Pasando fuerzas por las altas montañas,
        Devastando todo y luego en paz reinar.

LV *En l'an qu'un oeil en France regnera,*
La Cour sera en un bien fascheux trouble,
Le grand de Bloys' son amy tuera,
Le regne mis en mal & doubte double.

LVI *Montauban, Nismes, Avignon & Besier,*
Peste, tonnerre & gresle à fin de Mars,
De Paris pont, Lyon mur, Montpellier,
Depuis six cens & sept-vingt trois pars.

LVII *Sept fois changer verrez gens Britannique,*
Taints en sang en deux cens novante an,
Franche non point par appuy Germanique,
Aries doubte son pole bastarnan.

LVIII *Aupres du Rhin des montaignes Noriques*
Naistra un grand de gens trop tard venu,
Qui defendra Saurome & Pannoniques,
Qu'on ne sçaura qu'il sera devenu.

LIX *Barbare empire par le tiers usurpé,*
La plus grand part le son sang mettra à mort:
Par mort senile par luy le quart frappé,
Pour peyr que sang par le sang ne soit mort.

LX *Par toute Asie grand proscription,*
Mesme en Mysie, Lysie & Pamphylie:
Sang versera par absolution,
D'un ieune noir remply de felonnie.

LXI *La grande bande & secte crucigere.*
Se dressera en Mesopotamie:
Du proche fleuve compagnie legere,
Que telle loy tiendra pour ennemie.

LXII *A Carcassonne conduira ses menees.*
Romain pouvoir sera du tout à bas,
Proche del duero par mer Cyrrene close,
Viendra perces les grands monts Pyrenees.

LV   En el año en que un tuerto reine en Francia,
     La corte se encontrará en gran perturbación,
     El grande de Blois matará a su amigo,
     El reino puesto en mal y duda doble.

LVI Montauban, Nîmes, Aviñón y Beziers,
     Peste, truenos y granizo al fin de Marzo,
     De París puente, Lyón muro, Montpellier,
     Después de seiscientos y siete veinte, tres partes.

LVII Siete veces cambiar veréis gente británica,
     Tinta en sangre en doscientos noventa años,
     Libre, no ya por apoyo Germánico,
     Aries duda, su polo es declinante.

LVIII Cerca del Rin de las montañas Nóricas
      Nacerá un grande de gente demasiado tarde venida,
      Que defenderá Sauroma y las Panónicas,
      Que no se sabrá lo que le haya acontecido,

LIX Bárbaro imperio por un tercero usurpado,
     La mayor parte de su sangre condenar a muerte:
     Por muerte senil, por él, el cuarto atacado,
     Por temor de que sangre por otra sangre sea muerta.

LX   Por toda Asia gran proscripción,
     Incluso en Misia, Lisia y Panfilia:
     Sangre derramará por absolución,
     De un joven negro lleno de felonía.

LXI La gran banda y secta crucifera
     Se levantará en Mesopotamia:
     Del próximo río compañía ligera,
     Que tal ley tendrá por enemiga.

LXII A Carcasona dirigirá sus atenciones,
     El Romano poder estará del todo afondado,
     Próximo al duro cuenco del mar Cirene,
     Traspasará los grandes montes Pirineos.

LXIII   *La main plus courte & sa percee gloze,*
Son grand voisin imiter les vestiges:
Occultes haines civiles & debats,
Retarderont aux boufons leurs folies.

LXIV   *Le chef de Perse remplira grande Olchade,*
Classe Trireme contre gent Mahometique,
De Parthe & Mede, & piller les Cyclades,
Repos long temps au grand port Ionique.

LXV   *Quand le sepulchre du grand Romain trouvé,*
Le iour apres sera esleu Pontife,
Du Senat gueres il ne sera prouvé,
Empoisonné, son sang au sacré scyphe.

LXVI   *Le grand Baillif d'Orleans mis à mort,*
Sera par un de sang vindicatif:
De mort merite ne mourra que par sort,
Des pieds & mains malle faisoit captif.

LXVII   *Une nouvelle secte de Philosophes,*
Mesprisant mort, or, honneurs & richesses,
Des monts Germains ne seront limitrophes,
A les ensuyvre auront appuy & presses.

LXVIII   *Peuples sans chef d'Espaigne d'Italie,*
Morts, profligez dedans le Cheronese,
Leur dict trahy par legere folie,
Le sang nager par tout à la traverse.

LXIX   *Grand exercite conduict par iouvenceau,*
Se viendra rendre aux mains des ennemis,
Mais le vieillard nay au demi pourceau,
Fera Chalon & Mascon estre amis.

LXX   *La grande Bretaigne comprinse d'Angleterre,*
Viendra par eaux si haut inonder
La Ligue neuve d'Ausonne fera guerre,
Que contre eux ils se viendront bander.

LXIII   La mano más corta y su herida cerrada,
        Su gran vecino imitará los vestigios:
        Ocultos odios civiles y debates,
        Retrasarán a los bufones sus folías.

LXIV   El jefe de Persia llenará gran Ólcada,
        Flota Trirreme contra gente Mahometana,
        De Parta y Media y saquear las Cícladas,
        Largo tiempo descanso en el gran puerto Jónico.

LXV   Cuando el sepulcro del gran Romano hallado,
        Al día siguiente será elegido Pontífice,
        Del Senado no será aprobado,
        Envenenado, su sangre en la sagrada ropa.

LXVI   El gran Bailío de Orleans condenado a muerte,
        Será por uno de sangre vindicativa:
        Él merecerá ésta su suerte,
        Prisionero, manos y pies cautivos.

LXVII   Una nueva secta de filósofos,
        Despreciando muerte, oro, honores y riquezas,
        De los Montes Germanos no serán limítrofes,
        Sus seguidores tendrán honor y prensa.

LXVIII Pueblos sin jefes de España, de Italia,
        Muertos esparcidos por el Queroneso,
        Su mano traiciona por locura pasajera,
        La sangre por todas partes corre.

LXIX   Gran ejército guiado por un joven,
        Se entregará en manos de sus enemigos,
        Pero el viejo mitad puerco nacido,
        Hará que Chalón y Mascón sean amigos.

LXX   La Gran Bretaña incluida Inglaterra,
        Vendrá por agua tan fuerte a inundar:
        La nueva liga de Ausonia le hará guerra,
        Que contra aquéllos ellos se alinearán.

LXXI *Ceux dans les isles de long temps assiegez,*
Prendront vigueur force contre ennemis:
Ceux par dehors morts de faim profligez,
En plus grand faim que iamais seront mis.

LXXII *Le bon vieillard tout vif ensevely,*
Pres du grand fleuve par fausse soupçon:
Le nouveau vieux de richesse ennobly,
Prins à chemin tout l'or de la rançon.

LXXIII *Quand dans le regne parviendra le boiteux,*
Competiteur aura proche bastard,
Luy et le regne viendront si fort roigneux,
Qu'ains qu'il guerisse son faict sera bien tard.

LXXIV *Naples, Florence, Favence, & Imole,*
Seront en termes de telle fascherie,
Que pour complaire aux malheureux de Nolle,
Plainct d'avoir faict à son chef moquerie.

LXXV *Pau, Verone, Vincence, Sarragousse,*
De glaives loings, terroirs de sang humides:
Peste si grande viendra à la grand gousse,
Proche secours, & bien loing les remedes.

LXXVI *En Germanie naistront diverses sectes,*
Sapprochant fort de l'heureux paganisme,
Le coeur captif & petites receptes,
Feront retour à payer le vray disme.

LXXVII *Le tiers climat sous Aries comprins,*
L'an mil sept cens vingt & sept en Octobre
Le Roy de Perse par ceux d'Egypte prins:
Conflit, mort perte: à la croix grand opprobe.

LXXVIII *Le chef d'Ecosse, avec six d'Allemagne,*
Par gens de mer Orientaux captif:
Traverseront le Calpre & Espagne,
Present en Perse au nouveau Roy craintif.

LXXI   Los de dentro las islas por largo tiempo asediados,
Cobrarán vigor y fuerza contra sus enemigos:
Los de fuera muertos de hambre derrotados,
Por más hambre que nunca serán metidos.

LXXII   El buen anciano aún vivo sepultado,
Junto al gran río por falsa sospecha,
El nuevo viejo de riqueza ennoblecido,
Toma a la vez todo el oro del rescate.

LXXIII   Cuando al reinado llegue el cojo,
Competidor tendrá próximo bastardo:
Él y también el reino serán tan roñosos,
Que antes de que cure su hora habrá sonado.

LXXIV   Nápoles, Florencia, Faenza e Ímola
Estarán en términos de tal enojo,
Por complacer a los desdichados de Nola,
Queja de haber a su jefe burlado.

LXXV   Pau, Verona, Vicenza, Zaragoza,
Espadas ungidas, terrores húmedos de sangre:
Peste tan grande vendrá a la gran hoya,
Cercano socorro y los remedios muy lejos.

LXXVI   En Germania nacerán varias sectas,
Acercándose mucho al feliz paganismo,
El corazón cautivo y pequeños ingresos,
Harán volver a pagar el verdadero diezmo.

LXXVII   El tercer clima bajo Aries comprendido,
El año mil setecientos veintisiete, en Octubre,
El Rey de Persia por los de Egipto cogido:
Conflicto, muerte, pérdida: a la cruz gran oprobio.

LXXVIII   El jefe de Escocia, con seis de Alemania,
Por gentes de mar Orientales cautivo:
Atravesarán Calpe y la España,
Presente en Persia al nuevo Rey medroso.

LXXIX *L'ordre fatal sempiternel par chaisne,*
Viendra tourner par ordre consequent:
Du port Phocen sera rompue la chaisne,
La cité prinse, l'ennemy quant & quant.

LXXX *Du regne Anglois le digne dechassé,*
Le conseiller par ire mis à feu:
Ses adherans iront si bas tracer,
Que le bastard sera demy receu.

LXXXI *Le grand criard sans honte audacieux,*
Sera esleu gouverneur de l'armee:
La hardiesse de son contentieux,
Le pont rompu, cité de peur pasmee.

LXXXII *Freins, Antibor, villes autour de Nice,*
Seront vastées fort par mer & par terre:
Les sauterelles terre & mer vent propice,
Prins, morts, troussez, pillez, sans loy de guerre.

LXXXIII *Les longs cheveux de la Gaule Celtique;*
Accompagnez d'estranges nations:
Mettront captif la gent Aquitanique,
Pour succomber à leurs intentions.

LXXXIV *La grand cité sera bien desolee,*
Des habitans un seul n'y demourra:
Mur, sexe, temple, & vierge violee,
Par fer, feu, peste, canon peuple mourra.

LXXXV *Par cité prinse par tromperie & fraude*
Par le moyen d'un beau ieune attrapé,
Assaut donné Raubine pres de Laude,
Luy & tous morts pour avoir bien trompé.

LXXXVI *Un chef d'Ausonne aux Espaignes ira,*
Par mer sera arrest dedans Marseille,
Avant sa mort un long temps languira.
Apres sa mort on verra grand merveille.

LXXIX El orden fatal y eterno encadenado,
       Dará vueltas con orden consiguiente:
       Del puerto Fociano la cadena será rota,
       Tomada la ciudad, el enemigo un poco.

LXXX   Del reino inglés el digno expulsado,
       El consejero por ira condenado a fuego:
       Sus partidarios irán a rastrear tan bajo,
       Que el bastardo será casi aclamado.

LXXXI El gran vociferante audaz desvergonzado,
       Será elegido gobernador de la armada:
       La intrepidez de su comportamiento,
       El puente roto, ciudad de miedo pasmada.

LXXXII Freins, Antibor, ciudades junto a Niza,
       Serán muy devastadas por mar y por tierra:
       Las langostas, tierra y mar viento propicio,
       Cogidos, muertos, despedazados, robados, sin ley de guerra.

LXXXIII Los largos cabellos de la Galia Céltica,
        Acompañados de extrañas naciones,
        Harán cautiva a la gente Aquitánica,
        Para sucumbir a sus intenciones.

LXXXIV La gran ciudad quedará bien desolada,
       De sus habitantes uno solo podrá en ella morar:
       Muralla, sexo, templo y virgen violada,
       Por hierro, fuego, peste, cañón el pueblo morirá.

LXXXV Por ciudad tomada por engaño y fraude
       Por medio de un bello joven capturado,
       Asalto dado a Raubine cerca de Laude,
       Él y todos muertos por haber bien engañado.

LXXXVI Un jefe de Ausonia a las Españas irá,
       Por mar se detendrá en Marsella,
       Antes de su muerte por mucho tiempo languidecerá,
       Después de su muerte se verá gran maravilla.

LXXXVII Classe Gauloise n'aproches de Corsegne.
Moins de Sardaigne tu t'en repentira:
Trestous mourrez frustrez de l'aide grogne,
Sang nagera, captif ne me croiras.

LXXXVIII De Barselone par mer si grand'armee,
Toute Marseille de frayeur tremblera:
Isles saisies de mer ayde fermee,
Ton traditeur en terre nagera.

LXXXIX En ce temps là sera frustree Cypres,
De son secours de ceux de mer Egee:
Vieux trucidez, mais par mesles & lyphres
Seduict leur Roy, Royne plus outragee.

XC Le grande Satyre & Tigre d'Hircanie,
Don presenté à ceux de l'Occean:
Un chef de classe istra de Carmanie:
Qui prendra terre au Tyrren Phocean.

XCI L'arbre qu'estoit par long temps mort seché,
Dans une nuict viendra à reverdir:
Cron Roy malade, Prince pied estanché,
Criant d'ennemis fera voile bondir.

XCII Le monde proche du dernier periode,
Saturne encor tard sera de retour:
Translat empire devers nations Brodde,
L'oeil arraché à Narbon par autour.

XCIII Dans Avignon tout le chef de l'Empire,
Fera arrest pour Paris desolé:
Tricast tiendra l'Annibalique ire,
Lyon par change sera mal consolé.

XCIV De cinq cens ans plus compte lon tiendra,
Celuy qu'estoit l'ornement de son temps,
Puis à un coup grande clarté donra,
Que par ce siecle les rendra trescontens.

LXXXVII	Flota Gálica no te acerques a Córcega, Ni a Cerdeña tú de ello te arrepentirás: Pronto moriréis todos privados de la ayuda deseada, Sangre nadará, no habrá ningún cautivo.
LXXXVIII	De Barcelona por mar una poderosa armada, Marsella entera de miedo temblará: Islas ocupadas de mar ayuda cerrada, Tu traidor en tierra nadará.
LXXXIX	En aquel tiempo Chipre estará privada De su auxilio de aquellos del mar Egeo: Viejo trucidado, pero con mezclas y músicas, Seducido su Rey, Reina más ultrajada.
XC	El gran Sátiro y Tigre de Hircania, Don presentado a aquellos del Oceán: Un jefe de flota saldrá de Carmania, Y tomará tierra en el Tirreno Foceán.
XCI	El árbol que estuvo tanto tiempo muerto secado, En una noche volverá a reverdecer: Cron Rey enfermo, Príncipe pie cojo, Gritando a los enemigos hará vela extender.
XCII	El mundo próximo al último período, Saturno todavía tarde estará de vuelta: Transferido imperio hacia naciones Brodde, El ojo arrancado a Narbona alrededor.
XCIII	En Aviñón el gran jefe del Imperio, Se detendrá por París desolado: Tricastro sostendrá la Anibálica ira, Lyón por engaño será mal consolada.
XCIV	De quinientos años en mayor estima lo tendrá, Al que fue ornato de su tiempo, Luego, de pronto, gran claridad dará, Que en este siglo les dará gran contento.

XCV *La loy Moricque on verra deffaillir,*
Apres une autre beaucoup plus seductive:
Boristhennes premier viendra faillir,
Par dons & langue une plus attractive.

XCVI *Chef de Fossan aura gorge coupee,*
Par le ducteur du limier & levrier:
Le faict patré par ceux du mont Tarpee,
Saturne en Leo 13 de Fevrier.

XCVII *Nouvelle loy terre neuve occuper,*
Vers la Syrie, Iudee & Palestine:
Le grand empire barbare corruer,
Avant que Phebés son siècle determine.

XCVIII *Deux royals freres si fort guerroyeront,*
Qu'entre eux sera la guerre si mortelle:
Qu'un chacun places fortes occuperont,
De regne & vie sera leur grand querelle.

XCIX *Aux champs herbeux d'Alein & du Varneigne,*
Du mont Lebron proche de la Durance,
Camps de deux parts conflict sera si aigre,
Mesopotamie defaillira en la France.

C *Entre Gaulois le dernier honnoré,*
D'homme ennemy sera victorieux:
Force & terroir en moment exploré
D'un coup de traict quand mourra l'envieux.

CENTURIE IV

I *Cela du reste de sang non espandu,*
Venise quiert secours estre donné,
Apres avoir bien long temps attendu,
Cité livree au premier cornet sonné.

XCV La ley Morisca se verá desfallecer,
Después de otra mucho más seductora:
Boristeno primero vendrá a caer,
Por dones y una lengua más encantadora.

XCVI Jefe de Fosán tendrá cuello cortado,
Por el ductor del sabueso y del lebrel:
El hecho perpetrado por los del monte Tarpeyo
Saturno en Leo 13 de Febrero.

XCVII Nueva ley nueva tierra ocupar,
Hacia Siria, Judea y Palestina:
El gran imperio bárbaro alterar
Antes de que Febea su siglo determine.

XCVIII Dos hermanos reales guerrearán tan fuertemente,
Que entre ellos la guerra será mortal:
Cada uno ocupará las plazas fuertes,
De reino y vida será su gran querella.

XCIX En los campos herbosos de Alein y del Varneigne,
Del monte Lebrón cercano a la Durance,
Campamentos de las dos partes, conflicto será tan agrio,
Mesopotamia desfallecerá en Francia.

C Entre Galos el último honrado,
De hombre enemigo será victorioso;
Fuerza y terror en momento explorado,
De un venablo morirá el envidioso.

CENTURIA IV

I Por lo que quede de sangre no derramada,
Venecia pide que socorro le sea dado,
Después de haber mucho tiempo esperado,
Ciudad entregada al primer cuerno sonado.

II *Par mort la France prendra voyage à faire,*
Classe par mer, marcher monts Pyrenees,
Espaigne en trouble, marcher gent militaire:
Des plus grand Dames en France emmenees.

III *D'Arras & Bourges, de Brodes grans enseignes,*
Un plus grand nombre de Gascons battre à pied,
Ceux long du Rosne saigneront les Espaignes:
Proche du mont où Sagonte s'assied.

IV *L'impotent Prince faché, plaincts & querelles*
De rapts & pillé, par Coqz & par Libyques:
Grand est par terre mer infinies voilles,
Seure Italie sera chassant Celtiques.

V *Croix paix, soubs un accomply divin verbe,*
L'Espaigne & Gaule seront unis ensemble:
Grand clade proche, & combat tresacerbe,
Coeur si hardy ne sera qui ne tremble.

VI *D'habits nouveaux apres fait la treuve,*
Malice tramme & machination:
Premier mourra qui en fera la preuve,
Couleur Venise insidiation.

VII *Le mineurs fils du grand & hay Prince,*
De Lepre aura à vingt ans grande tache,
De dueil sa mere mourra bien triste & mince,
Et il mourra la où tombe cher lache.

VIII *La grand cité d'assaut prompt & repentin,*
Surprins de nuict, garde interrompus:
Les excubies & veilles sainct Quintin,
Trucidez gardes & les pourtails rompus.

IX *Le chef du camp au milieu de la presse,*
D'un coup de fleche sera blessé aux cuisses,
Lors que Geneve en larmes & detresse,
Sera trahie par Lozan & Souysses.

II Por muerte Francia efectuará un viaje,
    Flota por mar, atravesar los montes Pirineos,
    España perturbada, gente militar moverse:
    Algunas de las más grandes damas a Francia llevadas.

III De Arras y Burges, de Brodes grandes banderas,
    Un mayor número de Gascones a pie derrotar,
    Los de lo largo del Ródano desangrarán las Españas:
    Cerca del monte donde Sagunto está.

IV El impotente Príncipe enojado, lamentos y queréllas,
    De rapiñas y saqueos por galos y por líbicos:
    Grande es por tierra, en mar infinitas velas,
    Hermana Italia será echando a los célticos.

V   Cruz paz, bajo el Verbo divino cumplido,
    España y Francia permanecerán unidas juntas:
    Gran guerra próxima y combate muy duro,
    Corazón valiente no habrá quien no tiemble.

VI De costumbres nuevas después de la tregua,
    Malicia, insidia y maquinación:
    Primero morirá quien haga la prueba,
    Color Venecia conspiración.

VII El hijo menor del grande y odiado Príncipe,
    De lepra a los veinte años una gran mancha tendrá,
    De pena morirá su madre, bien triste y endeble,
    Y él donde caen los cobardes morirá.

VIII La gran ciudad por asalto pronto y repentino,
     Sorprendida de noche, guardias cogidos:
     Las excubias y vigilias San Quintín,
     Asesinados guardias y los portones destruidos.

IX El jefe del campo en medio del combate,
    Será herido en el muslo de un flechazo,
    Cuando Ginebra afligida y preocupada,
    Por Lausana y Suizos será traicionada.

X	*Le ieune Prince accusé faulsement,*
	Mettra en trouble le camp & en querelles:
	Meurtry le chef pour le soustenement,
	Sceptre apaiser: puis guerir escroüelles.

XI	*Celuy qu'aura couvert de la grand cappe,*
	Sera induict à quelque cas patrer:
	Les douze rouges viendront souiller la nappe
	Soubs meurtre, meurtre se viendra perpetrer.

XII	*Le camp plus grand de route mis en fuite,*
	Guaires plus outre ne sera pourchassé:
	Ost recampé, & legion reduicte,
	Puis hors des Gaules du tout sera chassé.

XIII	*De plus grand perte nouvelles raportees,*
	Le raport fait le camp s'etonnera:
	Bandes unies encontres revoltees,
	Double phalange, grand abandonnera.

XIV	*La mort subite du premier personnage*
	Aura changé & mis un autre au regne:
	Tost, tard venu à si haut & bas aage,
	Que terre & mer faudra que on le craigne.

XV	*D'où pensera faire venir famine,*
	De là viendra le rassasiement:
	L'oeil de la mer par avare canine
	Pour de l'un l'autre donra huyle, froment.

XVI	*La cité franche de liberté fait serve,*
	Des prosligez et resveurs fait Asyle:
	Le Roy changé à eux non si proterve,
	De cent seront devenus plus de mille.

XVII	*Changer à Beaune, Nuy, Chalons & Dijon,*
	Le duc voulant amender la Barree
	Marchant pres fleuve, poisson, bec de plongeon
	Verra la queue: porte sera serree.

X   El joven Príncipe acusado falsamente,
    Pondrá en tumulto al campo y en querellas:
    Contusionado el jefe por defenderlo,
    El cetro apaciguar, aplacar luego pendencias.

XI Aquel que estará cubierto con una capa,
    Será inducido a algún caso examinar:
    Los doce rojos vendrán a manchar los manteles
    Con un homicidio, homicidio que se va a perpetrar.

XII El campo mayor de la ruta puesto en fuga,
    No más allá será acosado:
    Acampado nuevamente y legión reducida,
    Después será de las Galias completamente echado.

XIII De una mayor perdida noticias reportadas,
    Hecho el informe el campamento se aturdirá:
    Bandas unidas contra las sublevadas,
    Doble falange, a grande abandonará.

XIV La muerte súbita del principal personaje,
    Habrá cambiado y puesto a otro en el reino:
    Pronto, llegado tarde a edad tan avanzada y tierna,
    Que en tierra y mar será preciso que se le tema.

XV De donde se crea hacer venir el hambre,
    De allá vendrá la hartura:
    El ojo de la mar por avariento canino,
    A uno y a otro dará aceite y trigo.

XVI La ciudad franca de la libertad hecha sierva,
    De fugitivos y soñadores hace Asilo:
    El Rey cambiado por ellos no se obstina,
    De cien se convertirán en más de mil.

XVII Cambiar a Beaune, Nuy, Chalons y Dijon,
    El Duque queriendo corregir la Barrée
    Caminando cerca del río, pez, pico de buceador,
    Verá la cola: la puerta será cerrada.

XVIII *Des plus lettrez dessus les faicts celestes*
      Seront par Princes ignorans reprouvez:
      Punis d'Edict, chassez, comme scelestes,
      Et mis à mort là où seront trouves.

XIX *Devant Roüan d'Insubres mis le siege,*
      Par terre & mer enfermez les passages:
      D'Haynaut & Flandres, de Gand & ceux de Liege,
      Par dons lenees raviront les rivages.

XX *Paix, uberté long temps lieu louera,*
      Par tout son regne desert la fleur de lys:
      Corps morts d'eau, terre là lon apportera,
      Sperants vain heur d'estre là ensevelis.

XXI *Le changement sera fort difficile,*
      Cité, province au change gain fera:
      Coeur haut, prudent mis, chassé luy habile,
      Mer terre peuple son estat changera.

XXII *La grand copie qui sera dechassee,*
      Dans un moment fera besoing au Roy,
      La foy promise de loing sera faussee,
      Nud se verra en piteux desarroy.

XXIII *La legion dans la marine classe,*
      Calcine, Magnes soulphre, & poix bruslera:
      Le long repos de l'assuree place,
      Port Selyn, Hercle feu les consumera.

XXIV *Ouy soubs terre saincte dame voix sainte,*
      Humaine flamme pour divine voir luire:
      Fera des seuls de leur sang terre tainte,
      Et les saincts temples pour les impurs destruire.

XXV *Corps sublimes sans fin à l'oeil visibles:*
      Obnubiler viendront par ces raisons:
      Corps, front comprins, sans chef & invisibles.
      Diminuant les sacrees oraisons.

XVIII   Los más letrados en los hechos celestes
        Serán por Príncipes ignorantes reprobados:
        Castigados por Edicto, expulsados, como infames,
        Y muertos dondequiera sean hallados.

  XIX   Ante Rouen por los Insubrios puesto asedio,
        Por tierra y mar cerrados los caminos:
        De Haynaut y Flandes, de Gante y los de Lieja,
        Con lanchas desembarcación en la orilla.

   XX   Paz, prosperidad por mucho tiempo lugar alabará,
        En todo su reino desierto la flor de lis;
        Cuerpos muertos de agua, tierra, allí se los llevará,
        Esperando en vano la hora de ser allá enterrados.

  XXI   La mutación será muy difícil,
        Ciudad, provincia con el cambio ganancia sacará:
        Corazón noble, prudente depuesto, echado el que era hábil,
        Mar, tierra, pueblo su estado cambiará.

 XXII   La gran abundancia que será desechada
        En un momento dado será necesaria al Rey,
        La fe prometida de lejos será profanada,
        Desnudo se verá en mísera ruina.

XXIII   La legión en la flota marinera,
        Cal, grandes solfataras y brea abrasarán:
        El largo descanso del puesto asegurado,
        Puerto Selín, Hércules el fuego los consumirá.

XXIV   Oído bajo tierra santa dama, voz santa,
        Humana llama por Divina ver lucir:
        Hará de los solitarios de su sangre teñida,
        Y los impuros los santos templos destruir.

 XXV   Cuerpos sublimes, sin fin, al ojo visibles:
        Vendrán a cegar por estas razones:
        Cuerpos, mentes incluso, sin jefe e invisibles,
        Disminuyendo las sagradas oraciones.

XXVI *Lou grand eyssame se levra d'abelhos,*
Que non sauran don te siegen venguddos:
Deuech l'ebousq, lou gach dessous las treilhos
Ciutard trahido per cinq lengos non nudos.

XXVII *Salon, Manfol, Tarascon de Sex, l'arc,*
Où est debout encor la piramide:
Viendront livrer le Prince Dannemarc,
Rachat honny eu temple d'Artemide.

XXVIII *Lors que Venus du Sol sera couvert,*
Subs l'esplendeur sera forme occulte:
Mercure au feu, les aura descouvert,
Par bruit bellique sera mis à l'insulte.

XXIX *Le Sol caché eclipse par Mercure,*
Nessera mis que pour le ciel second:
De Ulcan Hermes sera faicte pasture,
Sol sera veu pur, rutilant & blond.

XXX *Plus onze fois Luna Sol ne voudra,*
Tous augmenté & baissez de degré:
Et si bas mis que peu or on coudra,
Qu'après faim, peste, descouvert le secret.

XXXI *La lune au plain de nuict sur le haut mont,*
Le nouveau spohe d'un seul cerveau l'a veu:
Par ses disciples estre immortel semond,
Yeux au midy, en feins, mains, corps au feu.

XXXII *Es lieux & temps chair au poisson donra lieu,*
La loy commune sera faicte au contraire:
Vieux tindra fort puis osté du milieu,
La Panta, chiona philon mis fort arrière.

XXXIII *Iupiter ioinct plus Venus qu'à la Lune,*
Apparoissant de plenitude blanche:
Venus cachee sous la blancheur Neptune
De Mars frappee par la gravee branche.

XXVI El gran enjambre se elevará de abejas,
Que no se sabrá de dónde han venido:
Donde el bosque lo esconde bajo el emparrado.
Ciutard traído por cinco ligas no nudas.

XXVII Salon, Manfol, Tarascon de Sex, el arco,
Donde está en pie todavía la pirámide:
Vendrá a liberar al Príncipe de Dinamarca,
Rescate odioso en el templo de Artemisa.

XXVIII Cuando Venus esté cubierta por el Sol,
Bajo el esplendor habrá una forma oculta:
Mercurio al fuego los habrá descubierto,
Por rumor bélico será puesto al insulto.

XXIX El Sol escondido, eclipsado por Mercurio,
Sólo estará en el cielo segundo:
De Vulcano-Hermes será hecho pasto,
Sol será visto puro, rutilante y rubio.

XXX Más once veces Luna Sol no querrá,
Todos aumentados y rebajados de grado:
Y tan bajo puesto que poco entonces se creerá,
Después hambre y peste, el secreto revelado.

XXXI La Luna en el plano de noche sobre el alto monte,
El nuevo sabio con un solo cerebro la ha visto:
Por sus discípulos ser inmortal se monda,
Ojos a mediodía, en el sensible, manos, cuerpos a foco.

XXXII En lugares y tiempos carne al pez dará lugar,
La ley común será hecha al contrario:
Viejo se mantendrá firme, después impedido por el medio,
La Planta Koiná Filón quedará muy atrás

XXXIII Júpiter unido más a Venus que a la Luna,
Apareciendo de plenitud blanca:
Venus escondida bajo la blancura de Neptuno,
Por Marte golpeada con la grande rama.

XXXIV *Le grand mené captif d'estrange terre,*
D'or echaîné au Roy Chiren offert:
Qui dans Ausone, Millan perdra la guerre,
Et tout son os mis à feu & à fer.

XXXV *Le feu estaint, les vierges trahiront*
La plus grande part de la bande nouvelle:
Fouldre à fer, lance les seuls Roy garderont
Etrusque & Corse, de nuict gorge allumelle.

XXXVI *Les ieux nouveaux en Gaule redressez,*
Apres victoire de l'Insubre champaigne:
Monts d'Espeire, les grands liez, troussez,
De peur trembler la Romaigne & l'Espaigne.

XXXVII *Gaulois par saults, monts viendra penetrer,*
Occupera le grand lieu de l'Insubre,
Au plus profond son ost fera entrer,
Gennes, Monech pousseront classe rubre.

XXXVIII *Pendant que Duc, Roy, Royne occupera,*
Chef Bizant du captif en Samothrace,
Avant l'assault l'un l'autre mangera
Rebours serré suyvra du sang la trace.

XXXIX *Les Rhodiens demanderont secours,*
Par le neglet de ses hoyrs delaissee,
L'empire Arabe revalera son cours,
Par Hesperies la cause redressee.

XL *Les forteresses des assiegez serrez,*
Par poudre à feu profondez en abysme,
Les proditeurs seront tous vifs serrez,
Onc aux sacristes n'advint si piteux scisme.

XLI *Gymnique sexe captive par hostage,*
Viendra de nuict custodes decevoir,
Le chef du camp deçeu par son langage,
Lairra à la gente, ferra piteux à voir.

XXXIV   El grande llevado cautivo a extraña tierra,
        De oro encadenado al Rey Chirén ofrecido:
        Después de que en Ausonia Milán pierda la guerra,
        Y todo su ejército derrotado.

XXXV   El fuego apagado, las vírgenes traicionarán
        La mayor parte del bando nuevo:
        Rayo de hierro, lanza solos los Reyes guardarán
        Etruria y Córcega de noche gola iluminada.

XXXVI   Los juegos nuevos en Galia organizados,
        Después de la victoria de la Insubria campaña:
        Montes de Epiro, los grandes atados, depredados,
        De pavura temblar la Romaña y España.

XXXVII Galo a saltos, montes vendrá a penetrar,
        Ocupará el gran lugar del Insubre,
        Hasta lo más profundo su hueste hará entrar,
        Génova, Monaco empujarán ejército rubro.

XXXVIII Mientras que Duque, Rey, Reina ocupará,
        Jefe Bizancio del cautivo en Samotracia,
        Antes del asalto uno al otro comerá,
        Contrapelo apretado seguirá de la sangre la huella.

XXXIX   Los Rodianos pedirán socorro,
        Por la negligencia de sus aliados abandonada,
        El imperio Árabe reemprenderá su curso,
        Por Hesperia la causa enderezada.

XL   Las fortalezas de los sitiados rodeadas,
        Por polvo de fuego precipitados en el abismo,
        Los traidores serán todos vivos apresados,
        Nunca entre los rapavelas se vio tan deplorable cisma.

XLI   Gímnica sexo prisionera en rehén,
        Vendrá de noche a sorprender a los guardas,
        El jefe del campo engañado por su lenguaje,
        Abandonará a la gente, verlo dará lástima.

XLII *Geneve & Langres par ceux de Chartres & Dole.*
Et par Grenoble captif au Montlimard,
Seysset, Lozanne, par fraudulente dole,
Les trahiront par or soixante marc.

XLIII *Seront ouys au ciel les armes battre:*
Celuy an mesme les divins ennemis,
Voudront loix sainctes iniustement debattre,
Par foudre & guerre bien croyans à mort mis.

XLIV *Deux gros de Mende, & de Roudés & Milhau,*
Cahours, Limoges, Chartres malo sepmano
De nuech l'intrado, de Bourdeaux un cailhau,
Par Perigort au toc de la campano.

XLV *Par conflict Roy, regne abandonnera,*
Le plus grand chef faillira au besoing,
Mors prosligez peu en rechapera,
Tous destranchez, un en sera tesmoing.

XLVI *Bien defendu le faict par excellence,*
Garde toy Tours de ta proche ruine,
Londres & Nantes par Reims fera deffense
Ne passe outre au temps de la bruine.

XLVII *Le noir farouche quand aura essayé*
Sa main sanguine par feu, fer, arc tendus,
Trestout le peuple sera tant effrayé,
Voir les plus grans par col & pieds pendus.

XLVIII *Planure Ansonne fertile, spacieuse,*
Produira taons si tant de sauterelles,
Clarté solaire deviendra nubileuse,
Ronger le tout, grand peste venir d'elles.

XLIX *Devant le peuple sang sera respandu,*
Que du haut ciel ne viendra esloigner,
Mais d'un long temps ne sera entendu,
L'esprit d'un seul le viendra tesmoigner.

XLII Ginebra y Langres por los de Chartres y Dole.
Y por Grenoble cautivo en Montlimard,
Seysset, Lausana por fraudulento engaño,
Los traicionarán por sesenta marcos de oro.

XLIII Se oirán en el cielo las armas batir:
También aquel año los divinos enemigos,
Querrán leyes santas injustamente discutir,
Por rayo y guerra los muy creyentes muertos.

XLIV Dos principales de Mende y de Roudés y Milhau,
Cahours, Limoges, Chartres, semana infeliz,
De noche la entrada, de Bourdeaux un guijarro,
Por Perigort al toque de la campana.

XLV Por un conflicto, el Rey abandonará el trono,
El mayor de los jefes faltará a su cometido,
Herido de muerte no se librará,
Todos asesinados, uno será testigo.

XLVI El hecho por excelencia bien defendido,
Guárdate Tours de tu próxima ruina,
Londres y Nantes por Reims harán defensa,
No sigas adelante al tiempo de la escarcha.

XLVII El negro cruel cuando haya probado
Su mano sanguinaria con fuego, hierro, arcos tensos,
Todo cuanto el pueblo quede aterrorizado,
Ver a los más grandes por cuello y pies colgados.

XLVIII Llanura de Ausona, fértil, espaciosa,
Producirá talares colmadísimos de langostas,
Claridad solar quedará anublada,
Roerlo todo, gran peste provenir de ellas.

XLIX Ante el pueblo sangre será derramada,
Que de lo alto del cielo no vendrá alejar,
Pero por largo tiempo no será oída,
El espíritu de uno solo vendrá a testimoniar.

L   *Libra verra regner les Hesperies,*
De ciel & terre tenir la Monarchie,
D'Asie forces nul ne verra peries,
Que sept ne tiennent par rang la hierarchie.

LI   *Un Duc cupide son ennemy ensuyvre,*
Dans entrera empeschant la phalange,
Hastez à pied si pres viendront poursuyvre,
Que la iournee conflite pres de Gange.

LII   *En cité obsesse aux murs hommes & femmes,*
Ennemis hors le chef prest à soy rendre:
Vent sera fort encontre les gensdarmes,
Chassez seront par chaux, poussière, & cendre.

LIII   *Les fugitifs & bannis revoquez,*
Peres & fils grand garnissant les hauts puits,
Le cruel pere & les siens suffoquez,
Son fils plus pire submergé dans le puits.

LIV   *Du nom qui oncques ne fut au Roy Gaulois,*
Iamais ne fut un foudre si craintif,
Tremblant l'Italie, l'Espaigne & les Anglois,
De femme estrangers grandement attentif.

LV   *Quand la corneille sur tout de brique ioincte,*
Durant sept heures ne fera que crier:
Mort presagee de sang statue taincte,
Tyran meurtry, aux Dieux peuple prier.

LVI   *Apres victoire de rabieuse langue,*
L'esprit tremté en tranquil & repos,
Victeur sanguin par conflict faict harangue,
Roustir la langue & la chair & los os.

LVII   *Ignare enuie au grand Roy supportee,*
Tiendra propos deffendre les escripts:
Sa femme non femme par un autre tentée,
Plus double deux ne fort ne criz.

L   Libra reinará sobre las Hespéridos,
De cielo y tierra mantendrá la Monarquía,
De Asia fuerzas nadie verá perecer,
Que siete no tengan por rango la jerarquía.

LI   Un Duque ansioso a su enemigo seguirá,
Dentro entrará impidiendo la falange,
Acosados a pie tan cerca perseguirán,
Que la jornada conflicto cerca del Ganges.

LII   En la ciudad vejada a los muros hombres y mujeres,
Enemigos fuera del jefe prontos a rendirse:
El viento soplará fuerte ante los gendarmes,
Echados serán por cal, polvo y ceniza.

LIII   Los enemigos ahuyentados y vencidos,
Padres e hijo mayor adornando los altos pozos,
El cruel padre ahogará a los suyos,
Su hijo pésimo sumergido en el pozo.

LIV   Del nombre que nunca tuvo el Rey Galo,
Jamás hubo un rayo tan temido,
Temblando Italia, España y los Ingleses,
De mujer extranjera locamente enamorado.

LV   Cuando la corneja en torre de apretado ladrillo,
Durante siete horas no haga más que chillar:
Muerte presagiada por sangre estatua teñida,
Tirano abatido, a los dioses pueblo rogar.

LVI   Después de victoria de rabiosa lengua,
El espíritu vigorizado por tranquilidad y descanso,
Vencedor sanguinario del conflicto discurseará,
Asar la lengua, la carne y los huesos.

LVII   Una cuestión molesta al gran Rey presentada,
Él propondrá defender los escritos:
Su mujer no mujer por otro tentada,
Más doble dos no grita fuerte.

LVIII *Soleil ardent dans le gosier coller,*
De sang humain arrouser terre Etrusque:
Chef seille d'eaue, mener son fils filer,
Captive dame conduicte en terre Turque.

LIX *Deux assiegez en ardente ferveur,*
De soif estaincts pour deux plaines tasses,
Le forte linmé, & un vieillard resveur,
Aux Genevois de Nira monstra trasse.

LX *Les sept enfans en hostage laissez,*
Le tiers viendra son enfant trucider,
Deux par son fils seront d'estoc percez,
Gennes, Florence los viendra encorder.

LXI *Le vieux mocqué & privé da sa place,*
Par l'estranger qui le subornera,
Mains de son fils mangees devant sa face,
Le frere à Chartres, Orl. Roüan trahira.

LXII *Un coronel machine ambition,*
Sa saisira de la plus grande armee,
Contre son Prince fainte invention,
Et descouvert sera soubs sa ramee.

LXIII *L'armée Celtique contre les montaignars,*
Qui seront sceuz & prins à la pipee:
Paysans fresz poulseront tost faugnars,
Precipitez tous au fils de l'espee.

LXIV *Le defaillant en habit de bourgeois,*
Viendra le Roy tenter de son offence:
Quinze soldats la pluspart Ustageois,
Vie derniere & chef de sa chevance.

LXV *Au deserteur de la grand forteresse,*
Apres qu'aura son lieu habandonné,
Son adversaire fera si grand proüesse,
L'Empereur tost mort sera condamné.

LVIII Sol ardiente en la garganta abrasada,
De sangre humana empapar la tierra Etrusca:
Jefe recoge agua, lleva a su hijo largarse,
Cautiva dama conducida a tierra Turca.

LIX Dos sitiados en ardiente fervor,
Apagada la sed con dos llenas tazas,
El fuerte raso y un anciano soñador,
A los Genoveses de Nira muestran traza.

LX Los siete niños en rehén dejados,
El tercero a su niño matará,
Dos serán traspasados por su hijo,
Génova y Florencia de acuerdo se pondrán.

LXI El viejo burlado y expulsado de su lugar,
Por el extranjero que lo sobornará,
Algunos de sus hijos comidos ante él,
El hermano en Chartres, Orl. Ruán traicionará.

LXII Un coronel lleno de ambición,
Se apoderará de la mayor armada,
Contra su Príncipe se levantará,
Y será descubierto bajo la enramada.

LXIII La armada céltica contra los montañeses,
Que serán descubiertos y cogidos en la trampa:
Campesinos jóvenes y empujarán feroces,
Precipitados todos al filo de la espada.

LXIV El achicado en ropas de burgués,
Vendrá el Rey a intentar su ofensa:
Quince soldados rehenes la mayor parte,
Vida última y jefe de su hacienda.

LXV Al desertor de la gran fortaleza
Después de haber abandonado su plaza,
Su enemigo obtendrá un éxito notorio,
Poco después de muerto el Emperador será condenado.

LXVI	*Sous couleur fainte de sept testes rasees,* *Seront semez divers explorateurs,* *Puits & fontains de poisons arrousees,* *Au fort de Gennes humains devorateurs.*
LXVII	*Lors que Saturne & Mars esgaux combust,* *L'air fort seiché longue trajection,* *Par feux secrets d'ardeur grand lieu adust,* *Peu pluye, vent chault, guerres, incursion.*
LXVIII	*En lieu bien proche non esloigné de Venus,* *Les deux plus grands de l'Asie & d'Afrique,* *Du Ryn & Hister qu'on dira sont venus, Cris,* *pleurs à Malte & costé Ligustique.*
LXIX	*La cité grande les exiles tiendront,* *Les citadins morts, meurtris & chassez,* *Ceux d'Aquilee à Parme promettront,* *Monstrer l'entree par les lieux non trassez.*
LXX	*Bien contigue des grands monts Pyrenees,* *Un contre l'Aigle grand copie addresser,* *Ouverte veines, forces extreminees,* *Que iusqu'à Pau le chef viendra chasser.*
LXXI	*En lieu d'espouse les filles trucidees,* *Meurtre à grand faute ne sera superstile,* *Dedans le puits vestules inondees,* *L'espouse etaiente pur hauste d'Aconile.*
LXXII	*Les Artomiques par Agen & l'Estore,* *A sainct Felix feront leur parlement:* *Ceux de Basas viendront à la mal'heure,* *Saisir Condon & Marsan promptement.*
LXXIII	*Le nepveu grand par force prouvera,* *Le pache fait du coeur pusillanime,* *Ferrare & Ast le duc esprouvera,* *Par lors qu'au soir sera la pantomine.*

LXVI Bajo color fingido de siete cabezas rapadas,
Serán sembrados diversos exploradores,
Pozos y fontanas de venenos rociados,
En el fuerte de Génova humanos devoradores.

LXVII Cuando Saturno y Marte ardan iguales,
El aire muy seco, larga trayectoria,
Con fuegos secretos de ardor gran lugar adusto,
Escasa lluvia, viento cálido, guerras, incursión.

LXVIII En lugar muy próximo no lejos de Venus,
Los dos más grandes de Asia y de África,
Del Rin y Danubio se dirán venidos,
Gritos, llantos en Malta y en la costa Ligústica.

LXIX Los desterrados defenderán la gran ciudad,
Los ciudadanos muertos, heridos y expulsados.
Los de Aquilea a Parma prometerán,
Indicar la entrada por lugares no trazados.

LXX Muy cerca de los grandes montes Pirineos,
Uno contra el Aguila gran ejército dirigirá,
Venas abiertas, fuerzas exterminadas,
Que hasta Pau el jefe perseguirá.

LXXI Las hijas trucidadas en lugar de la esposa,
Un homicidio no tendrá gran culpa,
Dentro de los pozos vestidos inundados,
La esposa muerta muy cerca de Aconil.

LXXII Los Artómicos por Agen y Lestore,
En Saint-Felix tendrán su parlamento:
Los de Basas vendrán en mala hora,
Tomar Condon y Marsan prontamente.

LXXIII El sobrino mayor por fuerza probará
El pacto hecho con corazón pusilánime,
A Ferrara y Asti el duque atormentará,
Cuando una noche se represente la pantomima.

LXXIV *Du lac Leman & ceux de Brannonices*
Tous assemblez contre ceux d'Aquitaine.
Germains beaucoup, encore plus Souisses,
Seront des faicts avec ceux d'Humaine.

LXXV *Prest à combattre fera defection,*
Chef adversaire obtiendra la victoire:
L'arriere garde fera defension,
Les defaillans mort au blanc territoire.

LXXVI *Les Nictobriges par ceux de Perigort*
Seront vexes, tenant iusques au Rosne,
L'associé de Gascons & Begorne,
Trahir le temple, le prestre estant au prosne.

LXXVII *Selin Monarque l'Italie pacifique,*
Regnes unis, Roy Chrestien du monde,
Mourant voudra coucher en terre blesique,
Apres pyrates avoir chassé de l'onde.

LXXVIII *La grand'armee de la pugne civile,*
Pour de nuict parme à l'estrange trouvee,
Septante neuf meutris dedans la ville,
Les estrangers passez tout à lespee.

LXXIX *Sang Royal fuis, Monhurt, Mas, Eguillon,*
Remplis seront Bourdelois les Landes,
Navarre, Bygorre poinctes & eguillons,
Profonds de faims, vorer de Liege glandes.

LXXX *Pres du grand fleuve, grand fosse, terre egeste,*
En quinze pars sera l'eau divisee:
La cité prinse, feu, sang, cris, conflict mettre,
Et la plus part concerne au collisee.

LXXXI *Pont on fera promptement de nacelles,*
Passer l'armee du grand Prince Belgique:
Dans profondrez, & non loing de Brucelles,
Outre passez, detranchez sept à picque.

LXXIV	Del lago Leman y los Brannonices Todos juntos contra los de Aquitania: Germanos muchos, pero más Suizos, Serán derrotados con los de Humania.
LXXV	Presto a combatir hará defección, Jefe adversario obtendrá la victoria: La retaguardia hará defensión, Los desfallecientes muertos en el blanco territorio.
LXXVI	Los Nictóbriges por los de Perigord Serán vejados, luchando hasta el Ródano, El asociado de Gascones y Bigorne, Traicionar el templo, el preste predicando.
LXXVII	Selín, monarca pacificador de Italia, Reinos unidos, Rey Cristiano del mundo, Muriendo querrá reposar en Tierra Santa, Después de haber barrido del mar a los piratas.
LXXVIII	El gran ejército de la pugna civil, Y de noche troquel por el extranjero hallado, Setenta y nueve muertos en la ciudad, Todos los extranjeros pasados a cuchillo.
LXXIX	Sangre real huyó, Monhurt, Mas Eguillon, Los Bordeleses ocuparon las Landas, Navarra, Bigorre lanzas y picas, Extenuados de hambre devorar bellotas de Lieja.
LXXX	Cerca del gran río, gran fosa, tierra agreste, En quince partes será el agua dividida: La ciudad tomada, fuego, sangre, gritos, guerra, Y la mayor parte concierne al coliseo.
LXXXI	Puente se hará prontamente de barcas, Pasar el ejército del gran Príncipe de Bélgica: Caerán dentro y no lejos de Bruselas, Llegarán, separar siete de espadas.

LXXXII Amas s'approche venant d'Esclavonie,
L'Olestant vieux cité ruynera:
Fort desolee verra sa Romanie,
Puis la grand' flamme estaindre ne sçaura.

LXXXIII Combat nocturne le vaillant capitaine,
Vaincu fuyra peu de gens prosligé:
Son peuple esmeu, sedition non vaine,
Son propre fils le tiendra assiegé.

LXXXIV Un grand d'Auxerre mourra bien miserable,
Chassé de ceux qui sous luy ont esté:
Serré de chaines, apres d'un rude cable,
En l'an que Mars, Venus & Sol mis on esté.

LXXXV La charbon blanc du noir sera chaffé,
Prisonnier faict mené au tombereau:
More Chameau sus pieds entrelassez,
Lors le puisné sillera l'aubereau.

LXXXVI L'an que Saturne en eau sera conioinct,
Avecques Sol, le Roy fort et puissant,
A Reims & Aix sera receu & oingt,
Apres conquestes meurtrira innocens.

LXXXVII Un fils du Roy tant de languages apprins,
A son aisné au regne different:
Son pere beau au plus grand fils comprins,
Fera perir principal adherant.

LXXXVIII Le grand Antonie du nom de faict sordide,
De Phthyriaise à son dernier rongé:
Un qui de plomb voudra estre cupide,
Passant le port d'esleu sera plongé.

LXXXIX Trente de Londres secret coniureront,
Contre leur roy, sur le pont l'entreprinse:
Luy, fatalites la mort desgousteront,
Un Roy esleu blonde, natif de Frize.

| LXXXII | Tropel se acerca viniendo de Eslavonia,
El viejo Destructor arruinará al Estado
Muy asolada verá a Rumania,
Después no podrá apagar la gran llama. |

| LXXXIII | Combate nocturno el valiente capitán,
Vencido huirá seguido de algunos:
Su pueblo emocionado, sedición no vana,
Su propio hijo lo tendrá asediado. |

| LXXXIV | Un grande de Auxerre morirá muy miserable,
Expulsado de los que bajo él han estado,
Apretado por cadenas, también de un rudo cable,
El año en que Marte, Venus y el Sol puestos en verano. |

| LXXXV | El carbón blanco por el negro será calentado,
Hecho prisionero y llevado al chirrión:
Moro camello sobre los pies entrelazados,
Entonces el recién nacido el eje surcará. |

| LXXXVI | El año en que Saturno en agua sea unido,
Y con el Sol, el Rey fuerte y poderoso,
En Reims y Aix será recibido y ungido,
Después de conquistas martirizará inocentes. |

| LXXXVII | Un hijo del Rey muchas lenguas aprendidas,
De su predecesor en el reino diferente:
Su suegro por su hijo mayor comprendido,
Hará morir a su principal adherente. |

| LXXXVIII | El gran Antonio de nombre realmente sórdido,
De Ftiriosia a su último roído:
Uno que de plomo querrá ser ávido,
Pasando el puerto elegido será sumergido. |

| LXXXIX | Treinta de Londres en secreto conjurarán,
Contra su rey, sobre el puente la empresa:
Para él fatalidades la muerte degustarán,
Un Rey elegido rubio, nativo de Frisia. |

XC   *Les deux copie aux murs ne pourront ioindre*
Dans cest instant trembler Milan, Ticin:
Faim soif, doutance si fort les viendra poindre
Chair, pain, ne vivres n'auront un seul boucin.

XCI   *Au Duc Gaulois contrainct battre au duelle,*
La nef Mellele Monech n'approchera,
Tort accusé, prison perpétuelle,
Son fils regner avant mort taschera.

XCII   *Teste trenchee du vaillant capitaine,*
Sera gettee devant son adversaire:
Son corps pendu de la classe à l'antenne,
Confus fuira par rames à vent contraire.

XCIII   *Un serpent veu proche du lict Royal,*
Sera par dame nuict chien n'abayeront:
Lors naistre en France un Prince tant Royal,
Du ciel venu tous les Princes verront.

XCIV   *Deux grands freres seront chassez d'Espaigne,*
L'aisné vaincu sous les monts Pyrenees:
Rougir mer, Rosne, sang Leman d'Alemaigne
Nabon, Blyterre, d'Agath, contaminees.

XCV   *Le regne à deux laissé bien peu tiendront,*
Trois ans sept mois passez feront la guerre
Les deux vestales contre rebelleront,
Victor puisnay en Armenique terre.

XCVI   *La soeur de l'Isle Britannique*
Quinze ans devant le frere aura naissance:
Pas son promis moyennant verrifique,
Succedera au regne de balance.

XCVII   *L'an que Mercure, Mars, Venus retrograde,*
Du grand Monarque la ligne ne faillit:
Esleu du peuple l'usitant pres de Gagdole,
Qu'en paix & regne viendra fort envieillir.

XC Los dos ejércitos no podrán llegar a los muros
En aquel momento temblar Milán, Ticino:
Hambre, sed, duda tan fuertemente los cogerá
Carne, pan y víveres no tendrán ni un bocado.

XCI Al duque Galo obligado a batirse en duelo,
La nave Mellele a Mónaco no se acercará,
Sin razón acusado, prisión perpetua,
Su hijo reinar antes de la muerte intentará.

XCII Cabeza cortada del valiente capitán,
Será echada delante de su adversario:
Su cuerpo colgado por la multitud al palo,
Confundido huirá por remos en viento contrario.

XCIII Una serpiente vista junto a la cama Real,
Será por dama de noche y los perros no ladrarán:
Entonces nacerá en Francia un Príncipe tan
Real, Del cielo venido todos los Príncipes lo verán.

XCIV Dos grandes hermanos serán de España echados,
El mayor vencido en los montes Pirineos:
Enrojecerse el mar, Ródano, sangre Leman de Alemania
Nabón, Bliterre, de Agath, contaminadas.

XCV El reino a dos dejado bien poco sostendrán,
Tres años siete meses pasados harán guerra
Contra las dos vestales se rebelarán,
Victoriosa siempre en Arménica tierra.

XCVI La hermana de la Isla Británica,
Nacerá quince años antes que su hermano:
Por su prometido mediante verífica,
Sucederá al reino de balanza.

XCVII El año en que Mercurio, Marte, Venus retrocederán,
La línea del gran Moncarca quiebra no hará:
Elegido por el pueblo el que está en uso junto a Gádola,
Que en paz y reino largamente envejecerá.

XCVIII *Les Albanois passeront dedans Rome,*
Moyennant Langres demipler assublés,
Marquis & Duc ne pardonnes à l'homme,
Feu, sang, morbilles point d'eau, faillir les blés.

XCIX *L'aisné vaillant de la fille du Roy,*
Repoussera si profond les Celtiques,
Qu'il mettra fourdes, combien en tel arroy
Peu et loing, puis profond ès Hespériques.

C *De feu céleste au Royal edifice,*
Quand la lumière de Mars defaillira,
Sept mois grand guerre, mort gent de malefice,
Rouan, Evreux au Roy ne faillira.

CENTURIE V

I *Avant venuë de ruine celtique,*
Dedans le temple deux parlementeront,
Poignard coeur, d'un monté au coursier, & picque,
Sans faire bruit le grande enterreront.

II *Sept coniurez au banquet feront luire,*
Contre les trois le fer hors de nauire:
L'un les deux classes au grand fera conduire,
Quand par le mail. Dernier au front luy tire.

III *Le successeur de la Duché viendra*
Beaucoup plus outre que la mer de Toscane:
Gauloise Branche la Florence tiendra,
Dans son giron d'accord nautique Rane.

IV *Le gros mastin de cité dechassé,*
Sera fasché de l'estrange alliance,
Apres aux champs avoir le cerf chassé,
Le loup & l'ours se donront defiance.

XCVIII Los Albaneses entrarán en Roma,
Mediante Langres será repoblada,
Marqués y Duque no perdonan al hombre,
Fuego, sangre, mortandad, sin agua, marchitos los trigales.

XCIX El valiente primogénito de la hija del Rey,
Rechazará muy lejos a los Célticos,
Como si les enviara el rayo semejante desconcierto
Poco y lejos, luego profundo de las Hesperias.

C Del fuego celeste en el Real edificio,
Cuando desmaye la luz de Marte,
Siete meses gran guerra, muerte gente de maleficio,
Ruán, Evreux al Rey no fallará.

CENTURIA V

I Antes de la venida de la ruina céltica,
Dentro del templo dos parlamentarán,
Puñal corazón, de un caballero en corcel y lanza,
Sin hacer ruido al grande enterrarán.

II Siete conjurados en el banquete ostentarán,
Contra los tres el hierro fuera del navío:
Uno las dos tropas al grande hará llevar,
Cuando con el mazo. Último a la frente le tira.

III El sucesor del Ducado llegará
Mucho más allá que el mar de Toscana:
Florencia tendrá una Rama Gálica,
De acuerdo en su girón náutica Rana.

IV El fuerte mastín de la ciudad expulsado,
Será contrariado por la extranjera alianza,
Después de haber echado el ciervo en los campos,
El lobo y el oso se darán desconfianza.

V   *Sous ombre faincte d'oster de servitude,*
Peuple & cité l'usurpera luy mesme:
Pire fera par fraux de ieune pute,
Livré au champ lisant le faux proësme.

VI   *Au Roy l'augur sur le chef la main mettre,*
Viendra prier pour la paix Italique:
A la main gauche viendra changer le sceptre,
De Roy viendra Empereur pacifique.

VII   *Du Triumvir seront trouvez les os,*
Cherchant profond thresor aenigmatique,
Ceux d'alentour ne seront en repos,
Ce concaver marbre et plomb metallique.

VIII   *Sera laissé feu vif, mort caché,*
Dedans les globes horribles espouvantable,
De nuict à classe cité en poudre lasché,
La cité à feu, l'ennemy favorable.

IX   *Iusques au fond la grand arq demolüe,*
Par chef captif l'amy anticipé:
Naistra de dame front, face cheveluë,
Lors par astuce Duc à mort attrappé.

X   *Un chef Celtique dans le conflict blessé,*
Aupres de cave voyant siens mort abattre:
De sang & playes & d'ennemis pressé,
Et secourus par incogneus de quatre.

XI   *Mer par solaires seure ne passera,*
Ceux de Venus tiendront tout l'Affrique:
Leur regne plus Saturne n'occupera,
Et changera la part Asiatique.

XII   *Auprès du lac Leman sera conduite,*
Par grace estrange cité voulant trahir:
Avant son meurtre à Ausbourg la grand suitte,
Et ceux du Rhin la viendront invahir.

V Bajo sombra fingida de quitar servidumbre,
   Pueblo y ciudad la usurpará por sí mismo:
   Peor hará por fraude de joven putaña,
   Entregado al campo leyendo el falso proemio.

VI Al Rey el augur la mano imponer sobre el jefe,
    Vendrá a rogar por la paz itálica:
    A la mano izquierda cambiará el cetro,
    De Rey llegará a ser Emperador pacífico.

VII Del Triunviro serán hallados los huesos,
     Buscando profundo tesoro enigmático,
     Los de alrededor no estarán en reposo,
     Éste ahondar mármol y plomo metálico.

VIII Será dejado fuego vivo, muerto escondido,
      Dentro de los globos horribles espantosos,
      De noche sobre naval ciudad en polvo convertida,
      La ciudad al fuego, el enemigo favorecido.

IX Hasta el fondo el gran arco destruido,
    Por un jefe cautivo al amigo anticipado:
    Nacerá de dama frente, rostro melenudo,
    Cuando por astucia Duque a muerte llevado.

X Un jefe Céltico en el conflicto herido,
   Cerca de una cueva viendo a los suyos caer muertos:
   De sangre y heridas y de enemigos cercado,
   Y socorrido por cuatro desconocidos.

XI El mar no pasará por los umbrales solares,
    Los de Venus dominarán toda el África:
    Saturno no ocupará ya más su reino,
    Y cambiará la parte Asiática.

XII Junto al lago Leman será conducida,
     Por jovencita extranjera ciudad queriendo traicionar:
     Antes de su homicidio en Habsburgo la gran fuga,
     Y los del Rin vendrán a arrebatarla.

XIII *Par grand fureur le Roy Romain Belgique,*
Vexer voudra par phalange barbare:
Fureur grinssant chassera gent Lybique
Depuis Pannons iusques Hercules la hare.

XIV *Saturne & Mars en Leo Espaigne captive,*
Par chef Lybique au conflict attrapé,
Proche de Malthe, Heredde prinse vive,
Et Romain sceptre sera par Coq frappé.

XV *En navigant captif prins grand Pontife,*
Grand aprets faillir les clercs tumultuez:
Second esleu absent son bien debife,
Son favory bastard à mort tué.

XVI *A son hault pris plus la lerme sabee,*
D'humaine chair par mort en cendre mettre,
A l'Isle Pharos par Croisars perturbee,
Alors qu'à Rhodes paroistra dur espectre.

XVII *De nuict passant le Roy pres d'une Andronne,*
Celuy de Cypres & principal guette:
Le Roy failly, la main fut long du Rosne,
Les coniurez l'iront à mort mettre.

XVIII *De dueil mourra l'infelix prosligé,*
Celebrera son vitrix l'hecatombe:
Pristine loy, franc edict redigé.
Le mur & Prince au septiesme iour tombe.

XIX *Le grand Royal d'or, d'airain augmenté,*
Rompu la pache, par ieune ouverte guerre:
Peuple affligé par un chef lamenté,
De sang barbare sera couverte terre.

XX *Delà les Alpes grande armee passera,*
Un peu devant naistre monstre vapin:
Prodigieux et subit tournera
Le grand Tosquan à son lieu plus propin.

XIII Con gran furor el Rey Romano Belga,
      Devastar querrá a la bárbara falange:
      Furor rechinando expulsará a la gente líbica,
      Desde Pannonia hasta el ara de Hércules.

XIV   Saturno y Marte en Leo, España cautiva,
      Por jefe Líbico en conflicto atrapado,
      Cerca de Malta, Heredde tomada viva,
      Romano cetro será por Gallo golpeado.

XV   Navegando cautivo tomado gran Pontífice,
      Gran apresto fallido, los clérigos tumultuosos:
      Segundo electo ausente su bien distribuido,
      Su favorito bastardo a muerte condenado.

XVI   A su alto precio más la lerma sabea,
      De humana carne por muerte en ceniza poner,
      A la Isla de Paros por Cruzados perturbada,
      Cuando en Rodas duro espectro aparecer.

XVII De noche pasando el Rey junto a una Andronne,
      Aquel de Chipre y principal acecha:
      Engañado el Rey, la mano fue a lo largo del Ródano,
      Los conjurados irán a darle muerte.

XVIII El infeliz perseguido morirá de pena,
      Su vencedor celebrará la hecatombe:
      Prístina ley, franco edicto extendido,
      El muro y el Príncipe al séptimo día cae.

XIX   El gran Real de oro, de bronce enriquecido,
      Rota la paz, por un joven declarada la guerra:
      Pueblo afligido por un jefe quejumbroso,
      De sangre bárbara quedará cubierta la tierra.

XX   Un gran ejército los Alpes atravesará,
      Un poco antes nacerá el terrible monstruo:
      Prodigiosa y súbitamente volverá,
      El gran Toscano a su lugar más próximo.

XXI *Par le trespas du Monarque Latin,*
Ceux qu'il aura par regne secourus:
Le feu luyra divisé le butin,
La mort publique aux hardis incourus.

XXII *Avant qu'à Rome grand aye rendu l'ame,*
Effrayeur grande à l'armee estrangere:
Par esquadrons l'embusche pres de Parme,
Puis les deux rouges ensemble feront chere.

XXIII *Les deux contens seront unis ensemble,*
Quant la plupart à Mars seront conioinct:
Le grand d'Affrique en effrayeur & tremble,
Duumvirat par la classe desioinct.

XXIV *Le regne & loy sans Venus eslevé,*
Saturne aura sus Iupiter empire:
La loy & regne par le soleil levé,
Par Saturnis endurera le pire.

XXV *Le Prince Arabe Mars, Sol, Venus, Lyon,*
Regne d'Eglise par mer succombera:
Devers la Perse bien pres d'un million,
Bisance, Egypte, ver. sepr. inuadera.

XXVI *La gent esclave par un heur martial,*
Viendra en haut degré tant eslevee:
Changeront Prince, naistra un Provincial,
Passer la mer copie aux monts levee.

XXVII *Par feu & armes non loing de la marnegro,*
Viendra de Perse occuper Trebisonde:
Trembler Phato, Methelin, Sol alegro,
De sang Arabe d'Adrie couvert onde.

XXVIII *Le bras pendant à la iambe liee,*
Visage pasle, au sein poignard caché:
Prois qui seront iurez de la meslee,
Au grand de Gennes sera le fer lasché.

XXI Por la muerte del Monarca Latino,
Los que habrá por reino socorrido:
El fuego lucirá, el botín dividido,
La muerte pública a los valientes incursos.

XXII Antes que en Roma el grande haya rendido el alma,
Gran espanto en el ejército extranjero:
Por escuadrones la trampa cerca de Parma,
Después los dos rojos juntos correrán francachela.

XXIII Los dos, contentos, estarán unidos juntos,
Cuando la mayoría a Marte estén conjuntados:
El grande de África con temblor y espanto,
Por el ejército Duunvirato derrotado.

XXIV El reino y la ley bajo Venus edificados,
Saturno tendrá sobre Júpiter imperio:
La ley y reino por el sol levantados,
Sufrirán lo peor por Saturninos.

XXV El Príncipe Árabe Marte, Sol, Venus, León,
Reino de Iglesia por mar sucumbirá:
Hacia Persia muy cerca de un millón,
Bizancio, Egipto, ver. sepr. invadirá.

XXVI La gente esclava y a la vez marcial,
Será en alto grado tan elevada:
Cambiarán Príncipe, nacerá un Provincial,
Pasará el mar flota en los montes reclutada.

XXVII Por fuego y armas no lejos del mar Negro,
Vendrá de Persia a ocupar Trebisonda:
Temblar Fato, Metelín, Sol alegre,
De sangre Árabe de Hadria cubierta ola.

XXVIII El brazo colgando a la pierna atado,
Semblante pálido, en el seno un puñal escondido:
Presa que será herida en la reyerta,
Al grande de Génova será el hierro dejado.

XXIX La liberté ne sera recouvree,
L'occupera noir, fier, vilain, inique
Quand la matière du pont sera ouvree,
D'Hister, Venise faschee la republique.

XXX Tout à l'entour de la grande cité,
Seront soldats logez par champs & ville:
Donner l'assaut Paris, Rome incité,
Sur le pont sera faicte grand pille.

XXXI Par terre Antique chef de la sapience,
Qui de present est la rose du monde:
Pont ruiné, & sa grand'preeminence
Sera subdite & naufrage des ondes.

XXXII Où tout bon est, tout bien Soleil & lune,
Est abondant, sa ruine s'approche:
Du ciel s'advance vaner ta fortune,
En mesme estat que la septiesme roche.

XXXIII Des principaux de cité rebellee,
Qui tiendront fort pour liberté r'avoir:
Detrancher masles, infelice meslee,
Cris, hurlemens à Nantes piteux voir.

XXXIV Du plus profond de l'Occident Anglois,
Où est le chef de l'Isle Britannique:
Entrera classe dans Gyronde par Blois,
Par vin et sel, feux cachez aux barriques.

XXXV Par cité franche de la grand mer Seline,
Qui porte encores à l'estomach la pierre,
Angloisse classe viendra sous la bruine
Un rameau prendre, du grand ouverte guerre.

XXXVI De soeur le frere par simulte faintise
Viendra mesler rosee en myneral:
Sur la placente donne à vieille tardive,
Meurt, le goustant sera simple & rural.

XXIX La libertad no será recobrada,
      La conseguirá un negro fiero, inicuo, villano,
      Cuando la materia del puente sea abierta,
      De Híster, Venecia la república alterada.

XXX   Todo alrededor de la gran ciudad,
      Serán soldados alojados por campos y pueblo:
      Dar el asalto a París, Roma incitada,
      Sobre el puente será hecho gran saqueo.

XXXI Desde la Antigua tierra de la sapiencia jefe,
      Que actualmente es la rosa del mundo:
      Puente arruinado, y su gran preeminencia
      Será súbdita y náufraga de las ondas.

XXXII Donde está todo lo bueno, todo el bien Sol y Luna,
      Es abundante, se acerca su ruina:
      Del cielo se avanza aventar tu fortuna,
      En el mismo estado que la séptima roca.

XXXIII Algunos principales de la ciudad rebelde,
       Que se esforzarán mucho por recuperar la libertad:
       Despedazar machos, infeliz contienda,
       Gritos, baladros en Nantes lástima ver.

XXXIV De lo más profundo del Occidente Inglés,
      Donde está el jefe de la Isla Británica:
      Entrará una flota en la Gironda por Blois,
      Con vino y sal, fuegos encerrados en las barricas.

XXXV Por ciudad franca de la gran mar Selina,
      Que lleva todavía en el estómago la piedra,
      Inglesa armada vendrá bajo la niebla
      A tomar un ramo de la gran abierta guerra.

XXXVI De monja el hermano por improvisa fantasía
      Mezclará rociada al mineral:
      En la placenta da a vieja tardía,
      Secado el goteante será simple y rural.

XXXVII   *Trois cens seront d'un vouloir & accord,*
Que pour venir au bout de leur attainte.
Vingt mois apres tous & records,
Leur Roy trahy simulant haine fainte.

XXXVIII   *Ce grand Monarque qu'au mort succedera,*
Donnera vie illicite & lubrique,
Par nonchalance à tous concedera,
Qu'à la parfin faudra la loy Salique.

XXXIX   *Du vray rameau de fleur de lys yssu*
Mis & logé heritier d'Hetrurie:
Son sang antique de longue main tissu,
Fera Florence florir en l'armoirie.

XL   *Le sang Royal sera si tres meslé,*
Contraints seront Gaulois de l'Hesperie:
On attendra que terme soit coulé,
Et que memoire de la voix soit perie.

XLI   *Nay sous les ombres & iournee nocturne,*
Sera en regne & bonté souveraine:
Fera renaistre son sang de l'antique urne,
Renouvellant siecle d'or pour l'airain.

XLII   *Mars eslevé en son plus haut befroy,*
Fera retraite les Allobrox de France:
La gent Lombarde fera si grand effroy,
A ceux de l'Aigle comprins sous la Balance.

XLIII   *La grand ruine des secrez ne s'esloigne,*
Provence, Naples, Sicille, Seez & Ponce,
En Germaine, au Rhin & la Cologne,
Vexez à mort par tous ceux de Magonce.

XLIV   *Par mer le rouge sera prins de pyrates,*
La paix sera par son moyen troublee:
L'ire & l'avare commettra par sainct acte,
Au grand Pontife sera l'armee doublee.

XXXVII Trescientos serán de una voluntad y acuerdo,
Sólo para llegar al cabo de su espera.
Veinte meses después todos otra vez de acuerdo,
Su rey traicionado simulando odio fingido.

XXXVIII Este gran Monarca que sucederá al muerto,
Dará vida ilícita y lúbrica,
Por indolencia a todos concederá,
Que al fin resucite la Ley Sálica.

XXXIX De la verdadera rama de flor de lis salido,
Puesto y alojado heredero de Etruria:
Su sangre antigua de larga mano tejida,
Hará Florencia florecer en los blasones.

XL La sangre Real será tan mezclada,
Forzados serán Galos de la Hesperia:
Se esperará que el término haya pasado,
Y sea muerta de la voz la memoria.

XLI Nacido bajo las sombras del día nocturno,
Será en reino y bondad soberana:
Hará renacer su sangre de los lejanos ancestros,
En siglo de oro el de bronce transformando.

XLII Marte elevado a su más alto apogeo,
Obligará a los Alóbroges a retirarse de Francia:
La gente Lombarda causará gran pavura,
A los del Águila comprendidos bajo la Balanza.

XLIII La gran ruina de los secretos no se aleja,
Provenza, Nápoles, Sicilia, Seez y Ponza,
En Germania, en el Rin y Colonia,
Heridos de muerte por todos los de Maguncia.

XLIV Por mar el rojo será preso por piratas,
La paz será turbada por su causa:
La ira y el avaro cometerán por santo acto,
Al gran Pontífice será doblada la armada.

XLV *Le grand Empire sera tost desolé,*
Et translaté pres d'arduenne silue,
Les deux bastards par l'aisné decollé,
Et regnera Aneobarb nez de misue.

XLVI *Par chapeaux rouges querelles & nouveaux scismes,*
Quand on aura esleu le Sabinois:
On produira contre luy grands sophismes,
Et sera Rome lesee par Albanois.

XLVII *Le grand Arabe marchera bien avant,*
Trahy sera par les Bisantinois:
L'antique Rodes luy viendra au devant,
Et plus grand mal par austre Pannonois.

XLVIII *Apres la grande affliction du sceptre,*
Deux ennemis par eux seront defaicts:
Classe d'Affrique aux Pannons viendra naistre
Par mer & terre feront horribles faicts.

XLIX *Nul de l'Espaigne, mais de l'antique France*
Ne sera esleu pour le tremblant nacelle,
A l'ennemy sera faicte fiance,
Qui dans son regne sera peste cruelle.

L *L'an que les frères du lys seront en aage,*
L'un d'eux tiendra la grande Romanie:
Trembler les monts, ouvert Latin passage,
Pache marcher contre fort d'Armenie.

LI *La gent de Dace, d'Angleterre & Polonne,*
Et de Boesme feront nouvelle ligue:
Pour passer outre d'Hercules la colonne,
Barcins, Tyrrens dresser cruelle brigue.

LII *Un Roy fera qui donra l'opposite,*
Les exilez eslevez sur le regne:
De sang nager la gent caste hyppolite,
Et florira long temps sous telle enseigne.

XLV El Gran Imperio quedará pronto desolado,
Y trasladado cerca de escabrosa silueta:
Los dos bastardos por el mayor degollados,
Y reinará Enobardo, nariz desmesurada.

XLVI Por capelos rojos querellas y nuevos cismas,
Cuando hayan elegido al Sabinés:
Se producirán contra él grandes sofismas,
Y será Roma dañada por Albanés.

XLVII El gran Árabe avanzará muy adelante,
Traicionado será por los Bizantinos:
La antigua Rodas se le pondrá delante,
Y mucho mayor mal por otros Panonios.

XLVIII Después de la gran aflicción del cetro,
Dos enemigos por ellos serán derrotados:
Escuadra de África hacia los Panones irá a nacer
Por mar y tierra cumplirán horribles hechos.

XLIX Nadie de España, sino de la antigua
Francia Será elegido para la navecilla temblante,
Al enemigo se le otorga fianza,
Quien en su reino será peste cruel.

L El año en que los hermanos del Lys estén en edad,
Uno de ellos reinará sobre la gran Romanía:
Temblarán los montes cuando se abra paso Latino,
Después hará campaña contra el fuerte de Armenia.

LI La gente de Dacia, de Inglaterra y Polonia,
Y de Bohemia harán nueva liga:
Para ir más allá de Hércules la columna,
Bárcinos, Tirrenos levantarán cruel intriga.

LII Un Rey se comportará de un modo contrario,
Levantará hasta el reino a los exiliados:
En sangre nadar la gente casta Hipólita,
Y florecerá por mucho tiempo bajo tal enseña.

LIII *La loy du Sol & Venus contendus*
Appropriant l'esprit de prophetie,
Ne l'un ne l'autre ne seront entendus,
Par sol tiendra la loy du grand Messie.

LIV *Du pont Euxime, & la grand'Tartarie,*
Un Roy sera qui viendra voir la Gaule,
Transpercera Alane & l'Armenie,
Et dans Bisance lairra sanglante Gaule.

LV *De la Felice Arabie contrade,*
Naistra puissant de loy Mahométique,
Vexer l'Espaigne, conquester la Grenade,
Et plus par mer à la gent Lygustique.

LVI *Par le trespas du tref vieillard Pontife*
Sera esleu Romain de bon aage,
Qui sera dict que le siege debiffe,
Et long tiendra & de picquant ouvrage.

LVII *Istra du mont Gaulsier & Aventin,*
Qui par le trou advertira l'armee,
Entre deux rocs sera prins le butin,
De Sext mansol faillir la renommee.

LVIII *De l'aqueduct d'Uticense, Gardoing,*
Par la forest & mont inaccessible,
Emmy du pont sera tasché au poing
Le chef nemans qui tant sera terrible.

LIX *Au chef Anglois à Nymes trop freiour,*
Devers l'Espaigne au secours Aenobarbe
Plusieurs mourront par Mars ouvert ce iour,
Quant en Artois faillir estoille en barbe.

LX *Par teste rase viendra bien mal eslire,*
Plus que sa charge ne porte passera:
Si grand fureur & rage fera dire,
Qu'à feu & sang tout sexe trenchera.

LIII La ley contenida de Sol y Venus
      Apropiándose el espíritu de profecía,
      Ni uno ni otro serán oídos,
      Por Sol tendrá la ley del gran Mesías.

LIV   Del puente Euxino y la gran Tartaria,
      Un Rey habrá que vendrá a ver la Galia,
      Atravesará Alana y Armenia,
      Y en Bizancio dejará sangrante Galia.

LV   De la comarca de la Arabia Feliz,
      Nacerá un poderoso de la ley Mahomética,
      Vejar España, conquistar Granada,
      Y luego por mar a la gente Ligústica.

LVI   Por la muerte de un muy viejo Pontífice,
      Será elegido Romano de madura edad,
      De quien se dirá que la Sede desfigura,
      Y aguantará largamente y obrará con claridad.

LVII Istra del Gaulsier y Aventino,
      Quien por el boquete advertirá al ejército,
      Entre dos peñascos será cogido el botín,
      De Sext Mansol perder la fama.

LVIII Del acueducto de Uticense y del Garda,
      Por la floresta y monte inaccesible,
      El enemigo del puente será ligado al puño
      E incluso el jefe que será tan terrible.

LIX   Para el jefe Inglés en Nimes demasiado miedo,
      Hacia España en auxilio de Aenobarba,
      Muchos morirán por Marte abierto aquel día,
      Cuando en Artois caiga estrella con barba.

LX   Por cabeza rapada será difícil elegir,
      Cuanto más lleve su carga pasará:
      Tan gran furor y rabia hará decir,
      Que a sangre y fuego todo sexo destrozará.

LXI	L'enfant du grand n'estant à sa naissance,
Subiuguera les hauts monts Apennis:
Fera trembler tous ceux de la balance,
Et des monts feux iusques à Mont-Senis.

LXII	Sur les rochers sang on verra pleuvoir,
Sol Orient, Saturne Occidental:
Pres d'Orgon guerre, à Rome grand mal voir,
Nefs parfondrees, & prins le Tridental.

LXIII	De vaine emprinse l'honneur indue plaincte,
Galliots errans par latins, froid, faim, vagues
Non loing du Tymbre de sang la terre taincte,
Et sur humains seront diverses plagues.

LXIV	Les assemblez par repos du grand nombre,
Par terre & mer conseil contre mandé:
Pres de l'Autonne Gennes, Nice de l'ombre
Par champs & villes le chef contrebandé.

LXV	Subit venu l'effrayeur sera grande,
Des principaux de l'affaire cachez:
Et dame embraise plus ne sera en veue
Ce peu à peu seront les grands fachez.

LXVI	Sous les antiques edifices vestaux,
Non esloignez d'aque duct ruine:
De Sol et Lune sont les luisans meteaux,
Ardante lampe Trian dor butine.

LXVII	Quand chef Perouse n'ofera sa tunique
Sens au couvert tout nuds expolier,
Seront prins sept faict Aristocratique,
Le pere & fils morts par poincte au colier.

LXVIII	Dans le Danube & du Rin viendra boire
Le grand Chameau, ne s'en repentira:
Trembler du Rofne, & plus fort ceux de Loire.
Et pres des Alpes Coq le ruinera.

LXI   El hijo del grande no siendo por su nacimiento,
      Subyugará los altos montes Apeninos:
      Hará temblar a todos los de la balanza,
      Y en los montes fuego hasta Mont-Cenis.

LXII Sobre las rocas se verá llover sangre,
      Sol Oriente, Saturno Occidental:
      Cerca de Orgon guerra, en Roma gran mal ver,
      Naves hundidas, y capturado el Tridental.

LXIII El honor indebidamente llorado de una empresa vana,
      Galeotes errantes por latinos, frío, hambre, olas,
      No lejos del Tíber de sangre la tierra teñida,
      Y sobre los mortales caerán diversas plagas.

LXIV Los reunidos por descanso de gran número,
      Por tierra y mar consejo transmitido:
      Hacia el Otoño Genova, Niza de la sombra,
      Por campos y ciudades el jefe contrabandado.

LXV   El miedo súbitamente venido será grande,
      Algunos principales del asunto se esconderán:
      Y dama en ascuas no será más vista
      Y poco a poco los grandes se enojarán.

LXVI Bajo los antiguos edificios vestales,
      No alejados del acueducto arruinado:
      De Sol y Luna son los relucientes metales,
      Ardiente lámpara Trián de oro parpadea.

LXVII Cuando el jefe Perusa no se despoje de su túnica,
      Sentidos cubiertos totalmente desnudos expoliar,
      Serán tomados siete hecho aristocrático,
      Padre e hijos muertos heridos en la garganta.

LXVIII En el Danubio y del Rin vendrá a beber,
      El gran Camello, de ello no se arrepentirá:
      Temblar del Ródano y más fuerte los del Loira,
      Y junto a los Alpes el Gallo lo vencerá.

LXIX *Plus ne sera le grand en faux sommeil,*
L'inquiétude viendra prendre repos:
Dresser phalange d'or, azur & vermeil,
Subiuguer Affrique, la ronger iusques os.

LXX *Des regions subiectes à la Balance*
Feront troubler les monts par grande guerre,
Captifs tout sexe deu & tout Bisance,
Qu'on criera à l'aube terre à terre.

LXXI *Par la fureur d'un qui attendra l'eau,*
Par la grand rage tout l'exercice esmeu:
Chargé des nobles à dix sept bateaux,
Au long du Rosne tard messager venu.

LXXII *Pour le plaisir d'edict voluptueux,*
On mestera la poison dans la foy:
Venus sera en cours si virtueux,
Qu'obfusquera du Soleil tout à loy.

LXXIII *Persecutee sera de Dieu l'Eglise,*
Et les saints Temples seront expoliez,
L'enfant, la mere mettra nud en chemise,
Seront Arabes aux Polons ralliez.

LXXIV *De sang Troyen naistra coeur Germanique*
Qui deviendra en si haute puissance:
Hors chassera gent estrange Arabique,
Tournant l'Eglise en pristine preeminence.

LXXV *Montera haut sur le bien plus à dextre,*
Demourra assis sur la pierre quarree,
Vers le Midy posé à la fenestre,
Baston tortu en main, bouche ferree.

LXXVI *En lieu libere tendra son pavillon,*
En ne voudra en citez prendre place:
Aix, Carpen, l'Isle Voice, Mont Cavaillon,
Poa tous ses lieux abolira sa trasse.

LXIX   Cuanto más esté el grande en falso sueño,
　　　　La inquietud vendrá a tomar reposo:
　　　　Levantad falange de oro, azul y rojo,
　　　　Subyugar África, roerla hasta los huesos.

LXX   Regiones sujetas a la Balanza
　　　　Harán temblar los montes con gran guerra,
　　　　Cautivos todo entrambo sexo y toda Bizancio,
　　　　Que se gritará al alba tierra a tierra.

LXXI   Por el furor de uno que esperará el agua,
　　　　Por la gran rabia todo el ejército turbado:
　　　　Cargadas de nobles diecisiete naves,
　　　　A lo largo del Ródano un mensajero tarde llegado.

LXXII   Por el placer de edicto voluptuoso,
　　　　Se mezclará el veneno en la fe:
　　　　Venus tendrá un curso tan virtuoso,
　　　　Que ofuscará del Sol toda ley.

LXXIII   Perseguida por Dios será la Iglesia,
　　　　Y los santos Templos serán expoliados,
　　　　El hijo pondrá a su madre desnuda en camisa,
　　　　Serán los Árabes a los Polones unidos.

LXXIV   De sangre Troyana nacerá corazón Germánico
　　　　Que se convertirá en una gran potencia:
　　　　Afuera expulsará gente extraña Arábiga,
　　　　Volviendo la Iglesia a su antigua preeminencia.

LXXV   Subirá alto sobre el bien más a la diestra,
　　　　Permanecerá sentado sobre la piedra cuadrada,
　　　　Hacia el Mediodía puesto a la ventana,
　　　　Bastón torcido en mano, boca férrea,

LXXVI   En un lugar Ubre izará su estandarte,
　　　　Y no querrá en ciudad tener asiento:
　　　　Aix, Carpen, la Isla Volce, Monte Cavaillón,
　　　　En todos estos lugares abolirá su huella.

LXXVII	*Tous les degrez d'honneur Ecclesiastique* *Seront changez en dial quirinal:* *En Martial quirinal flaminique,* *Puis un Roy de France le rendre vulcanal.*
LXXVIII	*Les deux unis ne tiendront longuement,* *Et dans treize ans au Barbare Satrappe,* *Aux deux costez feront tel perdement,* *Qu'un benira la Barque & sa cappe.*
LXXIX	*Par secree pompe viendra baisser les aisles,* *Par la venuë du grand legislateur:* *Humble haussera, vexera les rebelles,* *Naistra sur terre aucun aemulateur.*
LXXX	*Logmion grande Bisance approchera,* *Chassee sera la Barbarique Ligue:* *Des deux loix l'une l'estinique lachera,* *Barbare & Franche en perpetuelle brigue.*
LXXXI	*L'oiseau Royal sur la cité solaire,* *Sept mois devant fera nocturne augure:* *Mur d'Orient cherra tonnerre, esclaire,* *Sept iours aux portes les ennemis à l'heure.*
LXXXII	*Au conclud pache hors de la forteresse,* *Ne sortira celuy en desespoir mis:* *Quant ceux d'Arbois, de Langres, contre Bresse* *Auront mont Dolle, bouscade d'ennemis.*
LXXXIII	*Ceux qui auront entreprins subvertir,* *Nom pareil regne, puissant et invincible:* *Feront par fraude, nuicts trois advertir,* *Quant le plus grande à table lira Bible.*
LXXXIV	*Naistra du gouphre & cité immesuree,* *Nay de parents obscurs et tenebreux:* *Qui la puissance du grand Roy reveree,* *Voudra destruire par Rouan & Evreux.*

LXXVII   Todos los grados de honor Eclesiástico,
         Serán cambiados en día quirinal:
         En Marcial el quirinal flamínico,
         Luego un Rey de Francia lo hará vulcanal.

LXXVIII Los dos unidos lo serán por poco tiempo,
         Y al cabo de trece años al Bárbaro Sátrapa,
         Por los dos lados harán tal perdimiento,
         Que uno bendecirá la Barca y su capa.

LXXIX   Por sagrada pompa abajará las alas,
         Por la venida del gran legislador:
         Al humilde levantará, vejará a los rebeldes,
         No nacerá en la tierra ningún emulador.

LXXX   El Ogmión gran Bizancio se acercará,
         Expulsada será la Barbárica Liga:
         De las dos leyes una la esténica abandonará,
         Bárbara y Franca en perpetua intriga.

LXXXI   El pájaro Real sobre la ciudad solar,
         Antes de siete meses hará nocturno augurio:
         Muro de Oriente caerán rayos y truenos,
         Siete días a las puertas los enemigos alerta.

LXXXII   La paz se concluirá fuera de la fortaleza,
         Saldrá de ella el que está desesperado:
         Cuando los de Arbois, de Langres, junto a Bresse,
         Tendrán el monte Dolle, emboscada de enemigos.

LXXXIII Los que tengan empresa subvertir,
         Inigualable reino, fuerte e invencible:
         Obrarán con fraude, noches tres advertir,
         Cuando el mayor en la mesa lea la Biblia.

LXXXIV   Nacerá del abismo y ciudad desmesurada,
         Nacida de padres oscuros y tenebrosos:
         Que la potencia del gran Rey reverenciada,
         Querrá destruir por Rouen y Evreux.

LXXXV Par les Sueves & lieux circonvoisins,
       Seront en guerre pour cause des nuees:
       Gampamarins locustes & confins,
       Du Leman fautes seront bien desnuees.

LXXXVI Pat les deux testes, & trois bras separés,
        La cité grande par eaux sera vexee:
        Des grands d'entr'eux par exil esgarés,
        Par teste Perse Bisance fort pressee.

LXXXVII L'an que Saturne hors de servage,
         Au francs terroir sera d'eau inondé:
         De sang Troyen sera son mariage,
         Et sera seur d'Espaignols circondé.

LXXVIII Sur le sablon par un hideux deluge,
         Des autres mers trouvé monstre marin:
         Proche du lieu sera faict un refuge,
         Tenant Savonne esclave de Turin.

LXXXIX Dedans Hongrie par Boheme, Navarre,
        Et par banniere sainctes seditions:
        Par fleurs de lys pays portant la barre,
        Contre Orleans fera esmotions.

XC Dans les Cyclades, en Perinthe & Larisse,
    Dedans Sparte tout le Peloponnesse:
    Si grand famine, peste par faux connisse,
    Neuf mois tiendra & tout le cherronesse.

XCI Au grand marché qu'on dict des mensongiers,
     Du tout Torrent & champ Athenien:
     Seront surprins par les chevaux legiers,
     Par Albanois Mars, Leo, Sat, un versien.

XCII Apres le siege tenu dix sept ans,
      Cinq changeront en tel revolu terme:
      Puis sera esleu de mesme temps,
      Qui des Romains ne sera trop conforme.

LXXXV	Por los Suevos y lugares circunvecinos, Estarán en guerra a causa de muchedumbres: Cámbaros marinos, langostas y mosquitos, Del Leman yerros serán bien encuerados.
LXXXVI	Por las dos cabezas y tres brazos separados, La ciudad grande por aguas será vejada: Grandes de entre ellos por exilio perdidos, Por una cabeza Persa Bizancio muy presionada.
LXXXVII	El año en que Saturno fuera de servidumbre, En los francos terrenos será de agua inundado. De sangre Troyana será su matrimonio, Y será hermana de Españoles circundada.
LXXXVIII	En el arsenal, por odioso diluvio, De los otros mares encontrado monstruo marino: Próximo al lugar será hecho un refugio, Manteniendo Savona de Turín esclava.
LXXXIX	Dentro de Hungría por Bohemia, Navarra, Y por bandera santas sediciones: Por flores de lis llevando la barra, Contra Orleans provocará emociones.
XC	En las Cícladas, en Perinto y Larisa, En Esparta y en todo el Peloponeso: Gran carestía, peste por falsa reconocida, Nueve meses resistirá y todo el Quersoneso.
XCI	En el gran mercado que se llama de los embusteros, De todo Torrente y campo Ateniense: Serán sorprendidos por los jinetes Por Marte Albanés, Leo, Sat, Acuario.
XCII	Después mantenida la sede diecisiete años, Cinco cambiarán en tan cumplido término: Luego será elegido al mismo tiempo, Quien no se adaptará al gusto de los Romanos.

XCIII *Sous le terroir du rond globe lunaire,*
Lors que sera dominateur Mercure:
L'Isle d'Escosse fera un luminaire,
Qui les Anglois mettra à desconfiture.

XCIV *Translatera en la grand Germaine,*
Brabant & Flandres, Gand, Bruges & Bologne
La tresve saincte, le grand duc d'Armenie,
Assaillira Vienne & la Coloigne.

XCV *Nautique rame invitera les umbres,*
Du grand Empire lors viendra conciter:
La mer Aegee des lignes les encombres,
Empeschant l'onde Tirrene defflotez.

XCVI *Sur le milieu du grand monde la rose,*
Pour nouveaux faicts sang public espandu:
A dire vray on aura bouche close,
Lors au besoing viendra tard l'attendu.

XCVII *Le nay difformé par horreur suffoqué,*
Dans la cité du grand Roy habitable:
L'edict severe des captifs revoqué
Gresle & tonnerre, Condon inestimable.

XCVIII *A quarante huict degré climaterique,*
Afin de Cancer si grande seicheresse:
Poisson en mer, fleuve, lac cuit hectique,
Bearn, Bigorre par feu ciel en detresse.

XCIX *Milan, Ferrare, Turin, & Aquilleye.*
Capne, Brundis vexez par gents Celtique:
Par le Lyon & phalange aquilee
Quant Rome aura le chef vieux Britannique.

C *Le boutefeu par son feu attrapé,*
De feu du ciel à Carcas & Cominge,
Foix, Aux, Mazere, haut vieillart eschappé,
Par ceux de Hasse, des Saxons & Turinge.

XCIII Bajo el territorio del redondo globo lunar,
Cuando sea dominador Mercurio:
La Isla de Escocia hará un luminar,
Que a los Ingleses llevará a la ruina.

XCIV Trasladará a la gran Germania,
Brabante y Flandes, Gante, Brujas y Bolonia
La tregua santa, el gran Duque de Armenia,
Asaltará Viena y Colonia.

XCV Náutico remo invitará a los Umbríos,
Del gran Imperio entonces vendrá a concitar:
El mar Egeo de las líneas los estorbos,
Impidiendo a la onda Tirrena volver a flotar,

XCVI En medio del gran mundo la rosa,
Por nuevos hechos sangre pública derramada:
A decir verdad se tendrá boca cerrada,
Entonces según la necesidad llegará tarde el esperado.

XCVII El nacido deformado por horror sofocado,
En la ciudad del gran Rey habitable:
El edicto severo de los cautivos revocado
Granizo y truenos, Condonación inestimable.

XCVIII A cuarenta y ocho grados climáticos,
Al fin de Cáncer tan gran sequía:
Peces en mar, ríos, lago desecado,
Bearne, Bigorre por fuego cielo en angustia.

XCIX Milán, Ferrara, Turín y Aquilea,
Capua, Brindis vejadas por gente Céltica:
Por el León y falange aquilea
Cuando Roma tenga al viejo jefe británico.

C El botafuego por su fuego engañado,
De fuego del cielo a Carcas y Cominge,
Foix, Aux, Mazere, insigne anciano fugado,
Por los de Essen, de Sajonia y Turingia.

CENTURIE VI

I *Autour des monts Pyrennees grans amas*
De gent estrange secourir Roy nouveau
Pres de Garonne du grand temple du Mas,
Un Romain chef la craindra dedans l'eau.

II *En l'an cinq cens octante plus & moins,*
On attendra le siecle bien estrange:
En l'an sept cens, & trois cieux en tesmoings,
Que plusieurs regnes un à cinq feront change.

III *Fleuve qu'esprouve le nouveau nay Celtique,*
Sera en grande de l'Empire discorde:
Le ieune Prince par gent Ecclesiastique,
Ostera le sceptre coronal de concorde.

IV *Le Celtiq fleuve changera de rivage,*
Plus ne tiendra la cité d'Agripine,
Tout transmué ormis le vieil langage,
Saturne, Leo, Mars, Cancer en rapine.

V *Si grand famine par unde pestifere,*
Par pluye longue le long du polle arctique,
Samatobryn cent lieux de l'hemisphere,
Vivront sans loy exempt de pollitique.

VI *Apparoistra vers le Septentrion,*
Non loing de Cancer, l'estoille chevelue,
Suze, Sienne, Boëce, Eretrion,
Mourra de Rome grand, la nuict disperue.

VII *Norneigre & Dace, & l'isle Britannique,*
Par les unis freres seront vexes,
Le chef Romain issu de sang Gallique
Et les copies aux forests repoulsees.

VIII *Ceux qui estoient en regne pour sçavoir,*
Au Royal change deviendront apouvris:
Uns exilez sans apuy, or n'avoir,
Lettrez & lettres ne seront à grand pris.

CENTURIA VI

I   Alrededor de los montes Pirineos un tropel
    De gente extranjera socorrer al nuevo Rey,
    Junto al Garona del gran templo de Mas,
    Un jefe Romano la temerá en el agua.

II En el año quinientos ochenta más o menos,
    Se llegará a un siglo muy extraño:
    En el año setecientos, y tres cielos por testigos,
    Que varios reinos de uno a cinco harán cambios.

III Río que agita al recién nacido Céltico,
    Será del Imperio en gran discordia:
    El joven Príncipe por gente Eclesiástica,
    Desviará el cetro coronal de concordia.

IV El río Céltico cambiará de ribera,
    No resistirá más la ciudad de Agripina,
    Todo mudará a excepción del viejo lenguaje,
    Saturno, Leo, Marte, Cáncer en rapiña.

V   Si gran carestía por ola pestífera,
    Por abundante lluvia a lo largo del polo ártico,
    Samatobryn cien leguas del hemisferio,
    Vivirán sin ley, exentos de política.

VI Aparecerá hacia el Septentrión,
    No lejos de Cáncer la estrella cabelluda,
    Susa, Siena, Boecia, Eretrión,
    Un grande de Roma morirá, la noche desaparecida

VII Noruega y Dacia y la Isla Británica
    Por los hermanos unidos serán vejadas,
    El jefe Romano nacido de sangre Gálica
    Y las tropas en las florestas rechazadas.

VIII Los que estaban en el reino para saber,
    En el cambio Real serán empobrecidos:
    Un desterrado sin apoyo no tendrá oro,
    Letrados y letras no serán muy apreciados.

IX   *Aux sacrez temples seront faicts escandales,*
Comptez seront par honneur & louanges,
D'un que on grave d'argent, d'or les medalles,
La fin sera en tormens bien estranges.

X   *Un peu de temps les temples des couleurs,*
De blanc & noir des deux entremeslee:
Rouges & iaunes leur embleront les leurs,
Sang, terre, peste, feu d'eau affollee.

XI   *Des sept rameaux à trois seront reduicts,*
Les plus aisnez seront surprins par mort,
Fratricidez le deux seront seduicts,
Les coniurez en dormans seront morts.

XII   *Dresser copies ponur monter à l'Empire,*
Du Vatican le sang Royal tiendra:
Flamans, Anglois, Espagne avec Aspire,
Contre l'Italie & France contendra.

XIII   *Un dubieux ne viendra loing du regne,*
La plus grand part le voudra soustenir,
Un capitole ne voudra point qu'il regne,
Sa grande charge ne pourra maintenir.

XIV   *Loing de sa terre Roy perdra la bataille,*
Prompt eschappé poursuivy suivant prins,
Ignare prins soubs la doree maille,
Soubs fainct habit & l'ennemy surprins.

XV   *Dessoubs la tombe sera trouvé le Prince,*
Qu'aura le pris par dessus Nuremberg,
L'Espaignol Roy en Capricorne mince,
Fainct & traby par le grand Vuitemberg.

XVI   *Ce que ravy sera du ieune Milve,*
Par les Normans de France & Picardie,
Les noirs du temple du lieu de Negrisilve,
Feront aulberge & feu de Lombardie.

IX   En los sagrados templos habrá escándalos,
     Contados serán por honores y alabanzas,
     De uno se grabará de plata y oro las medallas,
     El fin será en tormentos muy extraños.

X   Por poco tiempo los templos de colores,
     De blanco y negro los dos entremezclados:
     Rojos y amarillos les parecerán adictos,
     Sangre, tierra, peste, fuego de agua enloquecida.

XI   De siete retoños a tres quedarán reducidos,
     Los mayores serán sorprendidos por la muerte,
     Dos de ellos serán tentados por fratricidio,
     Los conjurados durmiendo serán muertos.

XII Levantar un ejército para llegar al Imperio,
     Del Vaticano la sangre Real resistirá:
     Flamencos, Ingleses, España con Aspirio,
     Contra Italia y Francia contenderá.

XIII Un dudoso no vendrá lejos del reino,
     La mayor parte lo querrá sostener,
     Un capitolino no querrá que él reine,
     Su gran carga no podrá mantener.

XIV Lejos de su tierra el Rey perderá la batalla,
     A punto de escapar acosado por los seguidores preso,
     Ignaro preso bajo la malla dorada,
     Bajo un fingido hábito y sorprendido el enemigo.

XV   En la tumba será hallado el Príncipe,
     Que tendrá el premio por encima de Nuremberg,
     El Español Rey en sutil capricornio,
     Engañado y traicionado por el Gran Guttenberg.

XVI El que será raptado por el joven Milvio,
     Por los Normandos de Francia y Picardía,
     Los negros del templo del lugar de Negrisilve,
     Harán albergue y fuego de Lombardía.

XVII *Apres les limes bruslez les asiniers,*
Contraints seront changer habits divers,
Les Saturnins bruslez par les meusniers,
Hors la pluspart qui ne sera couvers.

XVIII *Par les Phisiques le grand Roy delaissé,*
Par sort non art de l'Ebrien est en vie,
Luy & son genre au regne hault poussé,
Grace donnee à gent qui Christ envie.

XIX *La vraye flamme engloutira la dame,*
Que voudra mettre les Innocens à feu,
Pres de l'assaut l'exercite s'enflamme,
Quant dans Seville monstre en boeuf sera veu.

XX *L'union faincte sera peu de duree,*
Des uns changez reformez la pluspart,
Dans les vaisseaux sera gent enduree,
Lors aura Rome un nouveau liepart.

XXI *Quant ceux du polle artiq unis ensemble,*
En Orient grand effrayeur & crainte,
Esleu nouveau, soustenu le grand tremble,
Rodes, Bisance de sang Barbare taincte.

XXII *Dedans la terre du grand temple Celique,*
Neveu à Londres par paix faincte meurtry,
La barque alors deviendra scismatique,
Liberté faincte sera au corn & cry.

XXIII *D'esprit de regne musnimes descriées,*
Et seront peuples esmeuz contre leur Roy,
Paix faict nouveau, sainctes loix empirees,
Rapis onc fut en si tresdur arroy.

XXIV *Mars & le sceptre se trouvera conioinct,*
Dessoubs Cancer calamiteuse guerre,
Un peu apres sera nouveau Roy oingt,
Qui par longtemps pacifiera la terre.

XVII   Después de las limas quemadas los burreros,
Obligados estarán a cambiar hábitos varios,
Los Saturninos quemados por los molineros,
Aparte muchos que no estarán cubiertos.

XVIII   Por los Físicos el gran Rey abandonado,
Por suerte, no arte, del Ebrien está en vida,
Él y su yerno al alto reino empujado,
Gracia dada a la gente que a Cristo envidia.

XIX   La verdadera llama engullirá a la dama,
Que querrá arrojar los Inocentes al fuego,
Al llegar al asalto el ejército se inflama,
Cuando en Sevilla monstruoso buey sea visto.

XX   La unión fingida durará poco,
Unos habrán cambiado, la mayoría reformados,
En los barcos habrá gente endurecida,
Roma tendrá entonces un nuevo leopardo.

XXI   Cuando los del polo ártico estén unidos.
En Oriente gran espanto y temor,
Nuevo elegido, el grande sostenido tiembla,
Rodas, Bizancio con sangre Bárbara teñida.

XXII   Dentro de la tierra del gran templo Céltico,
Sobrino en Londres por paz fingida lastimado,
La barca entonces se hará cismática,
Libertad proclamada será a cuerno y grito.

XXIII   El espíritu del reino será duramente impugnado,
Y se levantarán pueblos contra su Rey,
Renovada la paz, las leyes santas empeoradas,
Después de ser raptado y puesto en gran temor.

XXIV   Marte y el cetro estarán unidos,
Bajo Cáncer calamitosa guerra,
Poco después nuevo Rey será ungido,
Quien por largo tiempo pacificará la tierra.

XXV *Par Mars contraire sera la monarchie,*
Du grande pescheur en trouble ruyneux,
Ieune noir rouge prendra la hierarchie.
Les proditeurs iront iour bruyneux.

XXVI *Quatre ans le siege quelque peu bien tiendra,*
Un surviendra libidineux de vie,
Ravenne & Pyse, Veronne soustiendront,
Pour eslever la croix de Pape envie.

XXVII *Dedans les Isles de cinq fleuves à un,*
Par le croissant du grand Chyren Selin,
Par les bruynes de l'air fureur de l'un,
Six eschapez, cachez fardeaux de lyn.

XXVIII *Le grand Celtique entrera dedans Rome,*
Menant amas d'exilez & bannis:
Le grand pasteur mettra à mort tout homme
Qui pour le coq estoyent aux Alpes unis.

XXIX *La vefve saincte entendant les nouvelles,*
De ses rameaux mis en perplex & trouble:
Qui sera duict appaiser les querelles,
Par son pourchas des razes sera comble.

XXX *Par l'apparence de saincte saincteté,*
Sera trahy aux ennemis le siege:
Nuict qu'on cuidoit dormir en seureté,
Pres de Braban marcheront ceux de Liege.

XXXI *Roy trouvera ce qu'il desiroit tant,*
Quand le Prelat sera reprins à tort:
Responce au Duc le rendra mal content,
Qui dans Milan mettra plusieurs à mort.

XXXII *Par trahison de verges à mort battu,*
Prins surmonté sera par son desordre,
Conseil frivole au grand captif sentu,
Nez par fureur quand Berich viendra mordre.

XXV Por Marte contrariada será la monarquía,
     Del gran pescador en turbación ruinosa,
     Joven negro rojo tomará la jerarquía,
     Los traidores llegarán en día de llovizna.

XXVI Cuatro años la sede más o menos aguantará
      Uno sobrevendrá libidinoso de vida,
      Rávena y Pisa, Verona sostendrán,
      Para quitar la cruz del Papa envidia.

XXVII En las Islas de cinco ríos a uno,
       Por el creciente del gran Chirén Selín,
       Por las lloviznas del aire, furor de uno,
       Seis escapados escondidos fardos de lino.

XXVIII El gran Céltico entrará en Roma,
        Conduciendo legiones de desterrados y proscritos:
        El gran pastor condenará a muerte a todos,
        Los que por el gallo estuviesen a los Alpes unido

XXIX La viuda santa oyendo las noticias,
      Por sus ramas puesta en perplejidad y turbación:
      Quien será llevado a apaciguar las querellas,
      Por su perseguimiento de las razas quedará colmado.

XXX Por la apariencia de santa santidad,
     Será traicionada a los enemigos la sede:
     Noche que se pensaba dormir en seguridad,
     Cerca de Brabante irán los de Lieja.

XXXI El Rey hallará lo que deseaba tanto,
      Cuando el Prelado sea censurado sin culpa:
      Respuesta al Duque le hará mal contento,
      Que en Milán llevará a varios a la muerte.

XXXII Por traición a vergajazos a muerte batido,
       Superado luego será por su desorden,
       Consejo frívolo por el gran prisionero oído,
       Barba enfurecida cuando Berich venga a morder.

XXXIII *Sa main derniere par Alus sanguinaire,*
Ne se pourra par la mer guarentir:
Entre deux fleuves craindre main militaire,
Le noir l'ireux le fera repentir.

XXXIV *De feu volant la machination,*
Viendra troubler au grand chef assiegez:
Dedans sera telle sedition,
Qu'en desespoir seront les profligez.

XXXV *Pres de Rion, & proche à blanche laine,*
Aries, Taurus, Cancer, Leo, la Vierge,
Mars, Iupiter, le Sol ardra grand plaine,
Bois & citez lettres cachez au cierge.

XXXVI *Ne bien ne mal par bataille terrestre,*
Ne parviendra aux confins de Perouse:
Rebelle Pise, Florence voir mal estre,
Roy nuict blessé sur mulet à noire house.

XXXVII *L'oeuvre ancienne se parachevera,*
Du toict chera sur le grand mal ruyne:
Innocent faict mort on accusera,
Nocent caché, taillis à la bruyne.

XXXVIII *Aux profligez de paix les ennemis,*
Apres avoir l'Italie superee,
Noir sanguinaire, rouge sera commis,
Feu, sang verser, eau de sang coloree.

XXXIX *L'enfant du regne par paternelle prinse,*
Expolier sera pour delivrer:
Aupres du lac Trasimen l'azur prinse,
La troupe hostage par trop fort s'enyvrer.

XL *Grand de Magonce pour grande soif estaindre,*
Sera privé de sa grand'dignité:
Ceux de Cologne si fort se viendront plaindre,
Que le grand groppe au Rhin sera ietté.

XXXIII   Su última mano por Alus sanguinaria,
No se podrá por mar garantizar:
Entre dos ríos temerá militar mano,
El negro airado arrepentirse le hará.

XXXIV   De fuego volante la maquinación,
Vendrá a turbar al gran jefe asediado:
Dentro habrá tal sedición,
Que en desesperación estarán los derrotados.

XXXV   Cerca de Rion y junto o la blanca lana,
Aries, Tauro, Cáncer, Leo, Virgo,
Marte, Júpiter, el Sol quemará gran llanura,
Bosques y ciudades, letras escondidas en el cirio.

XXXVI   Ni bien ni mal por batalla terrestre,
Llegará a los confines de Perusa:
Rebelde Pisa, ver malestar en Florencia,
Rey herido de noche sobre mulo en negra gualdrapa.

XXXVII   La obra antigua se terminará,
Del techo caerá sobre el grande mal ruina:
Se acusará un inocente condenado a muerte.
Nocente escondido, tallares bajo la neblina.

XXXVIII   A los deseosos de paz los enemigos,
Después de haber a Italia superado,
Negro sanguinario, rojo será comisionado,
Fuego, sangre derramar, agua de sangre coloreada.

XXXIX   El hijo del Reino por paternal rescate,
Expoliado será por liberar:
Junto al lago Trasimeno el azul cogido,
La tropa en rehén por excesivo beber.

XL   Grande de Maguncia para extinguir gran sed,
De su gran dignidad será privado:
Los de Colonia se lamentarán tan vivamente,
Que el grande de espaldas al Rin será echado.

XLI *Le second chef du regne d'Annemarc,*
Par ceux de Frize & l'isle Britannique,
Fera despendre plus de cent mille marc,
Vain esploicter voyage en Italique.

XLII *A Logmyon sera laissé le regne,*
Du grand Selin, qui plus fera de faict:
Par les Itales estendra son enseigne,
Regi sera par prudent contrefaict.

XLIII *Long temps sera sans estre habitee,*
Où Signe & Marne autour vient arrouser:
De la Tamise & martiaux tentee,
Deceus les gardes en cuidant repousser.

XLIV *De nuict par Nantes Lyris apparoistra,*
Des arts marins susciteront la pluye:
Arabiq goulfre grand classe parfondra,
Un monstre en Saxe naistra d'ours & truye.

XLV *Le gouverneur du regne bien sçavant,*
Ne consentir voulant a faict Royal:
Mellile classe par le contraire vent
Le remettra à son plus desloial.

XLVI *Un iuste sera en exil renvoyé,*
Par pestilence aux confins de Nonseggle,
Response au rouge le fera desvoyé,
Roy retirant à la Rane & à l'Aigle.

XLVII *Entre deux monts les deux grands assemblez*
Delaisseront leur simulté secrete,
Brucelle & Dolle par Langres accablez,
Pour à Malignes executer leur peste.

XLVIII *La saincteté trop fainte & seductive,*
Accompagné d'une langue discrete:
La cité vieille, & Parme trop hastive,
Florence & Sienne rendront plus desertes.

XLI El segundo jefe del Reino de Dinamarca,
Por los de Frisia y la Isla Británica,
Hará gastar más de cien mil marcos,
Para explotar en vano un viaje a Italia.

XLII A Logmión será dejado el reino,
Del gran Selín que realizará otro hecho:
Por las Italias extenderá su enseña,
Regido será por prudente contrahecho.

XLIII Por mucho tiempo quedará sin ser habitada,
Donde el Sena y Marne riegan los contornos:
Del Támesis y marciales tentada,
Decepcionados los guardias creyendo rechazar.

XLIV De noche por Nantes el Iris aparecerá,
Artificios marinos provocarán la lluvia:
En el abismo arábigo gran flota se hundirá,
Un monstruo en Sajonia nacerá de oso y cerda.

XLV El gobernador del Reino muy discreto,
No queriendo consentir a la propuesta Real,
Maltesa flota por el contrario viento,
Lo entregará a su más desleal.

XLVI Un justo será al destierro enviado,
Por pestilencia a los confines de Nonseggle,
Respuesta al rojo lo hará descarriado,
Rey retirando al Águila y a la Rana.

XLVII Entre dos montañas los dos grandes reunidos
Abandonarán su fingimiento secreto,
Bruselas y Dolle por Langres agobiados,
Para Malinas ejecutar su peste.

XLVIII La santidad en exceso fingida y seductora,
Acompañada de un hablar discreto:
La ciudad vieja y Parma por demás apresurada,
Florencia y Siena dejarán más desiertas.

XLIX *De la partie de Mammer grand Pontife,*
Subiuguera les confins du Danube:
Chasser les crois, par fer raffe ne riffe,
Captifs, or, bagues plus de cent milles rubes.

L *Dedans le puys seront trouvez les os,*
Sera l'inceste commis par la maratre:
L'estat changé, on querra bruit & los,
Et aura Mars attendant pour son astre.

LI *Peuple assemblé, voir nouveau expectacle,*
Princes & Roys par plusieurs assistans,
Pilliers faillir, murs, mais comme miracle
Le Roy sauvé & trente des instans.

LII *En lieu du grand qui sera condamné,*
De prison hors, son amy en sa place:
L'espoir Troyen en six mois ioins mort né,
Le Sol à l'urne seront peins fleuve en glace.

LIII *Le grand Prelat Celtique à Roy suspect,*
De nuict par cours sortira hors du regne:
Par Duc fertile à son grand Roy Bretaigne,
Bisance à Cypres & Tunes insuspect.

LIV *Au poinct du iour au second chant du coq,*
Ceux de Tunes, de Fez & de Begie,
Par les Arabes captif le Roy Maroq,
L'an mil six cens & sept, de Liturgie.

LV *Au chalmé Duc, en arrachant l'espence,*
Voile Arabesque voir, subit descouverte:
Tripolis Chio & ceux de Trapesonce,
Duc prins, Marnegro & la cité deserte.

LVI *La crainte armee de l'ennemy Narbon,*
Effrayera si fort les Hesperiques:
Parpigna vuide par l'aveugle darbon,
Lors Barcelon par mer donra les piques.

XLIX De la parte de Mammer gran Pontífice,
　　　Subyugará los confines del Danubio:
　　　Arrojar las cruces, por hierro y por pillaje,
　　　Cautivos, oro, anillos más de cien mil rublos.

L　　Dentro del pozo serán hallados los huesos,
　　　Será el incesto cometido por la madrastra:
　　　El Estado cambiado, se querrá ruido y escándalo,
　　　Y habrá Marte esperando por su astro.

LI　　Pueblo reunido ver nuevo espectáculo,
　　　Príncipes y Reyes entre muchos asistentes,
　　　Pilares hundirse, muros, pero como milagro
　　　El Rey salvado y treinta de los presentes.

LII　 En vez del grande que será condenado,
　　　Fuera de prisión, su amigo en su lugar:
　　　La esperanza troyana en seis meses juntos nacida muerta,
　　　El Sol en la urna, serán pintados ríos en glaciar.

LIII　El gran Prelado Céltico al Rey sospechoso,
　　　De noche por curso saldrá fuera del reino:
　　　Por Duque fértil a su gran Rey Bretaña,
　　　Bizancio a Chipre y Túnez insospechoso.

LIV　A punta del día, al segundo canto del gallo,
　　　Los de Túnez de Fez y de Begía,
　　　Por los Árabes cautivo el Rey de Marruecos,
　　　El año mil seiscientos y siete de Liturgia.

LV　　Al chiflado Duque, ocupando el espacio,
　　　Vela Arabesca ver, súbitamente descubierto:
　　　Trípoli, Chio y los de Trapesonce,
　　　Duque preso, Marnegro y la ciudad desierta.

LVI　La temida armada del enemigo Narbón,
　　　Amedrentará muy mucho a las Hespéricas:
　　　Perpiñán vaciado por el ciego Darbón,
　　　Entonces Barcelona por mar dará las picas.

LVII   *Celuy qu'estoit bien avant dans le regne,*
Ayant chef rouge proche à la hierarchie,
Aspre & cruel, & se fera tant craindre,
Succedera a sacrée monarchie.

LVIII   *Entre les deux monarques esloignez,*
Lorsque le Sol par Selin clair perdue,
Simulté grande entre deux indignez,
Qu'aux Isles & Sienne la liberté rendue:

LIX   *Dame en fureur par rage d'adultere,*
Viendra à son Prince coniures non de dire:
Mais bref cogneu sera le vitupere,
Que seront mis dix sept a martyre.

LX   *Le Prince hors de son terroir Celtique,*
Sera trahy, deceu par interprete:
Rouan, Rochelle par ceux de l'Armorique
Au port de Blaue deceus par moyen & prestre.

LXI   *Le grand tappis plié ne monstrera,*
Fors qu'à demy la pluspart de l'histoire:
Chassé du regne loign aspre apparoistra,
Qu'au faict bellique chacun le viendra croire.

LXII   *Trop tard tous deux les fleurs seront perdues,*
Contre la loy serpent ne voudra faire:
Des Liguers forces par gallot confrondües,
Savone, Albingue par monech grand martyre.

LXIII   *La dame seule au regne demeuree,*
L'unic estaints premier au lict d'honneur,
Sept ans sera de douleur explorée,
Puis longue vie au regne par grabd heur.

LXIV   *On ne tiendra pache aucune arresté,*
Tous recevans iront par tromperie,
De paix & tresve, terre & mer protesté,
Par Barcelone classe prins d'industrie.

LVII   Aquel que está mucho antes en el Reino,
        Teniendo jefe rojo próximo a la Jerarquía,
        Áspero y cruel y se hará tanto temer,
        Sucederá a sagrada monarquía.

LVIII   Entre los dos monarcas alejados,
        Cuando el Sol por Selín claro perdido,
        Gran simultaneidad entre dos indignados,
        Que a las Islas y Siena la libertad devuelta.

LIX   Dama en furor por rabia de adulterio,
        Urdirá a su Príncipe conjuras a más no poder:
        Pero en breve será cortado el vituperio,
        Que diecisiete serán enviados al martirio.

LX   El Príncipe fuera de su territorio Céltico,
        Será traicionado, engañado por intérprete:
        Rouen, Rochelle por los de la Armórica
        En el puesto de Blaue engañados por clérigos y monjes.

LXI   El gran tapiz enrollado no mostrará,
        Más que a medias la mayor parte de la historia:
        Arrojado del Reino lejos áspero aparecerá,
        Que en el hecho bélico cada uno querrá creerlo.

LXII   Demasiado tarde los dos las flores se habrán perdido,
        Contra la ley serpiente no querrá hacer:
        De las fuerzas Lígures con una cofradía,
        Savona, Albenga, por un monje gran martirio.

LXIII   Sólo la dama quedará en el reino,
        El único siendo primero en el lecho de honor,
        Siete años será de dolor atormentada,
        Luego larga vida en el Reino por gran felicidad.

LXIV   No se llegará a ningún acuerdo de paz,
        Todos los interesados obrarán por engaño,
        De paz y tregua tierra y mar protestado,
        Por Barcelona asaltada con habilidad la flota.

LXV   *Gris & bureau demie ouverte guerre,*
De nuict seront assaillis & pillez,
Le bureau prins passera par la serre,
Son temple ouvert, deux au piastre grillez.

LXVI   *Au fondement de la nouvelle secte,*
Seront les os du grand Romain trouvez,
Sepulchre en marbre apparoistra couverte,
Terre trembler en Auril, mal enfoüez.

LXVII   *Au grand Empire parviendra tout un autre*
Bonté distant plus de felicité:
Regi par un issu non loing du peautre,
Corruer regnes grande infelicité.

LXVIII   *Lors que soldats fureur seditieuse,*
Contre leur chef seront de nuict fer luire:
Ennemy d'Albe soit par main furieuse,
Lors vexer Rome, & principaux seduire.

LXIX   *La pitié grande sera sans loing tarder,*
Ceux qui donnoient seront contraints de prendre:
Nuds, affamez de froid, soif, soy bander,
Les monts passer commettant grand esclandre.

LXX   *Au chef du monde le grand Chyren sera,*
Plus outre apres aymé, craint, redouté:
Son bruit & lors les cieux surpassera,
Et du seul tiltre victeur fort contenté.

LXXI   *Quand on viendra le grand Roy parenter*
Avant qu'il ait du tout l'âme renduë:
Celuy qui moins le viendra lamenter,
Par Lyons, d'Aigles, croix, couronne venduë.

LXXII   *Par fureur fainte d'esmotion divine,*
Sera la femme du grand fort violee:
Iuges voulans damner telle doctrine.
Victime au peuple ignorant immolee.

LXV   Gris y despacho semiabierta guerra,
De noche serán asaltados y pillados,
Despacho tomado pasará por la furia,
Su templo abierto, dos en la parrilla asados.

LXVI   En el fundamento de la nueva secta,
Serán los huesos del gran Romano hallados,
Sepulcro de mármol aparecerá cubierto,
La tierra temblará en Abril, mal enterrados.

LXVII   Al gran Imperio sucederá otro muy distinto
Bondad distante más de felicidad:
Regido por uno salido no lejos de la plebe,
Corromper reinos gran infelicidad.

LXVIII   Cuando los soldados furor sedicioso,
Contra su jefe hagan de noche hierro lucir:
Enemigo de Alba sea por mano furiosa,
Entonces vejar Roma y principales seducir.

LXIX   La piedad llegará sin tardar mucho,
Quienes daban se verán constreñidos a tomar:
Desnudos, muertos de frío, sed, malheridos,
Pasarán los montes suscitando gran clamor.

LXX   Como jefe del mundo el gran Chirén será,
Ningún otro después amado, temido, respetado:
Su fama y alabanzas los cielos sobrepasará,
Y del solo título de victorioso muy contentado.

LXXI   Cuando se quiera al gran Rey emparentar
Antes que haya del todo el alma rendida:
Aquel que menos vendrá a compadecerle,
Por Leones, de Águilas, cruz, corona vendida.

LXXII   Por arrebato fingido de emoción divina,
Será la mujer del gran fuerte violada:
Jueces queriendo condenar esta doctrina,
Víctima al pueblo ignorante inmolada.

LXXIII	*En cité grande un moyne & artisan,* *Pres de la porte logez & aux murailles,* *Contre Modene secret, cave disant,* *Trahis faire sous couleur d'espousailles.*
LXXIV	*La dechassee au regne tournera,* *Ses ennemis trouvez des coniurez:* *Plus que iammais son temps triomphera,* *Trois et septante à mort trop asseurez.*
LXXV	*Le grand pilot par Roy sera mandé,* *Laisser la classe pour plus haut lieu attaindre:* *Sept ans apres sera contrebandé,* *Barbare armee viendra Venise craindre.*
LXXVI	*La cité antique d'antenoree forge,* *Plus ne pouvant le tyran supporter:* *Le manche fainct au temple couper gorge,* *Les siens le peuple à mort viendra bouter.*
LXXVII	*Par la victoire du deceu fraudulente,* *Deux classes une, la revolte Germaine,* *Le chef meurtry & son fils dans la tente,* *Florence, Imole pourchassez dans Romaine.*
LXXVIII	*Crier victoire du grand Selin croissant,* *Par les Romains sera l'Aigle clamé,* *Ticcin, Milan & Gennes y consent,* *Puis par eux mesmes Basil grand reclamé.*
LXXIX	*Pres de Tesin les habitans de Loyre,* *Garonne & Saone, Seine, Tain & Gironde,* *Outre les monts dresseront promontoire,* *Conflit donné, Pau grand, submergé onde.*
LXXX	*De Fez le regne parviendra à ceux d'Europe.* *Feu leur cité, & lame trenchera:* *Le grand d'Asie terre & mer à grand troupe,* *Que bleux, pers, croix, à mort de chassera.*

LXXIII   En una gran ciudad un monje y artesano,
         Junto a la puerta alojado y en las murallas,
         Contra Módena secreto, cauto al hablar,
         Traicionar so color de esponsales.

LXXIV   La desechada al reino volverá,
         Sus enemigos hallados de los conjurados:
         Más que nunca su tiempo triunfará,
         Tres y setenta a muerte muy aseguraos.

LXXV   El gran piloto por el Rey será convocado,
         Dejar la armada para un más alto puesto ocupar:
         Siete años después será contrabandeado,
         Bárbaro ejército hará a Venecia temblar.

LXXVI   La ciudad antigua de antenorada forja,
         No pudiendo ya más al tirano soportar:
         El mango disimulado en el templo cortar cuello,
         Los suyos el pueblo a muerte vendrá a condenar.

LXXVII   Por la victoria del burlado fraudulento,
         Dos ejércitos uno, la revuelta Germana,
         El jefe asesinado y su hijo en la tienda,
         Florencia, Ímola perseguidas en Romaña.

LXXVIII Proclamar victoria del gran Selín creciente,
         El Águila será aclamada por los Romanos,
         Ticino, Milán y Génova en ello asienten,
         Después por ellos mismos Basil gran reclamado.

LXXIX   Junto a Tesín los habitantes de Loira,
         Garona y Saona, Sena, Tain, y Gironda,
         Más allá de los montes levantarán un promontorio,
         Conflicto dado, surcado el Po, onda sumergida.

LXXX   De Fez el reino llegará a los de Europa,
         Fuego su ciudad y espada cortará:
         El grande de Asia tierra y mar con gran tropa,
         Azules, persas, cruz, a muerte conducirá.

LXXXI	*Pleurs, cris & plaints, hurlemens, effrayeur,* *Coeur inhumain, cruel, noir & transy:* *Leman, les Isles, de Gennes les maieurs,* *Sang espancher, frofaim, à nul mercy.*
LXXXII	*Par les deserts de lieu libre & farouche,* *Viendra errer nepveu du grand Pontife:* *Assomé à sept avecques lourde souche,* *Par ceux qu'apres occuperont le Cyphe.*
LXXXIII	*Celuy qu'aura tant d'honneur & caresses* *A son entree de la Gaule Belgique,* *Un temps apres fera tant de rudesses,* *Et sera contre à la fleur tant bellique.*
LXXXIV	*Celuy qu'en Sparthe Claude ne peut régner,* *Il fera tant par voye seductive:* *Que du court, long, le fera araigner,* *Que contre Roy fera sa perspective.*
LXXXV	*La grand'cité de Tharse par Gaulois* *Sera destruite, captifs tous à Turban:* *Secours par mer du grand Portugalois,* *Premier d'esté le iour du sacre Urban.*
LXXXVI	*Le grand Prelat un iour apres son songe* *Interpreté au rebours de son sens,* *De la Gascongne luy surviendra un monge* *Qui fera eslire le grand Prelat de Sens.*
LXXXVII	*L'Election faicte dans Francfort,* *N'aura nul lieu, Milan s'opposera:* *Le sien plus proche semblera si grand fort,* *Qu'autre le Rhin és mareschs cassera.*
LXXXVIII	*Un regne grand demoura desolé,* *Aupres de l'Hebro se seront assemblees:* *Monts Pyrenees le rendront consolé,* *Lors que dans May seront terres tremblees.*

LXXXI Llantos, gritos y lamentos, alaridos, espanto,
       Corazón inhumano, cruel, negro y despavorido:
       Leman, las Islas, de Génova los mayores,
       Sangre derramada, frío, hambre, a nadie gracia.

LXXXII Por los desiertos del lugar, libre y arisco,
       Vendrá a errar sobrino del gran Pontífice:
       Muerto a palos por siete con pesado tronco,
       Por los que después ocuparán Cife.

LXXXIII El que tanto honor y caricias habrá tenido.
        A su entrada de la Galia Belga,
        Un tiempo después hará tantas rudezas,
        Y estará contra la flor tan bélica.

LXXXIV El que en Esparta Claudio no puede reinar,
       Hará tanto por vía seductiva:
       Que de un corto largo lo hará arañar,
       Y contra el Rey hará su perspectiva.

LXXXV La gran ciudad de Tarso por los Galos
      Será destruida, cautivos todos a Turbán:
      Socorro por mar del gran Portugalés,
      Primero de verano, el día de San Urbán.

LXXXVI El gran Prelado, un día, según un sueño
       Interpretado contra su sentido,
       De Gascuña le llegará un monje
       Que hará elegir de Sens al gran Prelado.

LXXXVII La elección hecha en Frankfurt,
        No tendrá cuenta, Milán se opondrá:
        Su más próximo parecerá tan fuerte,
        Que más allá del Rin a los moros echará.

LXXXVIII Un gran reino quedará desolado,
         Cerca del Hebrón se habrán juntado:
         Montes Pirineos le habrán consolado,
         Cuando en mayo las tierras hayan temblado.

LXXXIX *Entre deux cymbes pieds & mains attachez,*
De miel face oingt, & de laict substanté:
Guespes & mouches fitine amour fachez,
Poccilateurs faucer, Cyphe tenté.

XC *L'honnissement puant abominable*
Apres le faict sera felicité:
Grand excusé, pour n'estre favorable,
Qu'à paix Neptune ne sera incité.

XCI *Du conducteur de la guerre navale,*
Rouge effrené, severe, horrible grippe,
Captif eschappé de l'aisné dans la baste:
Quand il naistra du grand un fils Agrippe.

XCII *Prince de beauté tant venuste,*
Au chef menee, le second faict trahy:
La cité au glaive de poudre face aduste,
Par trop grand meurtre le chef du Roy hay.

XCIII *Prelat avare d'ambition trompé*
Rien ne sera que trop viendra cuider:
Ses messagers, & luy bien attrapé,
Tout au rebours voir qui le bois fendroit.

XCIV *Un Roy iré sera aux sedifrague,*
Quand interdicts seront harnois de guerre:
La poison taincte au succre par le fragues
Par eaux meurtris, morts disant serre serre.

XCV *Par dectracteur calomnié à puis nay,*
Quand seront faicts enormes & martiaux:
La moindre part dubieuse à l'aisnay,
Et tost au regne seront faicts partiaux.

XCVI *Grande cité à soldats abandonnee,*
Onc n'y eut mortel tumult si proche:
O quelle hideuse mortalité s'approche,
Fors une offense n'y sera pardonnee.

LXXXIX   Entre dos cepos, pies y manos atados,
De miel rostro untado y de leche sustentado:
Avispas y moscas fétidas, amor disgustado,
Previsiones falseadas, Cife tentada.

XC   El deshonor hediondo y abominable,
Después del hecho será felicitado:
El gran excusado, para no ser favorable,
Que a la paz Neptuno no será incitado.

XCI   Del conductor de la guerra naval,
Rojo desenfrenado, severo, horrible peste,
Cautivo del mayor escapado en la basta:
Cuando nazca del grande un hijo Agripa.

XCII   Príncipe de belleza tan venerada,
Conducido al jefe, el segundo hecho traicionado:
La ciudad con la espada de polvo faz adusta,
Por muy grande homicidio el jefe por el Rey odiado.

XCIII   Un prelado avaro engañado por la ambición,
Nada demasiado grande que él no pueda pedir:
Sus mensajeros y él bien chasqueado,
Ver quién al revés el tronco cortaría.

XCIV   Un Rey airado se habrá contra los perjuros,
Cuando arneses de guerra sean prohibidos:
El veneno teñido en azúcar por las fresas,
Por las aguas batidos, muertos diciendo ¡hiere!, ¡hiere!

XCV   Por un detractor calumniado apenas nacido,
Cuando sean hechos enormes e imponentes:
La mínima parte al mayor dudosa,
Y pronto el reino será dividido.

XCVI   Gran ciudad a los soldados abandonada,
Nunca vio mortal tumulto tan próximo:
¡Oh, qué horrible mortandad se acerca!
Ni una sola ofensa será perdonada.

XCVII   *Cinq & quarante degrez ciel bruslera,*
Feu approcher de la grand'cité neuve,
Instant grand flamme esparse sautera
Quand on voudra des Normans faire preuve.

XCVIII   *Ruyné aux Volsques de peur si fort terribles,*
Leur grand cité taincte, faict pestilent:
Piller Sol, Lune, & violer leurs temples:
Et les deux fleuves rougir de sang coulant.

XCIX   *L'ennemy docte se tournera confus,*
Grand camp malade, & de faict par embusches:
Monts Pyrenées & Poenus luy seront faicts refus
Proche du fleuve decouvrant antiques oruches.

C   *Fille de l'Aure, asyle du mal sain,*
Où iusqu'au ciel se void l'amphitheatre:
Prodige veu, ton mal est fort prochain,
Seras captive, et des fois plus de quatre.

CENTURIE VII

I   *L'arc du tresor par Achilles deceu,*
Aux procrez sceu la quadrangulaire:
Au faict Royal le comment sera sceu,
Corps veu pendu au veu du populaire.

II   *Par Mars ouvert Arles le donra guerre*
De nuict seront les soldats estonnez:
Noir, blanc à l'Inde dissimulez en terre,
Sous la fainte ombre traistres verez & sonnez.

III   *Apres la France la victoire navale,*
Les Barchinons, Saillinons, les Phocens,
Lierre d'or, l'enclume derré dedans la balle,
Ceux de Ptolon au fraud seront consens.

XCVII   Cinco y cuarenta grados el cielo quemará,
        Fuego se aproxima a la gran ciudad nueva,
        Al instante gran llama dispersa saltará,
        Cuando se quiera de los Normandos hacer prueba.

XCVIII Arruinada en los Volsgos de miedo tan terrible,
        Su gran ciudad manchada, hecha pestilente,
        Saquear Sol, Luna y violar sus templos:
        Y los dos ríos enrojecer de sangre fluyente.

XCIX   El enemigo docto se volverá confuso,
        Gran campo enfermo y de hecho por celadas:
        Montes Pirineos y Poeno le habrán hecho renuncio
        Cerca del río descubriendo antiguas bases.

C   Hija de la Aurora, asilo del malsano,
        Donde hasta el cielo se ve el anfiteatro:
        Prodigio visto, tu mal está muy próximo,
        Serás cautiva y veces más de cuatro.

CENTURIA VII

I   El arco del tesoro de Aquiles engañado,
        A los procreados comunicada la cuadrangular:
        El cemento será conocido al hecho Real,
        Un cuerpo visto colgado según la voluntad popular.

II   Por Marte abierto Arlés le dará guerra
        De noche serán atemorizados los soldados:
        Negro, blanco a la India en tierra disimulado,
        Veréis y oiréis bajo la fingida sombra a los traidores.

III   Después de Francia la victoria naval,
        Los Barquinones, Salinones, los Focenos,
        Hiedra dorada, yunque con la bala empotrada,
        Los de Tolón consentirán en el engaño.

IV   *Le Duc de Langres assiegé dedans Dolle,*
Accompagné d'Autun & Lyonois:
Geneve, Ausbourg, ioinct ceux de Mirandole,
Passer les monts contre les Anconnois.

V   *Vin sur la table en sera respandu,*
Le tiers n'aura celle qu'il pretendoit:
Deux fois du noir de Parme descendu,
Perouse à Pize fera ce qu'il cuidoit.

VI   *Naples, Palerme & toute la Sicile,*
Par main barbare sera inhabitee,
Corsicque, Salerne & de Sardeigne l'Isle,
Faim, peste, guerre, fin de maux intentee.

VII   *Sur le combat des grands chevaux legers,*
On criera le grand croissant confond:
De nuict tuer monts, habits de bergers,
Abismes rouges dans le fossé profond.

VIII   *Flora, fuis, fuis le plus proche Romain,*
Au Fesulan sera conflict donné:
Sang espandu, les plus grands prins à main,
Temple ne sexe ne sera pardonné.

IX   *Dame à l'absence de son grand capitaine,*
Sera priee d'amor du Viceroy,
Fainte promesse & malheureuse estreine,
Entre les mains du grand Prince Barois.

X   *Par le grand prince limitrophe du Mans,*
Preux & vaillant chef du grand exercite:
Par mer & terre de Gallots & Normans,
Caspre passer Barcelonne pillé Isle.

XI   *L'enfant Royal contemnera la mere,*
Oeil, pieds blessez, rude inobeissant,
Nouvelle à dame estrange & bien amere,
Seront tuez des siens plus de cinq cens.

IV   El Duque de Langres sitiado en Dolle,
       Acompañado de Autun y Lioneses:
       Ginebra, Habsburgo unidos a los de Mirandola,
       Atravesarán los montes contra los Anconetanos.

V   Vino sobre la mesa será derramado,
      El tercero no alcanzará la que pretendía,
      Dos veces en el negro de Parma hundida,
      Perusa hará lo que Pisa deseaba.

VI   Nápoles, Palermo y toda la Sicilia,
      Por mano bárbara quedarán deshabitadas,
      Córcega, Salerno y de Cerdeña la Isla,
      Hambre, peste, guerra, fin de los males intentado.

VII   En el combate de los grandes caballos ligeros,
      Se gritara el gran creciente confuso:
      De noche matar en los montes, moradas pastoriles,
      Rojos abismos en la profunda fosa.

VIII   Flora, huye, huye que se acerca el Romano,
      En el Fesulán será conflicto dado:
      Sangre derramada, los mayores capturados a mano,
      Ni templo ni sexo serán perdonados.

IX   Dama en ausencia de su gran capitán,
      Será requerida de amores por el Virrey,
      Fingida promesa, desdichado regalo,
      Entre las manos del Gran Príncipe Barés.

X   Por el gran Príncipe vecino de Le Mans,
      Bizarro y valeroso jefe del gran ejército:
      Por mar y tierra de Galos y Normandos,
      Ultrapasar Barcelona e Isla saqueada.

XI   El Infante Real despreciará a su madre,
      Ojo, pies heridos, rudo desobediente,
      Noticia a dama extraña y muy amarga,
      Más de quinientos de los suyos serán muertos.

XII *Le grand puisnay fera fin de la guerre.*
Aux dieux assemble les excusez:
Cahors, Moissac iront loing de la serre,
Refus Lestore, les Angenois rasez.

XIII *De la cité marine & tributaire*
La teste raze prendra la satrapie:
Chasser sordide qui puis sera contraire,
Par quatorze ans tiendra la tyrannie.

XIV *Faux exposer viendra topographie,*
Seront les cruches des monuments ouvertes:
Pulluler secte, saincte philosophie,
Pour blanches, noire & pour antiques vertes.

XV *Devant cité de l'Insubre contree,*
Sept sera le siege devant mis:
Le tresgrand Roy y fera son entree,
Cité plus libre hors de ses ennemis.

XVI *Entree profonde par la grande Royne faicte*
Rendra le lieu puissant inaccessible:
L'armee des trois Lyons sera deffaite,
Faisant dedans cas hideux & terrible.

XVII *Le Prince rare de pitié & clemence*
Viendra changer par mort grand cognoissance
Par grand repos le regne travaillé,
Lors que le grand tost sera estrillé.

XVIII *Les assiegez couloureront leurs paches,*
Sept iours apres feront cruelle issuë,
Dans repoulsez, feu sang. Sept mis à l'hache
Dame captive qu'avoit la paix tissuë.

XIX *Le fort Nicene ne sera combatu,*
Vaincu sera par rutilant metal,
Son faict sera un long temps debatu,
Aux citadins estrange espouvantal.

XII	El gran posnacido pondrá fin a la guerra,
	Ante los dioses reunidos serán excusados:
	Cahors, Moissac irán lejos de la barricada,
	Lestore rechazado, Angers arrasada.

XIII	De la ciudad marina y tributaria
	La cabeza rapada tomará la satrapía:
	Expulsar sórdido que será luego contrario,
	Por catorce años detentará la tiranía.

XIV	Que era falso dirá topografía,
	Los interiores de los monumentos serán profanádos
	Pulular de sectas, santa filosofía,
	Por blancas, negras y por antiguas verdes.

XV	Ante una ciudad de la comarca Insubria,
	Que habrá sido sitiada siete años:
	El muy gran Rey hará en ella su entrada,
	Ciudad más libre fuera de sus enemigos.

XVI	Ingreso solemne por la gran Reina hecho
	Hará el lugar fuerte e inaccesible:
	El ejército de los tres leones será deshecho,
	Provocando dentro un caso horroroso y terrible.

XVII	El Príncipe raro de piedad y clemencia
	Vendrá a cambiar por muerte gran conocimiento
	Por gran reposo el reino trabajado,
	Cuando el grande vaya pronto a ser castigado.

XVIII	Los sitiados disimularán sus armas,
	Siete días después harán cruel salida,
	Serán rechazados, fuego sangre. Siete muertos a hachazos,
	Dama que había tejido la paz hecha cautiva.

XIX	El fuerte Nicene será combatido,
	Vencido será por rutilante metal,
	El hecho será por mucho tiempo debatido,
	Para los ciudadanos extraño espantajo.

XX *Ambassadeurs de la Toscane langue,*
Avril & May Alpes & mer passee,
Celuy de veau exposera l'harangue,
Vie Gauloise ne venant effacer.

XXI *Par pestilente inimitié Volsicque,*
Dissimulee chassera le tyran,
Au pont de Sorgues se fera la traffique
De mettre à mort luy & son adherant.

XXII *Les citoyens de Mesopotamie*
Irez encontre amis de Terraconne,
Ieux, rits, banquets, toute gent endormie
Vicaire au Rosne, prins cité, ceux de d'Ausone.

XXIII *Le Royal sceptre sera contrainct de prendre*
Ce que ses predecesseurs avoyent engagé,
Puis que l'anneau on fera mal entendre,
Lors qu'on viendra le palais saccager.

XXIV *L'ensevely sortira du tombeau,*
Fera de chaines lier le fort du pont,
Empoisonné avec oeufs de Barbeau,
Grand de Lorraine par le Marquis du Pont.

XXV *Par guerre longue tout, l'exercice expuiser,*
Que pour soldats ne trouveront pecune,
Lieu d'or, d'argent, cuir on viendra cuser,
Gaulois aerain, signe croissant de Lune.

XXVI *Fustes & galeres autour de sept navires,*
Sera livree une mortelle guerre,
Chef de Madrid recevra coup de vires,
Deux eschapees, & cinq menees à terre.

XXVII *Au cainct de Vast la grand cavalerie,*
Proche à Ferrage empeschee au bagage,
Prompt à Turin feront tel voleire,
Que dans le fort raviront leur hostage.

XX   Embajadores de la Toscana lengua,
     Abril y Mayo Alpes y mar cruzados,
     Aquél de novillo expondrá la arenga,
     Vida Gálica viniendo a cancelar.

XXI Por la creciente enemistad de los Volsgos,
     Disimulada echará al tirano,
     Sobre el puente de Sorgues se hará el tráfico,
     De condenar a muerte él y su adherente.

XXII Los ciudadanos de Mesopotamia
     Irán al encuentro de los amigos de Tarragona,
     Juegos, ritos, banquetes, mucha gente adormecida,
     Vicario en el Ródano, tomada ciudad, aquellos de Ausonia.

XXIII El Cetro Real estará obligado a tomar
      Lo que sus predecesores habían solicitado,
      Pues que el anillo se hará sentir malamente,
      Cuando se venga el palacio a saquear.

XXIV El sepultado saldrá de la tumba,
     Hará con cadenas atar al fuerte del puente,
     Envenenado con huevos de Barbio,
     Grande de Lorena por el Marqués del Puente.

XXV Por guerra larga todo el tesoro agotado,
     Y para soldados no habrá dinero,
     En lugar de oro, de plata, cuero será usado,
     Bronce galo, señal creciente de Luna.

XXVI Fustas y galeras en torno a siete navíos,
     Será librada una mortal guerra,
     Al jefe de Madrid le sentarán las costuras,
     Dos escapados, y cinco llevados a tierra.

XXVII Junto a Vasto la gran caballería,
      Cerca de Ferrara impedida por el bagaje,
      Dispuestos en Turín harán tal cacería,
      Que robarán en el fuerte a sus rehenes.

XXVIII *Le capitaine conduira grande proye*
Sur la montaigne des ennemis plus proche:
Environné, par feu fera telle voye
Tous eschappez, or trente mis en broche.

XXIX *Le grand Duc d'Albe se viendra rebeller,*
A ses grands peres fera le tradiment:
Le grand de Guise le viendra debeller,
Captif mené & dressé monument.

XXX *Le sac s'approche, feu, grand sang espandu,*
Po, grand fleuves, aux bouviers l'entreprinse
De Gennes, Nice apres long attendu,
Foussan, Turin, à Sauillan la prinse.

XXXI *De Languedoc, & Guienne plus de dix*
Mille voudront les Alpes repasser:
Grands Allobroges marcher contre Brundis,
Aquin & Bresse les viendront recasser.

XXXII *Du mont Royal naistra d'une casane,*
Qui cave, & compte viendra tyranniser,
Dresser copie de la marche Millane,
Fauence, Florence d'or & gens espuiser.

XXXIII *Par fraude regne, forces expolier,*
La classe obsesse, passages à l'espie,
Deux saincts amis se viendront t'allier,
Esveiller hayne de longtemps assoupie.

XXXIV *En grand regret sera là gent Gauloise,*
Coeur vain, leger croira temerité:
Pain, sel, ne vin, eau, venin ne cervoise,
Plus grand captif, faim, froid, necessité.

XXXV *La grande pesche viendra plaindre, plorer,*
D'avoir esleu, trompez seront en l'aage:
Guiere avec eux ne voudra demourer,
Deceu sera par ceux de son langage.

XXVIII   El capitán conducirá gran presa
Sobre la montaña de los enemigos más cercana:
Rodeado, por fuego hará tal camino
Todos huidos, menos treinta asados.

XXIX   El gran Duque de Alba se rebelará,
Y hará traición a sus grandes pares:
El grande de Guisa vendrá a debelarlo,
Cautivo llevado y monumento levantado.

XXX   El saqueo se acerca, fuego, mucha sangre derramada,
Po, grandes ríos, de los boyeros la empresa
De Génova, Niza tanto tiempo esperada,
Fossar, Turín, en Savillán la presa.

XXXI   Del Languedoc y Guyena más de diez
Mil querrán los Alpes de nuevo pasar:
Grande Alóbroges ir contra Brundis,
Aquin y Bresse les volverán a hacer frente.

XXXII   Del Monte real nacerá de una prosapia,
Quien vendrá a infundir pavura y tiranizar,
Realzar gestas de la marcha Millane,
Faenza, Florencia dorada y gentes enervar.

XXXIII   Por fraude reina, fuerzas expoliadas,
La flota obsesa, pasaje a la espía,
Dos fingidos amigos vendrán, a aliársete,
Despertar odio largo tiempo adormecido.

XXXIV   En gran pesar estará la gente Gala,
Corazón vano, ligero creerá temeridad:
Pan, sal, ni vino, agua, veneno ni cerveza,
Mayor cautivo, hambre, frío, necesidad.

XXXV   La gran lonja se lamentará, llorará,
De haber elegido, habrá errado en la edad:
Caudillo con ellos no querrá morar,
Defraudado será por los de su propia lengua.

XXXVI *Dieu, le ciel, tout le divin verbe à l'onde,*
       Porté par rouges sept razes à Bizance,
       Contre les oingts trois cens de Trebisconde
       Deux loix mettront, & horreur, puis credence.

XXXVII *Dix envoyez, chef de nef mettre à mort,*
       D'un adverty, en classe guerre ouverte,
       Confusion chef, l'un se picque & mord,
       Leryn, stecades nefs, cap dedans la nerte.

XXXVIII *L'aisné Royal sur coursier voltigeant,*
        Picquer viendra, si rudement courir,
        Gueulle, lipee, pied dans l'estrein pleignant
        Traîné, tiré, horriblement mourir.

XXXIX *Le conducteur de l'armee Françoise,*
       Cuidant perdre le principal phalange,
       Par sus pavé de l'avaigne & d'ardoise,
       Soy parfondra par Gennes gent estrange.

XL   *Dedans tonneaux hors oingts d'huile & greffe*
       Seront vingt un devant le port fermez,
       Au second guet par mort feront prouesse,
       Gaignez les portes, & du guet assommez.

XLI   *Les os des pieds & des mains enserrez,*
       Par bruit maison Long temps inhabitee,
       Seront par songes concavant deterrez,
       Maison salubre & sans bruit habitee.

XLII   *Deux de poisson saisis nouveaux venus,*
       Dans la cuisine du grand Prince verser,
       Par le soüillard tous deux au faict cogneus,
       Prins qui cuidoit de mort l'aisné vexer.

CENTURIE VIII

I   *Pau, nay, Loron plus feu qu'à san sera,*
       Laude nager, fuir grand aux surrez:
       Les agassas entree refusera,
       Pampon, Durance les tiendra enserrez.

XXXVI Dios, el cielo, todo el verbo Divino en la onda,
Llevado por siete ruines rojos a Bizancio,
Contra los ungidos trescientos de Trebisonda
Dos leyes darán horror, después creencia.

XXXVII Diez enviados, jefe de nave meter a muerte,
Por uno advertido, en el ejército guerra abierta
Confusión jefe, uno se pincha y muerde,
Lerin, stecadas naves, jefe en la nerte.

XXXVIII El primogénito Real sobre corcel volteando,
Acabará excitado de tan duro correr,
Boca, labios belfos, pie del estribo colgando
Arrastrado, tirado, horriblemente morir.

XXXIX El conductor del ejército Francés,
Deseando perder la principal falange,
Por encima del solado de roca y pizarra,
Afondará por Génova gente extranjera.

XL Dentro de toneles por fuera untados de aceite y grasa
Serán veintiuno ante el puerto cerrado,
A la segunda ronda por muerte harán proeza,
Ganadas las puertas, y los de la ronda muertos.

XLI Los huesos de los pies y de las manos apretados,
Por ruido mucho tiempo casa deshabitada,
Serán por sueños hurgando desenterrados,
Casa salubre y sin ruido habitada.

XLII Dos de los peces capturados por los recién venidos,
En la cocina del gran Príncipe entregar,
Por el tiznado los dos al hecho conocidos,
Preso quien deseaba al primogénito matar.

CENTURIA VIII

I Po, nacido, Loron más fuego que a sangre será,
El Aude nadar, escapar el grande a los seguidores:
Los hostigará y rechazará su ingreso,
Pamplona, Duranza los tendrá presos.

II *Condon & aux & autor de Mirande*
   Ie voy du ciel feu qui les environne:
   Sol Mars conioint au Lyon, puis Marmande
   Foudre, grand gresle, mur tombe dans Garonne.

III *Au fort chateau de Vigilanne & Resviers*
   Sera serré le puisnay de Nancy:
   Dedans Turin seront ards les premiers
   Lors que de dueil Lyon sera transy.

IV *Dedans Monech le Coq sera receu,*
   Le Cardinal de France apparoistra
   Par legation Romain sera deceu
   Foiblesse à l'Aigle, & force au Coq naistra.

V *Apparoistra temple luisant orné,*
   La lampe & cierge à Borne & Bretueil.
   Pour la Lucerne le canton destorné,
   Quand on verra le grand Coq au cercueil.

VI *Clarté fulgure à Lyon apparante*
   Luysant, print Malte, subit sera estainte:
   Sardon, Mauris traitera decevante,
   Geneve à Londres à Coq trahison fainte.

VII *Verceil, Milan donra intelligence*
   Dedans Tycin sera faite la playe.
   Courir par Seine eau, sang, feu par Florence,
   Unique choix d'hault en bas faisant maye.

VIII *Pres de Linterne, dans de tonnes fermez,*
   Chiuaz fera pour l'Aigle la menee,
   L'esleu cassé luy ses gens enfermez,
   Dedans Tutin rapt espouse emmenee.

IX *Pendant que l'Aigle & le Coq à Savone*
   Seront unis, Mer, Levant & Ongrie,
   L'armee à Naples, Palerme, Marque d'Ancone
   Rome, Venise par Barbe horrible crie.

II Perdón y aguas y autor de Miranda
    Yo veo del cielo fuego que los envuelve:
    Sol Marte unido al León, después Marmanda
    Rayo, gran pedrisco, muro cae en el Garona.

III En el castillo fortificado de Vigilance y Resviers
    Será encerrado de Nancy el neonacido:
    Dentro de Turín serán quemados los primeros
    Cuando de luto Lyón sea transido.

IV Dentro de Monech el Gallo será recibido,
    El Cardenal de Francia aparecerá
    Por la legación Romana será engañado
    Debilidad al Águila y fuerza al Gallo nacerá.

V   Aparecerá templo reluciente adornado,
    La lámpara y el cirio en Borne y Breteuil,
    Por Lucerna el cantón desviado,
    Cuando el gran Gallo en el féretro se vea.

VI Claridad fulgurante en Lyón compareciente,
    Brillante, Malta ocupada, improvisamente será apagada:
    Sardos, Moriscos tratará burlándolos,
    Ginebra a Londres a Gallo traición fingida.

VII Vercelli, Milán dará inteligencia
    Dentro de Tycin será hecho el daño.
    Correr por el Sena agua, sangre, fuego por Florencia,
    Única opción de arriba abajo haciendo fuelle.

VIII Cerca de Linterna, en toneles cerrados,
    Chivaz hará por el Águila la intriga,
    El elegido quebrantado, él, sus gentes encerradas,
    Dentro de Turín rapto esposa llevada.

IX Mientras el Águila y el Gallo en Savona
    Estén unidos, Mar, Levante y Hungría,
    El ejército en Nápoles, Palermo, Marca de Ancona,
    Roma, Venecia, por Barba horrible grita.

X *Puanteur grande sortira de Lausanne,*
   Qu'on ne sçaura l'origine du fait:
   Lon mettra hors toute la gent loingtaine,
   Feu veu au ciel, peuple estranger desfait.

XI *Peuple infiny paroistra à Vicence*
    Sans force, feu brusler la basilique:
    Pres de Lunage desfait grand de Valence,
    Lors que Venise par morte prendra pique.

XII *Apparoistra aupres de Buffalore*
     L'haut & procere entré dedans Milan,
     L'abbé de Foix avec ceux de Sainct Morre
     Feront la forbe habillez en vilan.

XIII *Le croisé frere par amour effrenee*
      Fera par Praytus Bellorophon mourir,
      Classe à mil ans la femme forcenee
      Beu le breuvage, tous deux apres perir.

XIV *Le grand credit d'or & d'argent l'abondance*
     Fera aveugler par libide l'honneur
     Sera cogneu d'adultère l'offence,
     Qui parviendra à son grand deshonneur.

XV *Vers Aquilon grands efforts par hommasse*
    Presque l'Europe & l'univers vexer,
    Les deux eclyses mettra en telle chasse,
    Et aux Pannons vie & mort renforcer.

XVI *Au lieu que Hieron feit sa nef fabriquer*
     Si grand deluge sera & si subite,
     Qu'on n'aura lieu ne terres s'ataquer,
     L'onde monter Fesulan Olympique.

XVII *Les bien aisez subit seront desmis,*
      Par les trois freres le monde mis en trouble:
      Cité marine saisiront ennemis,
      Faim, feu, sang, peste, & de tous maux le double.

X   Hedor grande emanará de Lausana,
Que no se sabrá el origen del hecho:
Se echará fuera la gente lejana,
Fuego visto en el cielo, derrotado pueblo extranjero.

XI   Pueblo infinito aparecerá en Vicenza,
Sin fuerza, fuego quemar la basílica:
Cerca de Lunage derrotado grande de Valence,
Cuando Venecia por muerte tome pica,

XII   Aparecerá cerca de Buffalore
El alto y prócer que entró en Milán,
El abate de Foix con los de San Morre,
Harán bribonadas vestidos de truhán.

XIII   EL cruzado hermano por amor desenfrenado
Hará por Preto a Bellerofón morir,
Mesnadas de mil años la mujer furiosa
Bebe el brebaje, los dos luego perecer.

XIV   El gran crédito de oro y de plata en abundancia
Ofuscará por libido el honor;
Será conocida de adulterio la ofensa,
Que llevará a su gran dehonor.

XV   Hacia Aquilón grandes esfuerzos por masas de hombres
Casi Europa y el universo vejar,
Las dos Iglesias pondrán en tal aprieto,
Y a los Panonios vida y muerte reforzar.

XVI   En el lugar en que Hierón hizo su nave fabricar,
Tan gran diluvio habrá y tan súbito,
Que no habrá lugar ni tierras refugiarse,
La onda llegará hasta el Fesulano Olímpico.

XVII   Los acaudalados pronto serán desposeídos,
Por los tres hermanos el mundo será turbado:
Los enemigos apresarán ciudad marina,
Hambre, fuego, sangre, peste y el doble de todos los males.

XVIII *De Flore issue de sa mort sera cause,*
Un temps devant par ieusne & vieille bueyre
Par les trois lys luy feront telle pause,
Par son fruit fauve comme chair crue mueyre.

XIX *A soustenir la grand cappe troublee,*
Pour l'esclaircir les rouges marcheront,
De mort famille sera presque accablee,
Les rouges rouges le rouge assommeront.

XX *Le faux message par election fainte*
Courir par urben rompue pache arreste,
Voix acheptees, de sang chapelle tainte,
Et à un autre l'empire contraicte.

XXI *Au port de Agde trois fustes enteront*
Portant l'infect, noy foy, & pestilence,
Passant le pont mil milles embleront,
Et le pont rompre à tierce resistance.

XXII *Gorsan, Narbonne, par le sel advertir*
Tucham, la grace Parpignan trahie,
La ville rouge n'y voudra consentir,
Par haute vol drap gris vie faillie.

XXIII *Lettres trouvees de la Royne les coffres,*
Point de subscrit sans aucun nom d'auteur:
Par la police seront cachez les offres,
Qu'on ne sçaura qui sera l'amateur.

XXIV *Le lieutenant à l'entree de l'huys*
Assomera le grand de Parpignan,
En se cuidant sauver à Montpertuis,
Sera deceu bastard de Losignan.

XXV *Coeur de l'amant ouvert d'amour fertive*
Dans le ruisseau fera ravir la Dame:
Le demy mal contrefera lassive,
Le pere à deux privera corps de l'ame.

XVIII Nacido de Flora de su muerte será causa,
       Algún tiempo antes por joven y vieja boyera,
       Con los tres lises le harán tal pausa,
       Por su fruto silvestre como carne cruda y madura.

 XIX   Para sostener la gran capa empañada,
       Para aclararla los rojos se acudirán,
       La familia, de muerte será casi oprimida,
       Los rojos al rojo matarán.

  XX   El falso mensaje por la elección fingida
       Correr por la ciudad destrozada, esperanza perdida,
       Voces aceptadas, de sangre capilla teñida,
       Y a otro el imperio entregado.

 XXI   En el puerto de Agde tres fustas entrarán
       Llevando infección, no fe, y pestilencia,
       Pasando el puente mil millares temblarán,
       Y el puente romper a tercera resistencia.

 XXII Gorsan, Narbona, por la sal advertir
       Tuchan, la gracia Perpignan traicionada,
       La ciudad roja no querrá consentir,
       Por gran hurto paño gris vida frustrada.

XXIII Cartas halladas en los cofres de la Reina,
       Nada de firma ni ningún nombre de autor:
       Por la policía serán escondidos los regalos,
       Y no se sabrá quién sea el amador.

XXIV   El lugarteniente en la entrada del portal,
       Atacará al grande de Perpignan,
       E intentando salvarse en Montpertuis,
       Será burlado el bastardo de Losignan.

 XXV   Corazón del amante abierto de encendido amor
       En el arroyo embelesará a la Dama:
       El medio mal falseará cansada,
       El padre a los dos privará cuerpos del alma.

XXVI	*De Caton es trouvez en Barcelonne,*
	Mys descouvers lieu terrovers & luyne,
	Le grand qui tient ne tient voudra Pamplonne,
	Par l'abbage de Monferrat bruyne.

XXVII	*La voye auxelle l'un sur l'autre fornix*
	Du muy deser hors mis brave et genest,
	L'escript d'Empereur de Phenix
	Uru à celuy ce qu'à nul autre n'est.

XXVIII	*Les simulacres d'or & d'argent enflez,*
	Qu'apres le rapt au feu furent iettez,
	Au descouvert estaincts tous & troublez,
	Au marbre escript, perscript interiettez.

XXIX	*Au quart pillier l'on sacre à Saturne,*
	Par tremblant terre & deluge fendu
	Soubs l'edifice Saturnin trouvee urne,
	D'or Capion ravy & puis rendu.

XXX	*Dedans Tholoze non loing de Beluzer,*
	Faisant un puys loing, palais d'espectacle
	Thresor trouvé, un chacun ira vexer,
	Et en deux locz tout & pres de l'usacle.

XXXI	*Premier grand fruict le Prince de Persquiere,*
	Mais puis viendra bien & cruel malin,
	Dedans Venise perdra sa gloire fiere,
	Et mis à mal par plus ioyce Celin.

XXXII	*Garde toy Roy Gaulois de ton nepveu,*
	Qui fera tant que ton unique fils
	Sera meurtry à Venus faisant voeu,
	Accompagné de nuict que trois & six.

XXXIII	*Le grand naistra de Veronne & Vincence,*
	Qui portera un surnom bien indigne:
	Qui à Venise voudra faire vengeance,
	Luy mesme prins homme du guet & signe.

XXVI	De Catón es hallado en Barcelona,
	Puesto en abierto lugar, pedroso y alejado,
	El grande que tiene y no tiene querrá Pamplona,
	Por el abadiato de Montferrat neblina.

XXVII	La senda por la que el uno sobre el otro carnalmente peca
	Echado fuera del más desierto atrevido y agallado:
	El escrito del Emperador de Fénix
	Uru a quien nada es para ninguno.

XXVIII	Los simulacros de oro y de plata inflad,
	Que tras el rapto al fuego fueron arrojados,
	Al descubierto todos extintos y enturbiados,
	En el mármol inscrito, prescripto interponed.

XXIX	En la cuarta columna se consagra a Saturno,
	Por tierra temblante y diluvio partido
	Bajo el edificio Saturnino encontrada urna,
	De oro Capion contento y luego rendido.

XXX	Dentro de Toulouse, no lejos de Beluzer,
	Abriendo un pozo lejos, palacio de espectáculo,
	Tesoro hallado, cada uno irá a contrariar,
	Y en dos lugares muy cerca del templo.

XXXI	Primer gran fruto el Príncipe de Persquiere,
	Pero luego vendrá un muy cruel maligno,
	En Venecia perderá su ufana gloria,
	Y malquistado por el más alegre Celino.

XXXII	Guárdate, Rey Galo, de tu sobrino,
	Que hará tanto que tu único hijo
	Sea maltratado a Venus voto haciendo,
	Acompañado de noche que tres y seis.

XXXIII	El grande nacerá de Verona y de Vicenza,
	Que llevará un sobrenombre muy indigno:
	Quien en Venecia quiera tomar venganza,
	El mismo tomado hombre de acecho y signo.

XXXIV   *Apres victoire du Lyon au Lyon*
Sus la montagne de Ivra Secatombe,
Delves & brodes septiesme million,
Lyon, Ulme à Mausol mort & tombe.

XXXV   *Dedans l'entree de Garonne & Bayse,*
Et la forest non loing de damazan,
Du marsaves gelees, puis gresle & bize
Dordonnois gelle par erreur de Mezan.

XXXVI   *Sera commis conte oindre aduché*
De Saulne & sainct Aulbin & Bel l'oeuvre
Paver de marbre de tours loing espluche
Non bleteran resister & chef d'oeuvre.

XXXVII   *La forteresse aupres de la Tamise*
Cherra par lors, le Roy dedans serré,
Aupres du pont sera veu en chemise
Un devant mort, puis dans le fort barré.

XXXVIII   *Le Roy de Bloys dans Avignon regner,*
Une autre fois le peuple emonopolle,
Dedans le Rosne par mer fera baigner
Iusques à cinq le dernier pres de Nolle.

XXXIX   *Qu'aura esté par Prince Bizantin,*
Sera tollu par Prince de Tholouse:
La foy de Foix par le chef Tholentin
Luy faillira, ne refusant l'espouse.

XL   *Le sang du Iuste par Taurer la daurade,*
Pour se venger contre les Saturnins
Au nouveau lac plongeront la maynade,
Puis marcheront contre les Albanins.

XLI   *Esleu sera Renard ne sonnant mot,*
Faisant le saint public vivant pain d'orge,
Syrannisera pres tant à un coq,
Mettant à pied des plus grands sur la gorge.

XXXIV Después de la victoria del León sobre Lyón,
En la montaña de Ivra Secatumba,
Delves y Brodes séptimo millón,
Lyón, Ulme en Mansol muerte y tumba.

XXXV En la entrada del Garona y del Bayse,
Y la floresta no lejos de Damazán,
Campos helados, después granizo y viento frío
Hielo en la Dordonia por error de Mezán.

XXXVI Será encargado Conde ungir proclamado
De Saulne y Santalbino y Bel la obra
Pavimentar mármol de torres mira a lo lejos,
No podrán resistir y obra maestra.

XXXVII La fortaleza cerca del Tamise
Caerá por aquel entonces, el Rey allí encerrado,
Junto al puente se le verá en camisa
Uno delante muerto, después dentro del fuerte atrincherado.

XXXVIII El Rey de Blois en Aviñón reinará,
Otra vez el pueblo en monopolio,
En el Ródano por mar hará bañar
Hasta cinco, el último cerca de Nolle.

XXXIX El que haya estado por Príncipe Bizantino,
Será echado por Príncipe de Toulouse:
La fe de Foix por el jefe Tolentino
Le fallará, no rehusando la esposa.

XL La sangre del Justo por Taurer la dorada,
Para vengarse de los Saturninos
En el nuevo lago sumergirán la mesnada,
Luego irán contra los Albaninos.

XLI Elegido será Renard sin decir palabra,
Haciendo pública penitencia, viviendo de pan de cebada,
Tiranizará duramente casi como un gallo,
Poniendo el pie en la garganta de los más grandes.

XLII *Par avarice, par force & violence*
Viendra vexer les siens chefs d'Orleans,
Pres sainct Memire assault & resistance,
Mort dans sa tante diront qu'il dort leans.

XLIII *Par le decide de deux choses bastards,*
Nepveu du sang occupera le regne,
Dedans lectoyre seront les coups de dards,
Nepveu par pleur pleira l'enseigne.

XLIV *Le procrée naturel d'Ogmion,*
De sept à neuf du chemin destorner
A roy de longue & amy aumy hom,
Doit à Navarre fort de Pau prosterner.

XLV *La main escharpe & la iambe bandee,*
Longs puis nay de Calais portera,
Au mot du guet la mort sera tardee,
Puis dans le temple à Pasques saignera.

XLVI *Pol mensolee mourra trois lieues du rosne,*
Fuis les deux prochains tarasc destrois:
Car Mars fera le plus horrible trosne,
De coq & d'aigle de Grance freres trois.

XLVII *Lac Trasmenien portera tesmoignage,*
Des coniurez sarez dedans Perouse,
Un despolle contrefera le sage,
Tuant Tedesq le sterne & minuse.

XLVIII *Saturne en Cancer, Iupiter avec Mars,*
Dedans Fevrier Caldondon salvaterre:
Sault Castallon assailly de trois pars,
Pres de Verbiesque conflit mortelle guerre.

XLIX *Satur au beuf ioue en l'eau, Mars en fleiche,*
Six de Février mortalité donra,
Ceux de Tardaigne à Bruge si grand breche
Qu'à Ponteroso chef Barbarin mourra.

XLII Por avaricia, por fuerza y violencia
Vejará a los suyos el jefe de Orleans,
En San Memir asalto y resistencia,
Muerto en su tienda que en ella duerme diván.

XLIII Por la decisión de dos cosas bastardas,
Nieto de sangre ocupará el reino,
Dentro del lictorio serán los golpes de los dardos,
Nieto con llanto arriará la enseña.

XLIV El procreado natural de Ogmión,
De siete a nueve del camino desviado
A rey de mucho y amy aumy hom,
Debe a Navarra fuerte de Pau prosternar.

XLV La mano escarpiada y la pierna vendada,
Lejos después cerca de Calais llevará,
A la consigna de orden la muerte será aplazada,
Después en el templo por Pascua sangrará.

XLVI Pol Mensole morirá a tres leguas del Ródano,
Huye las dos próximas tarascas destruidas:
Porque Marte hará el más horrible trono,
De gallo y de águila de Grancia tres hermanos.

XLVII El lago Trasimeno dará testimonio,
Algunos conjurados estarán en Perusa,
Uno de ellos se fingirá juicioso,
Y matará al Tedesco golpeando el esternón y el rostro.

XLVIII Saturno en Cáncer, Júpiter con Marte,
Dentro de Febrero Caldondon salvatierra:
Asaltado Castulón atacado por tres partes,
Cerca de Verbiesque conflicto mortal guerra.

XLIX Saturno en buey juega en el agua, Marte en flecha,
Seis de Febrero mortandad traerá,
Los de Cerdeña en Brujas tan gran brecha
Que en Ponteroso jefe Barbarino morirá.

L   *La pestilence l'entour de Capadille,*
Une autre faim pres de Sagon s'apreste:
Le chevalier bastard de bon senille,
Au grand de Thunes fera trancher la teste.

LI *Le Bizantin faisant oblation,*
Apres avoir Cordube à soy reprinse:
Son chemin long repos pamplation;
Mer passant proy par la Golongna prinse.

LII *Le Roy de Bloys dans Avignon regner,*
D'Amboise & seme viendra le long de Lyndre
Ongle à Poytiers sainctes aisles ruiner
Devant Boni... (vers incomplet)

LIII *Dedans Bologne voudra laver ses fautes,*
Il ne pourra au temple du soleil,
Il volera faisant choses si haultes,
En hiérarchie n'en fut oncq un pareil.

LIV *Soubs la couleur du traicte mariage,*
Fait magnanime par grand Chyren Selin,
Quintin, Arras recouvrez au voiage
D'espagnols fait second banc macelin.

LV *Entre deux fleuves se verra enserré,*
Tonneaux & caques unis à passer outre,
Huict ponts rompus chef a tant enserré,
Enfans parfaicts son iugulez en coultre.

LVI *La bande foible le terre occupera*
Ceux du hault lieu feront horribles cris,
Le gros troupeau d'estre coin troublera,
Tombe pres D. nebro descouvers les escris.

LVII *De soldat simple parviendra en empire,*
De robe contre parviendra à la longue
Vaillant aux armes en eglise ou plus pyre,
Vexer les prestres comme l'eau fait l'esponge.

L   La pestilencia alrededor de Capadil,
Otra hambre cerca de Sagón se apresta:
El caballero bastardo de buen anciano,
Al grande de Túnez hará cortar la testa.

LI   El Bizantino haciendo oblación,
Después de haber vuelto a tomar para sí Córdoba:
Su camino largo descanso tomado,
Mar pasando proa por Golongna ocupada.

LII   El Rey de Bloys en Aviñón reinará,
De Amboise y semilla vendrá a lo largo del Indre
Uña en Poitiers, santas alas arruinadas
Delante de Boni... (verso incompleto).

LIII   En Bolonia querrá lavar sus yerros,
No podrá en el templo del sol,
Volará haciendo cosas tan altas,
En jerarquía no hubo otro igual.

LIV   Bajo el color del pacto matrimonio,
I lecho magnánimo por el gran Chirén Selín,
Quintín, Arras recobrado en el viaje
De españoles hecha segunda gran matanza.

LV   Entre dos ríos se verá encerrado,
Toneles y barricas unidos para más allá pasar,
Ocho puentes rotos, jefe tan endurecido,
Niños perfectos son degollados con cuchillo.

LVI   El bando débil la tierra ocupará
Los del alto lugar proferirán horribles gritos,
El gran rebaño de seres a un lado estorbará,
Tumba cerca de D. nebro descubiertos los escritos.

LVII   De simple soldado llegará al imperio,
De vestido corto llegará al largo,
Valiente en la guerra, muy malo con la Iglesia,
Estrujar a los sacerdotes como con el agua hace la esponja.

LVIII *Regne en querelle aux freres divisé,*
Prendre les armes & le nom Britanique,
Tistre Anglican sera tard advisé,
Surprins de nuict mener à l'air Gallique.

LIX *Par deux fois hault, par deux fois mis à bas*
L'orient aussi l'occident foiblira
O on adversaire apres plusieurs combats,
Par mer chassé au besoing faillira.

LX *Premier en Gaule, premier en Romanie,*
Par mer & terre aux Angloys & Paris
Merveilleux faits par celle grand mesnie
Violant terax perdra le Norlaris.

LXI *Iamais par le decouvrement du iour*
Ne parviendra au signe sceptrifere
Que tous ses sieges ne soient en seiour,
Portant au coq don du Tao armifere.

LXII *Lors qu'on verra expiler le saint temple,*
Plus grand du rosne leurs sacrez prophaner
Par eux naistra pestilence si ample,
Roy fuit iniuste ne fera condamner.

LXIII *Quand l'adultere dlessé sans coup aura*
Meurdry la femme & le fils par despit,
Femme assoumee l'enfant estranglera:
Huict captifs prins, s'estouffer sans respit.

LXIV *Dedans les Isles les enfans transporterez,*
Les deux de sept seront en desespoir,
Ceux du terroüer en seront suppertez,
Nom, pelle prins des ligues fuy l'espoir.

LXV *Le vieux frusté du principal espoir,*
Il parviendra au chef de son empire:
Vingt mois tiendra le regne à grand pouvoir,
Tiran, cruel en delaissant un pire.

LVIII   Reino en querella a los hermanos dividido,
        Tomar las armas y el nombre Británico,
        Título Anglicano será tarde colacionado,
        Sorprendido de noche conducir al aire Galo.

LIX   Por dos veces arriba, por dos veces abajo
        El oriente, y también el occidente, desfallecerá
        Y cada adversario después de varios combates,
        Por mar barrido de necesidad fallecerá.

LX   Primero en Galia, primero en Romanía,
        Por mar y tierra a los Anglos y París
        Maravillosos hechos por esta gran mesnada
        Violando tierras perderá el Norlaris.

LXI   Nunca por el descubrimiento del día
        Llegará al signo cetrífero
        Que todas sus sedes no sean estadía
        Llevando al gallo don del Tao armífero.

LXII   Cuando se vea el templo santo expoliar,
        Más grande que el Ródano sus sagrados profanar
        Por ellos nacerá pestilencia tan ancha,
        Rey huido, injusto, no hará condenar.

LXIII   Cuando el adúltero improvisadamente abandonado habrá
        Heridos la esposa y el hijo por despecho,
        Mujer desmayada al niño estrangulará:
        Ocho cautivos hechos, degollarse sin respiro.

LXIV   A las islas los niños serán transportados,
        Los dos de siete estarán desesperados,
        Los de la campiña serán soportados,
        Nombre, piel, presos de las ligas, desvanecida la esperanza.

LXV   El viejo frustrado en su principal esperanza,
        Llegará a jefe de su imperio:
        Veinte meses tendrá el reino en gran poder,
        Tirano, cruel que dejará otro peor.

| LXVI | *Quand l'escriture D.M. trouvee,*
Et cave antique à lampe descouverte,
Loy, Roy & Prince Ulpian esprouvee,
Pavillon Royne & Duc sous la couverte. |

| LXVII | *Par. Car. Nersaf, è ruine grand discorde,*
Ne l'un ne l'autre n'aura election,
Nersaf du peuple aura amour & concorde,
Ferrare, Colonne grande protection. |

| LXVIII | *Vieux Cardinal par le ieune deceu,*
Hors de sa charge se verra desarmé,
Arles ne monstres, double soit aperceu,
Et liqueduct & la Prince embausmé. |

| LXIX | *Aupres de ieune le vieux ange baisser,*
Et le viendra surmonter à la fin:
Six ans esgaux aux plus vieux rabaisser,
De trois deux l'un huictiesme seraphin. |

| LXX | *Il entrera vilain, meschant infame*
Tyrannisant la Mesopotamie
Tous amis fait d'adulterine dame,
Terre horrible noir de phisonomie. |

| LXXI | *Croistra le nombre si grand des astronomes,*
Chassez, bannis & livres censurez,
L'an mil six cens sept par sacre glomes
Que nul aux sacres ne seront asseurez. |

| LXXII | *Cham Perusin ô l'enorme desfaite*
Et le conflit tout aupres de Ravenne,
Passage sacré lors qu'on fera la feste,
Vainqueur vaincu cheval manger l'avenne. |

| LXXIII | *Soldat Barbare le grand Roy frappera,*
Iniustement non eslongné de mort
L'avare mere du fait cause sera
Coniuratur & regne en grand remort. |

| LXVI | Cuando la escritura D.M. sea hallada,
Y una caverna descubierta a la luz de una lámpara,
Ley, Rey y Príncipe Ulpián testificados,
Pabellón Reino y Duque bajo cubierta. |

| LXVII | Par. Car. Nersaf, hay ruina y gran discordia,
Ni uno ni otro tendrá elección,
Nersaf del pueblo tendrá amor y concordia,
Ferrara, Colonia gran protección. |

| LXVIII | Viejo Cardenal por el joven engañado,
Fuera de su cargo se verá desarmado,
Arlés no muestras, doble sea apercibido.
Y el licueducto y el Príncipe embalsamado. |

| LXIX | Cerca del joven el viejo ángel bajar,
Y le vendrá a coronar al fin:
Diez años iguales al más viejo rebajar,
De tres, dos, uno, octavo serafín. |

| LXX | Entrará villano, mezquino, infame
Tiranizando la Mesopotamia
Todos amigos hecho de adulterina dama,
Tierra horrible negro de fisonomía. |

| LXXI | Crecerá el número tan grande de astrónomos,
Expulsados, proscritos y libros censurados,
El año mil seiscientos siete con una consagración
Que nadie en lo sagrado estará asegurado. |

| LXXII | Cam Perusino, ¡Oh, la tremenda derrota!
Y el conflicto muy cerca de Ravena,
Paso sagrado cuando tenga lugar la fiesta.
Vencedor vencido, caballo comer la avena. |

| LXXIII | Soldado Bárbaro el gran Rey golpeará,
Injustamente no lejano de la muerte
La madre avara del hecho será causa
Conjurador y reino en gran remordimiento. |

LXXIV En terre neusve bien avant Roy entré,
       Pendant subjets lui viendront faire acueil,
       Sa perfidie aura tel rencontré
       Qu'aux citadins lieu de feste & recueil.

LXXV   Le père & fils seront meurdris ensemble
       Le persecteur dedans son pavillon
       La mere à Tours du fils ventre aura enfle,
       Cache verdure de fueilles papillon.

LXXVI Plus Macelin que roy en Angleterre
       Lieu obscur nay par force aura l'empire:
       Lasche sans foy sans loy saignera terre,
       Son temps s'aproche si pres que ie souspire.

LXXVII L'antechrist trois bien tost annichilez,
       Vingt & sept ans sang durera sa guerre,
       Les heretiques morts, captifs exilez,
       Sang, corps humain, eau rogie, gresler terre.

LXXVIII Un Braganas avec la langue torte
        Viendra des dieux le sanctuaire,
        Aux heretiques il ouvrira la porte
        En suscitant l'eglise militaire.

LXXIX Qui par fer pere perdra nay de Nonnaire,
       De Gorgon sur la sera sang perfetant
       En terre estrange fera si tout de taire,
       Qui bruslera luy mesme & son enfant.

LXXX   Des innocens le sang de vefve & vierge,
       Tant de maux faits par moyen se grand Roge,
       Saints simulachres trempez en ardant cierge,
       De frayeur crainte ne verra nul que boge.

LXXXI Le neuf empire en desolation,
       Sera changé du pole aquilonaire,
       De la Sicile viendra l'esmotion
       Troubler l'emprise à Philip, tributaire.

LXXIV En tierra extraño mucho antes que el
       Rey entrado, En tanto, que súbditos lo acogerán,
       Su perfidia a un cierto habrá encontrado,
       Que lugar de fiesta y recocimiento para la ciudad.

LXXV   El padre y el hijo serán muertos a la vez
       El perseguidor dentro de su pabellón.
       La madre en Tours del hijo vientre tendrá hinchado,
       Esconde verdura de hojas mariposa.

LXXVI Más Carnicero que rey en Inglaterra,
       Lugar oscuro nacido con la fuerza tendrá el imperio:
       Cobarde sin te ni ley desangrará la tierra,
       Su tiempo está tan cerca que yo suspiro.

LXXVII El Anticristo tres bien pronto aniquilado,
       Veintisiete años sangre durará su guerra,
       Los heréticos muertos, cautivos exiliados,
       Sangre, cuerpos humanos, agua enrojecida, salpicada tierra.

LXXVIII Un Braganas con la lengua torcida
        Vendrá de los dioses el santuario,
        A los heréticos abrirá la puerta
        Suscitando la iglesia militar.

LXXIX Quien a hierro padre perderá nacido de Nonagenario,
       Sobre la de Gordón será sangre manante
       En tierra extraña hará que todo calle,
       Y se quemará a sí mismo y a su hijo.

LXXX   De los inocentes la sangre de viuda y virgen,
       Tantos males hechos por medio del gran Rojo,
       Santos simulacros templados en ardiente cirio,
       De horror, miedo, no verá a nadie que se mueva.

LXXXI El nuevo imperio en desolación,
       Será trocado del polo aquilonario,
       De Sicilia vendrá la emoción
       Turbar la empresa a Felipe, tributario.

LXXXII *Ronge long, sec faisant du bon valet,*
A la parfin n'aura que son congie,
Poignant poyson, & lettres au collet
Sera saisi eschappé en dangie.

LXXXIII *Le plus grand voile hors du port de Zara,*
Pres de Bisance fera son entreprise,
D'ennemy perte & l'amy ne sera
Le tiers à deux fera grand pille & prinse.

LXXXIV *Paterne orra de la Sicille crie,*
Tous les aprests du goulphre de Trieste,
Qui s'entendra iusque à la Trinacrie,
De tant de voiles fuy, fuy l'orrible peste.

LXXXV *Entre Bayonne & à sainct Iean de Lux*
Sera posé de Mars la promotoire
Aux Hanix d'Aquilon Nanar hostera lux,
Puis suffoqué au lict sans adiutoire.

LXXXVI *Par Arniani Tholoser Ville Franque,*
Bande infinie par le mont Adrian,
Passe riviere, Hutin par pont la planque
Bayonne entres tous Bichoro criant.

LXXXVII *Mort conspiree viendra en plein effect,*
Charge donnee & voyage de mort
Esleu, crée, receu par siens deffait.
Sang d'innocence devant foy par remort.

LXXXVIII *Dans la Sardaigne un noble Roy viendra,*
Qui ne tiendra que trois ans le Royaume,
Plusieurs couleurs avec soy conioindra,
Luy mesme apres soin sommeil marrit scome.

LXXXIX *Pour no tomber entre mains de son oncle,*
Qui ses enfans par regner trucidez,
Orant au peuple mettant pied sur Peloncle
Mort et traisné entre chevaux bardez.

| LXXXII | Larga roedura, seco, haciendo buen criado,
Al fin le habrán despedido,
Mortal veneno y cartas en el cuello
Será cogido escapado al peligro. |

| LXXXIII | La mayor vela fuera del puerto de Zara,
Cerca de Bizancio hará su empresa,
Del enemigo pérdida y no será el amigo
El tercero a dos hará gran pillaje y presa. |

| LXXXIV | Se oirán los gritos de la Sicilia paterna,
Todos los preparativos del abismo de Trieste,
Resonarán hasta la Trinacria,
De tantas velas huye, huye la terrible peste. |

| LXXXV | Entre Bayona y San Juan de Luz
Será puesto de Marte el promontorio
A los Hanix de Aquilón Nanar quitará luz,
Luego sofocado en la cama sin auditorio. |

| LXXXVI | Por Hernani, Toulouse y Villafranca,
Banda infinita por el monte Adrián,
Pasa el río, Hutín por puente el escondrijo
Bayona entre todos Bichoro gritando. |

| LXXXVII | Muerte conspirada vendrá en pleno efecto,
Carga conferida y viaje de muerte
Electa, creada, plenamente por los suyos recibida,
Sangre de inocencia ante la fe por remordimiento. |

| LXXXVIII | A Cerdeña un noble Rey llegará,
Que sólo tendrá el Reino por tres años,
Muchos colores consigo reunirá,
El mismo diligenciero habiendo perdido el sueño. |

| LXXXIX | Por no caer en manos de su tío,
Que para reinar asesinó a sus hijos,
Rogando al pueblo, puso el pie sobre Pelúnculo,
Muerto y arrastrado entre caballos bardados. |

XC Quand les croisez un trouvé de sens trouble
En lieu du sacre verra un boeuf cornu
Par vierge porc son lieu lors sera comble,
Par Roy plus ordre ne sera sostenu.

XCI Frymy les champs des Rodanes entrees
Ou les croysez seront presque unis,
Les deux brassieres en pisees rencontrees
Et un grand nombre par deluge punis.

XCII Loing hors du regne mis en hazard voyage
Grand ost duyra pour soy l'occupera,
Le Roy tiendra les siens captif ostage
A son retour tout pays pillera.

XCIII Sept mois sans plus obtiendra prelature
Par son decez grand scisme fera naistre:
Sept mois tiendra un autre la preture,
Pres de Venise paix union renaistre.

XCIV Devant le lac où plus cher fut getté
De sept mois, & son ost desconfit
Seront Hyspans par Albannois gastez,
Par delay parte en donnant le conflict.

XCV Le seducteur sera mis à la fosse,
Et estaché iusques à quelque temps,
Le clerc uny le chef avec sa crosse
Pycante droite attaira les contens.

XCVI La Synagogue sterile sans nul fruit
Sera receuë & entre les infideles
De Babylon la fille du porsuit
Misere & triste lui trenchera les aisles.

XCVII Aux fins du Var changer lo Pom potans,
Pres du rivage les trois beaux enfans naistre,
Ruyne au peuple par aage competans
Regne au pays changer plus voir croistre.

XC	Cuando uno de los cruzados se halla con el sentido turbado En lugar sagrado se verá un buey cornudo Por virgen cerdo su lugar, después, será colmado, Ninguna orden del Rey ya no será cumplida.
XCI	Se agitan los campos de las regiones del Ródano Donde los cruzados serán casi unidos, Los dos ejércitos se encontrarán, Y un gran número por el diluvio serán castigados.
XCII	Lejos fuera del reino en viaje peligroso Un grande para sí lo ocupará, El Rey tendrá como rehén a uno de los suyos, Y cuando vuelva todo el país saqueará.
XCIII	Siete meses y no más durará su prelatura Por su muerte gran cisma hará nacer: Siete meses tendrá otro el sacerdocio, Cerca de Venecia paz unión renacer.
XCIV	Ante el lago donde el más caro fue echado De siete meses, y su huésped derrotado Serán los Hispanos vencidos por los Albaneses, A causa de traición en el conflicto.
XCV	El seductor será puesto en la fosa, Y atado durante cierto tiempo, El clero unido, el jefe con su báculo Picante diestra acogerá a los contentos.
XCVI	La Sinagoga estéril sin ningún fruto Será recibida aún entre los infieles De Babilonia la hija del perseguido Mísera y triste le cortará las alas.
XCVII	En la desembocadura del Var cambiar el Pempotam, Cerca de la orilla los tres bellos niños recién nacidos, Ruina al pueblo por edad competente Reino en el país cambiar, luego verlo crecido.

XCVIII   *Des gens d'Eglise sang sera espanché,*
Comme de l'eau en si grande abondance
Et d'un long temps ne sera restanché
Ve ve au clerc ruyne & doleance.

XCIX   *Par la puissance des trois Rois temporels,*
En autre lieu sera mis le sainct siege:
Où la substance de l'esprit corporel,
Sera remis & receu pour vray siege.

C   *Pour l'abondance de l'arme respandue*
De hault en bas par le bas au plus hault
Trop grande foy par ieu vie perdue,
De soif mourir par habondant deffault.

CENTURIE IX

I   *Dans la maison du traducteur de Bourc*
Seront les lettres trouvees sur la table,
Borgne, roux, blanc, chenu tiendra de cours,
Qui changera au nouveau Connestable.

II   *Du hault du mont Aventin voix ouye,*
Vuydez vuidez de tous les deux costez,
Du sang des rouges sera l'ire assomie,
D'Arimin Prato, Columna dehotez.

III   *La magna vaqua à Ravenne grand trouble,*
Conduicts par quinze enserrez à Fornase:
A Rome naistra deux monstres à teste double
Sang, feu, deluge, les plus grand à l'espace.

IV   *L'an ensuyvant descouverts par deluge,*
Deux chefs asleuz, le premier ne tiendra
De fuyr ombre à l'un d'eux le refuge,
Saccagee case qui premier maintiendra.

XCVIII   Sangre de la gente de Iglesia será derramada,
Como agua en extraordinaria abundancia
Y por largo tiempo no será restañada
Se verá la ruina y el dolor del clero.

XCIX   Por el poder de los tres Reyes temporales,
A otro lugar será transferida la santa sede:
Donde la substancia del espíritu corpóreo,
Será repuesta y y recibida por verdadera sede.

C   Por la abundancia de las armas propagadas
De arriba abajo, por lo bajo arriba,
Demasiada gran fe por juego de vida perdida,
Morir de sed por abundante defecto.

CENTURIA IX

I   En la casa del traductor de Bourc
Serán encontradas las cartas sobre la mesa,
Tuerto, pelirrojo, blanco, canoso, el curso aguantará,
Quien cambiará al nuevo Condestable.

II   Desde lo alto del monte Aventino voz oída,
¡Fuera! ¡Marcharos! por entrambas partes,
De la sangre de los rojos la ira será saciada,
De Rimini Prato, Columna socavada.

III   La vaca magna en Ravena, gran turbación,
Conducidos por quince encerrados en Fornase:
En Roma dos monstruos de doble cabeza nacerán
Sangre, fuego, diluvio, los más grandes en el espacio.

IV   Al año siguiente descubiertos por diluvio,
Dos jefes elegidos, el primero no resistirá
De huir sombra para uno de ellos el refugio,
Saquear casilla el que más aguantará.

V   *Tiers doibt du pied au premier semblera*
A un nouveau Monarque de bas haut,
Qui Pyse & Luques Tyran occupera
Du precent corriger le deffaut.

VI   *Par la Guyenne infinité d'Anglois*
Occuperont par nom d'Anglaquitaine,
Du Lanquedoc Ispalme Bourdeloys,
Qu'ils nommeront apres Barboxitaine.

VII   *Qui ouvrira le monument trouvé,*
Et ne viendra le serrer promptement,
Mal luy viendra, & ne pourra prouvé
Si mieux doit estre Roy Breton ou Normand.

VIII   *Puisnay Roy fait son pere mettra à mort,*
Apres conflict de mort tres inhonneste:
Escrit trouvé, soupçon donra remort,
Quand loup chassé pose sur la couchette.

IX   *Quand lampe ardente de feu inextinguible*
Sera trouvé au temple des Vestales,
Enfant trouvé feu, eau passant par crible:
Périr eau Nymes, Tholose cheoir les halles.

X   *Moyne moynesse d'enfant mort exposé,*
Mourir par ourse, & ravy par verrier,
Par Fois & Pamyes le camp sera posé
Contre Tholoze Carcas dresser fourier.

XI   *Le iuste à tort à mort l'on viendra mettre*
Publiquement, & du milieu estaint:
Si grande peste en ce lieu viendra naistre,
Que les iugeans fuyr seront contraints.

XII   *Le tant d'argent de Diane et Mercure,*
Les simulachres au lac seront trouvez:
Le figulier cherchant argille neuve
Luy et les siens d'or seront abbreuvez.

V   Tercer dedo del pie al primero parecerá
A un nuevo Monarca de bajo alto,
Que Pisa y Lucca Tirano ocupará
Del precedente corregir el defecto.

VI   Por la Guyena infinidad de Ingleses
Ocuparán en nombre de Angloaquitania,
De Languedoc Ispalme Bordelais,
Que ellos llamarán después Barboxitania.

VII   Quien abra el monumento hallado,
Y no venga a cogerlo pronto,
Mal le irá y no podrá probar
Si mejor debe ser Rey Bretón o Normando.

VIII   Hijo del Rey causará la muerte de su padre,
Después del conflicto, de muerte muy fraudulenta:
Escrito hallado, sospecha dará remordimiento,
Cuando se ponga a dormir el lobo expulsado.

IX   Cuando lámpara ardiente de fuego inextinguible
Sea encontrada en el templo de las Vestales,
Niño hallado fuego, agua pasando por criba:
Perecer agua Nimes, Toulouse trastornar los mercados.

X   Monje monja de niño muerto expuesto,
Nutrir por una osa, y robado por el porquero,
Por Foix y Pamies el campo será puesto
Contra Toulouse Carcasona preparar trincheras.

XI   Al justo injustamente llevarán a morir
Públicamente, y del medio extinguido:
Tan gran peste en el lugar vendrá a nacer,
Que los jueces se verán obligados a huir.

XII   El rico tesoro de Diana y Mercurio,
Los simulacros en el lago serán hallados:
El alfarero buscando arcilla fresca
Él y los suyos de oro serán colmados.

XIII *Les exilez autour de la Soulongne*
Conduicts de nuict pour marcher à Lauxois,
Deux de Modenne truculent de Bologne,
Mis descouvers par feu de Burançois.

XIV *Mis en planure chauderon d'infecteurs,*
Vin, miel & huyle, & bastis sur fourneaux,
Seront plongez, sans mal dit mal facteurs
Sept. fum. estaint au canon des borneaux.

XV *Pres de Parpan les rouges detenus,*
Ceux du milieu parfondres menez loing:
Trois mis en pieces, & cinq mal soustenus,
Pour le Seigneur & Prelat de Bourgoing.

XVI *De castel Franco sortira l'assemblee,*
L'ambassadeur non plaisant sera scisme:
Ceux de Ribiere seront en la meslee,
Et au grand goulfre desnieront l'entree.

XVII *Le tiers premier pis que ne fit Neron,*
Vuidez vaillant que sang humain respandre:
R'edifier fera le forneron,
Siecle d'or mort, nouveau Roy grand esclandre.

XVIII *Le lys Dauffois portera dans Nansi*
Iusques en Flandres electeur de l'Empire,
Neufve obturee au grand Montmorency,
Hors lieux prouvez delivre à clere peine.

XIX *Dans le milieu de la forest Mayenne,*
Sol au Lyon la foudre tombera,
Le grand bastard yssu du grand du Maine
Ce iour Fougeres pointe en sang entrera.

XX *De nuict viendra par la forest de Reines*
Deux pars vaultore Herne la pierre blanche,
Le moine noir en gris dedans Varennes
Esleu cap, cause tempeste, feu sang tranche.

XIII Los exiliados alrededor de Solonia
      Conducidos de noche para ir a Lauxois,
      Dos de Módena truculento de Bolonia,
      Puestos al descubierto por fuego de Burançois.

XIV   Puesto en llanura calderos de los infectores,
      Vino, miel y aceite, y construidos sobre hornillos,
      Serán inmersos sin maldecir malhechores,
      Sept. fum. apagado con el cañón de los borneros.

XV   Cerca de Parpán los rojos detenidos,
      Los del medio hundidos y llevados lejos:
      Tres despedazados y cinco mal sostenidos,
      Por el Señor y Prelado de Borgoña.

XVI   De castillo Franco saldrá la asamblea,
      El embajador no grato hará cisma:
      Los de Ribiera entrarán en la pelea,
      Y del gran abismo negarán la entrada.

XVII El tercero empezará peor que Nerón hizo,
      Será sólo valiente en sangre humana derramar:
      Reedificar hará la obra en vacío,
      Siglo de oro muerto, nuevo Rey mucho alborotar.

XVIII El lis del Delfín llegará hasta Nancy
      Y hasta Flandes el elector del Imperio,
      Nueva celada al gran Montmorency,
      Fuera de lugares intentad librar a clere peine.

XIX   En medio de la floresta de Mayena,
      El Sol en Leo el rayo caerá,
      El gran bastardo nacido del grande del Maine,
      Aquel día Fougeres punta en sangre entrará.

XX   Vendrá de noche por el bosque de Reines
      Dos partes criado Herne la piedra blanca,
      El monje negro en gris dentro de Varennes
      Elegido cap, causa tempestad, fuego, sangre, degüella.

XXI	*Au temple hault de Bloys sacre Salonne,* *Nuict pont de Loyre, Prelat, Roy pernicant,* *Cuiseur victoire aux marest de la Sone* *D'où prelature de blancs abormeant.*
XXII	*Roy & sa cour au lieu de langue halbe,* *Dedans le temple vis à vis du palais* *Dans le iardin Duc de Mantor & l'Albe,* *Albe & Mantor poignard langue & palais.*
XXIII	*Puisnay ioüant au fresch dessous la tonne,* *Le hault du toict du milieu sur la teste,* *Le pere Roy au temple saint Solonne,* *Sacrifiant sacrera fum de feste.*
XXIV	*Sur le palais au rochier des fenestres* *Seront ravis les deux petits royaux,* *Passer aurelle Luthece, Denis cloistres,* *Nonnain, mallods avaller verts noyaux.*
XXV	*Passant les ponts, venir pres des rosiers,* *Tard arrivé plutost qu'il cuydera,* *Viendront les nouses Espanols à Besiers,* *Qu'a icelle chasse emprinse cassera.*
XXVI	*Nice sortie sur nom des lettres aspres,* *La grande cappe fera present non sien:* *Proche de vultry aux murs de vertes capres* *Apres Plombin le vent à bon essien.*
XXVII	*De bois la garde, vent clos rond pont sera,* *Hault le receu frappera le Dauphin,* *Le vieux teccon bois unis passera,* *Passant plus outre du Duc le droit confin.*
XXVIII	*Voille Symacle port Massiolique,* *Dans Venise port marcher aux Pannons:* *Partir du goulfre & Synus Illyrique,* *Vast à Sicille, Ligurs coups de canons.*

XXI   En el alto templo de Blois sagrado Salonne,
      Noche puente del Loira, Prelado, Rey pernicante,
      Deseoso de victoria en los aguazales del Saona
      De donde prelatura de blancos esquivando.

XXII El Rey y su corte en lugar de gran morada,
      Dentro del templo frente al palacio
      En el jardín el Duque de Mantua y el Alba,
      Alba y Mantor puñal lengua y palacio.

XXIII El joven hijo jugando al fresco bajo la glorieta,
      Lo alto del techo en mitad de la cabeza,
      El padre Rey en el templo Saint Solonne,
      Sacrificando consagrará humo de fiesta.

XXIV En el palacio en las jambas de las ventanas
      Serán raptados los dos pequeños príncipes,
      Los llevarán a Lutecia, claustros de Denis,
      Las monjas les darán a comer nueces verdes.

XXV   Atravesando los puentes llegar a los rosales,
      Tarde llevado más que él cuidará,
      Vendrán los amigos Españoles a Beziers,
      Y en esta caza la empresa fallará.

XXVI Niza salida sobre el nombre de las cartas ásperas,
      La gran capa hará un obsequio no suyo:
      Cerca de Voltri en los muros de verdes alcaparras,
      Después de Plombin el viento en popa.

XXVII Del bosque la guardia, viento cerrado redondo puente será,
      Alto el recibido golpeará al Delfín,
      El viejo salmón bosques unidos pasará,
      Pasando más allá del Conductor el derecho confín.

XXVIII Vela Simacle puerto Masiólico,
      En el puerto de Venecia avanzar hacia Panonia:
      Partir del golfo y Seno Ilírico,
      Asolación en Sicilia, Lígures disparos de cañón.

XXIX *Lors que celuy qu'à nul ne donne lieu,*
Abandonner voudra lieu prins non prins:
Feu nef par saignes, bitument à Charlieu,
Seront Quintin Balez reprins.

XXX *Au port de Puola & de sainct Nicolas,*
Peril Normande au goulfre Phanatique,
Cap. de Bisance rues crier helas,
Secors de Gaddes & du grand philippique.

XXXI *Le tremblement de terre à Mortara,*
Cassich sainct George à demy perfrondrez:
Paix assoupie, la guerre esveillera,
Dans temple à Pasques abysmes enfondrez.

XXXII *De fin phorphire profond collon trouvee,*
Dessouz la laze escripts capitolin:
Os poil retors Romain force prouvee,
Classe agiter au port de Methelin.

XXXIII *Hercules Roy de Rome & d'Annemarc,*
De Gaule trois Guion sernommé,
Trembler l'Itale & l'onde de sainct Marc,
Premier sur tous monarque renommé.

XXXIV *Le part soluz mary mitté,*
Retour conflict passera sur la thuille:
Par cinq cens un trahyr sera filtré,
Narbon & Saulce par contaux avons d'huille.

XXXV *La Ferdinand blonde sera descorte,*
Quitter la fleur, suyure le Macedon:
Au grand besoin defaillira sa routte,
Et marchera contre le Myrmidon.

XXXVI *Un grand Roy prins etre les mains d'un Ioyne,*
Non loing de Pasque confusion coup cultre:
Perpet captifs temps que foudre en la huine,
Lors que trois freres se blesseront & murtre.

XXIX Cuando aquel que a nadie concede tregua,
Abandonar quiera lugar tomado-no-tornado:
Fuego nave por sangres, yermo en Charlieu,
Serán Ouintín y Balez de nuevo ocupados,

XXX En el puerto de Pola y de San Nicolás,
Peligro Normando en el golfo Fanático,
Cap. de Bizancio rutas, ¡ay!, gritar,
Socorros de Gaddes y del gran filípico.

XXXI El temblor de tierra en Mortara,
Cassich San Jorge medio derruido:
Paz amodorrada, despertará la guerra,
Dentro del templo en Pascua abismos hundidos.

XXXII De fino pórfido profundo filón hallado,
Bajo la lastra escritos capitolinos:
Huesos pelos arrancados Romano fuerza probada,
Flota agitar en el puerto de Metelino.

XXXIII Hércules Rey de Roma y Dinamarca,
De Galia tres Guión cognominado,
Temblar Italia y la ola de San Marcos,
Primero sobre todos monarca renombrado.

XXXIV Sólo el par marido será mitrado,
Retorno conflicto pasará por la teja:
Por quinientos un traidor será titulado,
Narbón y Saulce por cuartillos tenemos aceite.

XXXV La Ferdinand rubia será escoltada,
Dejar la flor, sordidez el Macedón:
En la gran necesidad errará el camino,
E irá contra el Mirmidón.

XXXVI Un gran Rey cogido entre las manos de un Ioyne,
No lejos de Pascua confusión cuchillada:
Prisioneros perpetuos tiempo que rayo en la inquina,
Cuando tres hermanos se hieran y homicidio.

XXXVII *Pont & moulins en Decembre versez,*
En si haut lieu montera la Garonne:
Murs, edifice, Tholose renversez,
Qu'on ne sçaura son lieu autant matronne.

XXXVIII *L'entree de Blaye par Rochelle & l'Anglois,*
Passera outre le grand Aemathien,
Non loing d'Agen attendra le Gaulois,
Secours Narbonne deceu par entretien.

XXXIX *En Arbissel à Veront & Carcari,*
De nuict conduicts par Savone attraper,
Le vif Gascon Turby, & la Scerry
Derrier mur vieux & neuf palais griper.

XL *Pres de Quintin dans la forest bourlis,*
Dans l'Abbaye seront Flamans ranchés:
Les deux puisnais de coups my estourdis,
Suitte oppressee & garde tous achés.

XLI *Le grand Chyren soy saisir d'Avignon,*
De Rome lettes en miel plein d'amertume,
Lettre ambassade partir de Chanignon,
Carpentas pris par duc noir rouge plume.

XLII *De Barcelonne, de Gennes & Venise,*
De la Sicile peste Monet unis:
Contre Barbare classe prendront la vise,
Barbar poulsé bien loing iusqu'à Thunis.

XLIII *Proche à descendre l'armee Crucigere*
Sera guettee par les Ismaëlites,
De tous cotez batus par nef Ravier,
Prompt assaillis de dix galeres eslites.

XLIV *Migrés, migrés de Genesue trestous,*
Saturne d'or en fer se changera,
Le contre Raypoz, exterminera tous,
Avant l'advent le ciel signes fera.

XXXVII	Puente y molinos en Diciembre derribados,
	Tan alto subirá el Garona:
	Muros, edificio, Toulouse abatidos,
	Que nadie encontrará su lugar ni la matrona.

XXXVIII La entrada de Blaye por Rochela y el Inglés,
Pasará más allá el gran Emaciano,
No lejos de Agen esperará el Galés
Socorro Narbona defraudada por el coloquio.

XXXIX En Arbissel a Veront y Carcari,
De noche llevado por Savona capturar,
El avispado Gascón Turby, y la Scerry
Detrás del muro viejo y nuevo palacio afectar.

XL Cerca de Quintín, en el bosque espeso,
En la Abadía estarán Flamencos atrincherados:
Los dos hermanos menores, de golpes medio aturdidos,
En seguida oprimidos y guardias todos comprados.

XLI El gran Chirén se apoderará de Aviñón,
De Roma cartas en miel mezcladas de amargura,
Carta embajada partir de Chaniñón,
Carpentras tomado por duque negro de roja pluma.

XLII De Barcelona, de Génova y Venecia,
De la Sicilia peste Monet unidos:
Contra la Bárbara armada apuntará,
Bárbaro empujado muy lejos hasta Túnez.

XLIII Próximo a descender el ejército Crucífero
Será acechado por los Ismaelitas,
Por todas partes batidos por nave Raviera,
Pronto por diez galeras selectas asaltados.

XLIV Migrad, migrad de Ginebra todos,
Saturno de oro en hierro se trocará,
Él contra Raypoz exterminará a todos,
Antes del acontecer el cielo signos hará.

XLV	*Ne sera soul iamais de demander,*
Grand Mendosus obtienda son empire
Loing de la cour fera contremander,
Pymond, Picard, Paris, Tyron le pire.

XLVI	*Vuyder, fuyer de Tholose les rouges,*
Du sacrifice faire piantion,
Le chef du mal dessous l'ombre des courges,
Mort estrangler carne omination.

XLVII	*Les soubz signez d'indigne delivrance,*
Et de la multe auront contre advis:
Change monarque mis en perille pence,
Serrez en cage se verront vis à vis.

XLVIII	*La grand cité d'Occean maritime*
Environnee de marets en christal:
Dans le solstice hyemal & la prime,
Sera tentee de vent espouvantal.

XLIX	*Gand & Bruceles marcheront contre Anvers*
Senat de Londres mettront à mort leur Roy,
Le sel & vin luy seront à l'envers,
Pour eux avoir le regne en desarroy.

L	*Mandosus tost viendra à son haut regne,*
Mettant arriere un peu les Norlaris:
Le rouge blesme, le masle à l'interregne,
Le ieune crainte & frayeur Barbaris.

LI	*Contre les rouges sectes se banderont,*
Feu, eau, fer, corde par paix se minera,
Au point mourir ceux qui machineront,
Fors un que monde sur tout ruynera.

LII	*La paix s'approche d'un costé, & la guerre*
Onçques ne fut la poursuitte si grande,
Plaindre homme, femme, sang innocent par terre,
Et ce sera de France à toute bande.

XLV No se cansará nunca de pedir,
     Gran Mendosus obtendrá su imperio
     Lejos de la corte exigirá,
     Piamonte, Picardía, París, Tirón el peor.

XLVI Abandonad, huid de Toulouse los rojos,
      Del sacrificio haced reparación,
      El caudillo del mar a la sombra de las calabaceras,
      Muerto estrangulado, carne abominación.

XLVII Los subscritos de indigna liberación,
       Y de la multa serán contraavisados:
       Cambio monarca puesto en serio peligro,
       Encerrado en jaula se verán cara a cara.

XLVIII La gran ciudad de Océano marítimo
        Rodeada de almenas de cristal:
        En el solsticio de invierno y primavera,
        Será tentada de viento aterrador.

XLIX Gante y Bruselas marcharán contra Amberes
      Senado de Londres condenarán a muerte a su Rey,
      La sal y el vino le serán al revés,
      Para tener ellos el reino en desorden.

L Mendosus pronto vendrá a su alto reino,
   Dejando un poco atrás a los Norlaris:
   El rojo palidece, el varón en el interregno,
   El joven teme y espanto en Barbaris.

LI Contra los rojos sectas se alinearán,
    Fuego, agua, hierro soga para la paz se consumirá,
    Al punto de morir quienes hayan maquinado,
    Menos uno que más que todo al mundo arruinará.

LII La paz se acerca por un lado, y la guerra
     Nunca fue la persecución tan grande,
     Gemir, hombre, mujer, sangre inocente por tierra,
     Y esto será de Francia por doquier.

LIII	*Le Neron ieune dans les trois cheminees*
	Fera de paiges vifs pour azdoir ietter,
	Heureux qui loing sera de tels menees,
	Trois de son sang le feront mort guetter.

LIV	*Arrivera au port de Corsibonne*
	Pres de Ravenne, qui pillera la dame,
	En mer profonde legar de la Ulisbonne
	Sous roc cachez raviront septante ames.

LV	*L'horrible guerre qu'en l'Occident s'appreste,*
	L'an ensuivant viendra la pestilence
	Si fort horrible, que ieune, vieux ne beste,
	Sang, feu, Mercure, Mars, Jupiter en France.

LVI	*Camp pres de Noudam passera Goussan ville,*
	Et à Malotes laissera son enseigne,
	Convertira en instant plus de mille,
	Cherchant les deux remettre en chaine & legne.

LVII	*Au lieu de Drux un Roy reposera,*
	Et cherchera loy changeant d'Anatheme,
	Pendant le ciel si tresfort tonnera,
	Portee neusve Roy tuera soy-mesme.

LVIII	*Au costé gauche à l'endroit de Vitry*
	Seront guettez les trois rouges de France,
	Tous assommez rouge, noir non meurdry,
	Par les Bretons remis en asseurance.

LIX	*A la Ferté prendra la Vidame*
	Nicole tenu rouge qu'avoit produit la vie,
	La grand Loyle naistra que fera clame,
	Donnant Bourgogne à Bretons par ennuie.

LX	*Conflict Barbar en la Cornete noire,*
	Sang espandu, trembler la Dalmatie,
	 Grand Ismael mettra son promontoire,
	Ranes trembler, secours Lusitanie.

LIII El joven Nerón en las tres chimeneas
Hará lazos vivos por Gala echar,
Feliz quien lejos esté de semejantes intrigas,
Tres de su sangre le harán de muerte acechar.

LIV Llegará al puerto de Corsibona,
Cerca de Ravena, que saqueará la dama,
En mar profundo legado de la Ulisbona
Bajo piedra escondida raptarán setenta almas.

LV ¡La espantosa guerra que en Occidente se apresta!
Al año siguiente vendrá la pestilencia,
Tan fuerte y horrible que ni jóvenes, ni viejos, ni bestias,
Sangre, fuego, Mercurio, Marte, Júpiter en Francia.

LVI Campo junto a Noudam pasará Goussan ciudad,
Y en Malotes dejará su enseña,
Convertirá al instante a más de mil,
Buscando poner a las dos en argolla y cadena.

LVII En lugar de Drux un rey reposará,
Y buscará ley cambiando de anatema,
Mientras el cielo con tal fuerza tronará,
Nueva pérdida el rey se matará a sí mismo.

LVIII Por el lado izquierdo hacia Vitry
Serán acechados los tres rojos de Francia,
Rojos todos muertos, pero el negro no,
Por los bretones puesto a salvaguardia.

LIX A la Ferté la Vidame tomará
Nicol teñido de rojo que había producido la vida,
El gran Layla que tendrá renombre nacerá,
Dando Borgoña a los Bretones por hastío.

LX Conflicto Bárbaro en la Corneta negra,
Sangre derramada, temblar Dalmacia,
Gran Ismael pondrá su promontorio,
Ranes temblar, socorro desde Lusitania.

LXI *La pille faite à la coste marine,*
Incita noua & parens amenez,
Plusieurs de Malte par le fait de Messine,
Estroit setrez seront mal guerdonnez.

LXII *Au grand de Cheramon agora*
Seront croisez par ranc tous attachez,
Le portinav Opi, & Mandragora,
Raugon d'Octobre le tiers feront laschez.

LXIII *Plainctes & pleurs, cris & grands hurlemens*
Pres de Narbon à Bayonne & en Foix,
O quels horribles calamitez changemens,
Avant que Mars revolu quelques fois.

LXIV *L'Aemathion passera monts Pyrenees,*
En Mas Narbon ne fera resistance,
Par mer & terre fera si grand menee,
Cap n'ayant terre seure pour demeurance.

LXV *Dedans le coing de Luna viendra rendre*
Où sera prins & mis en terre estrange,
Les fruicts immeurs seront à grand esclandre,
Grand vitupere, à l'un grande louange.

LXVI *Paix, union sera & changement,*
Estats, offices, bas haut, & hault bien bas,
Dresser voyage, le fruict premier tourment,
Guerre cesser, civil procez debats.

LXVII *Du hault des monts à l'entour de Lizere*
Port à la roche Valent cent assemblez
De Chasteauneuf Pierre late en donzere,
Contre le Crest Romans foy assemblez.

LXVIII *Du mont Aymar sera noble obscurcie,*
Le mal viendra au ioinct de Saone & Rosne,
Dans bois cachez soldats iour de Lucie,
Qui ne fut onc un si horrible throsne.

LXI	Pillaje hecho en la costa marina,
	Incita atado y padres llevados,
	Muchos de Malta por el hecho de Mesina,
	Estrechos cerrados serán mal custodiados.

LXII	En la de Cheramón gran ágora
	Estarán los cruzados en fila todos atados,
	El portero Opi y Mandrágora,
	Rojizo de Octubre al tercero harán soltar.

LXIII	Quejidos y llantos, gritos y grandes alaridos,
	Cerca de Narbona, en Bayona y en Foix,
	¡Oh, qué horribles y calamitosos cambios
	Antes de que Marte complete algunas veces!

LXIV	El Emaciano pasará montes Pirineos,
	En Marte Narbón no hará resistencia,
	Por mar y tierra hará grandes avances,
	Jefe sin tierra segura para permanencia.

LXV	En el rincón de la Luna vendrá a posarse
	Donde será tomado y puesto en tierra extraña,
	Los frutos inmaduros darán gran alboroto,
	Gran vituperio, a uno gran alabanza.

LXVI	Paz, unión habrá y cambio,
	Estados, ministerios, bajo alto y alto muy bajo,
	Preparar viaje, el fruto primer tormento,
	No más guerras, procesos civiles, debates.

LXVII	Desde lo alto de los montes alrededor de Lizere
	Puerto en la roca Valent cien reunidos
	De Chasteauneuf Pedro junto con una doncella,
	Contra el Crest Romans hace asamblea.

LXVIII	Del monte Aymar habrá noble obscurecimiento,
	El mal vendrá en la confluencia del Saona y Ródano,
	En los bosques escondidos soldados día de Lucía,
	Y nunca hubo un trono tan horrible.

LXIX   *Sur le mont de Bailly & la Bresle*
Seront cachez de Grenoble les fiers,
Ontre Lyon, Vien, eulx si grand gresle,
Langoult en terre ne restra un tiers.

LXX   *Harnois trenchans dans les flambeaux cachez*
Dedans Lyon le iour du Sacrement,
Ceux de Vienne seront trestous hachez
Par les cantons Latins, Mascon ne ment.

LXXI   *Aux lieux sacrez animaux veu à trixe,*
Avec celuy qui n'osera le iour,
A Carcassonne pour disgrace propice
Sera posé pour plus ample seiour

LXXII   *Encor seront les saincts temples poilus,*
Et expillez par Senat Tholosain,
Saturne deux trois cicles revolus,
Dans Avril, May, gens de nouveau levain.

LXXIII   *Dans Foix entrez Roy celulee Turban,*
Et regnera moins evolu Saturne,
Roy Turban blanc Bizance coeur ban,
Sol, Mars, Mercure pres la hume.

LXXIV   *Dans la cité de Fertsod homicide,*
Fait & fait multe beus arant ne macter,
Retour encore aux honneurs d'Artemide,
Et à Vulcan corps morts sepulturer.

LXXV   *De l'Ambraxie & du pays de Thrace*
Peuple par mer, mal & secours Gaulois,
Perpetuelle en Provence la Trace,
Avec vestiges de leur coustume & loix.

LXXVI   *Avec le noir Rapax & sanguinaire,*
Yssu du peaultre de l'inhumain Neron,
Emmy deux fleuves mani gauche militaire,
Sera meurtry par Ione chaulveron.

LXIX Sobre el monte de Baylly y la Bresle
      Estarán escondidos los valientes de Grenoble,
      Más allá de Lyón, Viena, por ellos tan denso pedrisco,
      Sólo un tercio de las gotas permanecerá en tierra.

LXX   Instrumentos cortantes escondidos en las teas
      En Lyón el día del Sacramento,
      Los de Viena serán muy pronto muertos
      Por los cantones Latinos, Mascón no miente.

LXXI En los lugares sagrados muchos animales se han visto,
      Con el que de día no se atreve,
      En Carcasona por desgracia afortunada
      Será puesto para una más amplia morada.

LXXII Todavía serán los santos templos profanados,
      Y saqueados por el Senado Tolosino,
      Saturno dos tres ciclos cumplidos,
      En Abril, Mayo, gente de nueva levadura.

LXXIII En Foix entrado Rey llamado Turbán,
       Y reinará menos evolución Saturno,
       Rey Turbán blanco en Bizancio cantará victoria,
       Sol, Marte, Mercurio junto a la urna.

LXXIV En la ciudad de Fertsod homicidio,
      Hecho y hecho muchos bueyes antes de matar,
      Retorno todavía a los hombres de Artémida,
      Y a Vulcano cuerpos muertos sepulturar.

LXXV De la Ambracia y del país de Tracia
      Pueblo marinero, mal y socorro Gálico,
      Una Tracia perpetua en Provenza,
      Con vestigios de sus costumbres y sus leyes.

LXXVI Con el negro Rapaz y sanguinario,
      Salido del lecho del inhumano Nerón,
      Entre dos ríos mano izquierda militar,
      Será herido por el calvo Ione.

LXXVII *Le regne prins le Roy conviera*
La dame prinse à mort iurez à sort,
La vie à Royne fils on desniera,
Et la pellix au fort de la confort.

LXXVIII *La dame Grecque de beauté laydique,*
Heureuse faicte des procs innumerable,
Hors translatee au regne Hispanique,
Captive prinse mourir mort miserable.

LXXIX *Le chef de classe par fraude statageme,*
Fera timide sortir de leurs galleres,
Sortis meurtris chef renieux de cresme,
Puis par l'embusche lui rendront les salere.

LXXX *Le Duc voudra les siens esterminer,*
Envoyera les plus forts lieux estranges,
Par tyrannie Bize & Luc ruiner,
Puis les Barbares sans vin feront vendanges.

LXXXI *Le Roy rusé entendra ses embusches*
De trois quartiers ennemis assaillir,
Un nombre estrange larmes de coqueluches
Viendra Lemprin du traducteur saillir.

LXXXII *Par le deluge & pestilence forte,*
La cité grande de long temps assiegee,
La sentinelle & garde de main morte,
Subite prins, mais de nul outragee.

LXXXIII *Sol vingt de Taurus si fort terre trembler,*
Le grand theatre remply ruinera,
L'air ciel & terre obscurcir & troubler,
Lors l'infidelle Dieu & saincts voguera.

LXXXIV *Roy exposé parfaira l'hecatombe,*
Apres avoir trouve son origine,
Torrent ouvrir de marbre & plomb la tombe,
D'un grand Romain d'enseigne Medusine.

LXXVII   Tomado el reino el Rey invitará
         La dama capturada a muerte jurados a suerte,
         La vida del hijo de la Reina se negará,
         Y la pelliza al fuerte del conhorte.

LXXVIII La dama griega de encantadora belleza,
         Feliz dotada de virtudes innumerables,
         Trasladada fuera al reino Hispánico,
         Hecha prisionera morirá de muerte miserable.

LXXIX   El jefe de la flota por estratagema fraudulento,
         Hará tímido salir de sus galeras,
         Salidos muertos jefe violentamente renegado,
         Después pagarán por la doblez con la misma moneda.

LXXX   El Duque querrá a los suyos exterminar,
         Enviar los más fuertes a lugares extraños,
         Por tiranía Bize y Luc arruinar,
         Luego los Bárbaros sin vino harán vendimias.

LXXXI   El taimado Rey preparará sus artimañas
         Por tres lados diversos al enemigo atacar,
         Un número extraño lágrimas de espasmos
         Vendrá Lemprin de al traductor atacar.

LXXXII   Por el diluvio y fuerte pestilencia,
         La ciudad grande por mucho tiempo sitiada,
         El centinela y guardia de mano muerta,
         Súbitamente preso, pero en nada ultrajado.

LXXXIII Día veinte de Tauro la tierra tan fuerte temblará,
         El gran teatro atestado se hundirá,
         El aire, cielo y tierra oscurecerse y temblar,
         Entonces Dios con sus santos al infiel arrollará.

LXXXIV   Rey expuesto rematará la hecatombe,
         Después de haber hallado su origen,
         Torrente abrir de mármol y plomo la tumba,
         De un gran Romano de Medusina insignia.

LXXXV	*Passer Guienne, Languedoc & la Rosne,*
	D'Agen tenans de Marmande & la Roole,
	D'ouvrir par foy parroy, Phocen tiendra son trosne,
	Conflict aupres sainct Pol de Manseole.
LXXXVI	*Du bourg Lareyne parviendront droit à Chartres*
	Et feront pres du pont Anthoni pause,
	Sept pour la paix cauteleux comme Martres
	Feront entree l'armee à Paris clause.
LXXXVII	*Par la forest du Touphon essartee,*
	Par hermitage sera posé le temple,
	Le Duc d'Estempes par sa ruse inventee,
	Du mont Lehori prelat donra exemple.
LXXVIII	*Calais, Arras, secours à Theroanne,*
	Paix & semblant simulera l'escoute,
	Soulde d'Alobrox descendra par Roane,
	Destornay peuple qui defera la routte.
LXXXIX	*Sept ans sera Philip fortune prespere,*
	Rabaissera des Arabes l'effort,
	Puis son mydi perplex rebors affaire,
	Ieune ognyon abysmera son fort.
XC	*Un capitaine de la grand Germanie*
	Se viendra rendre par simulé secours
	Au Roy des Roys ayde de Pannonie,
	Que sa révolte fera de sang grand cours.
XCI	*L'horrible peste Perynte & Nicopolle,*
	Le Cherfonnez tiendra & Marceloyne,
	La Thessalie vastera l'Amphipolle,
	Mal incogneu, & le refus d'Anthoine.
XCII	*Le Roy voudra en cité neufve entrer,*
	Par ennemis expugner l'on viendra
	Captif libere sauls dire & perpetrer,
	Roy dehors estre, loin d'ennemis tiendra.

LXXXV	Pasar Guinea, Languedoc y el Ródano,
	De Agen los dueños, de Mar manda y la Roole,
	De abrir con fuego la pared, Foceo conservará su trono,
	Conflicto cerca de Saint Pol de Manseole.
LXXXVI	Del burgo Lareyne llegarán directo a Chartres
	Y harán junto al puente Anthoni pausa,
	Siete por la paz cautelosos como Martres,
	Harán entrada de ejército en París clausurado.
LXXXVII	Por la selva de Toufon desbrozada,
	Por la ermita será puesto el templo,
	El Duque de Estempes por su astucia inventada,
	Del monte Lehori prelado dará ejemplo.
LXXXVIII	Calais, Arras, socorro a Theroanne,
	Paz y fingimiento simulará la escucha,
	Tropa de Alóbroges descenderá por Roane,
	Evitar el pueblo que deshará la ruta.
LXXXIX	Siete años será Felipe próspera fortuna,
	Abatirá de los Árabes el esfuerzo,
	Luego su gloria perpleja, asunto complicado,
	Joven Ogmión doblegará su fuerza.
XC	Un capitán de la gran Germania
	Vendrá a rendirse por simulado auxilio
	Al Rey de los Reyes ayuda de Pannonia,
	Y su revuelta hará de sangre gran curso.
XCI	La horrible peste Perinto y Nicópolis,
	El Queroneso resistirá a Marcelonia,
	Tesalia devastará a Anfípolis,
	Mal'desconocido, y el rechazo de Antonio.
XCII	El Rey querrá en ciudad nueva entrar,
	Por los enemigos expugnar se llegará
	Cautivo liberado falso decir y perpetrar,
	Rey fuera estar, lejos de enemigos resistirá.

XCIII	*Les ennemis du fort bien esloignez,* *Par chariots conduict le bastion,* *Par sur les murs de Bourges esgrongunz,* *Quand Hercules batira l'Haemathion.*
XCIV	*Foibles galeres seront unies ensemble,* *Ennemis faux le plus fort en rempart:* *Faible assaillies Vratislave tremble,* *Lubecq & Maysne tiendront barbare part.*
XCV	*Le nouveau faict conduira l'exercice,* *Proche apamé iusqu'au'aupres du rivage,* *Tendant secours de Milannoille eslite,* *Duc yeux privé à Milan fer de cage.*
XCVI	*Dans cité entrer exercit desniee,* *Duc entrera par persuasion,* *Aux foibles portes clam armee amenee,* *Mettront feu, mort, de sang effusion.*
XCVII	*De mer copie en trois pars divisee,* *A la seconde les vivres failleront,* *Desesperez cherchant champs Helisees,* *Premiers en breche entrez victoire auront.*
XCVIII	*Les affligez par faute d'un seul taint,* *Contremenant à partie opposite,* *Aux Lygonnois mandera que contraint* *Seront de rendre le grand chef de Molite.*
XCIX	*Vent Aquilon fera partir le siege,* *Par murs getter cendres, chauls, & poussiere:* *Par pluyes apres, qu'il leur fera bien piege,* *Dernier secours encontre leur frontiere.*
C	*Navalle pugne nuit sera superee,* *Le feu, aux naves à l'Occident ruine* *Rubriche neusve, la grand nef coloree,* *Ire à vaincu, & victoire en bruine.*

XCIII Los enemigos del fuerte muy alejados,
       Por carreteras conducido el bastión,
       Por sobre los muros de Bourges fortificados,
       Cuando Hércules derrote al Emación.

XCIV   Débiles galeras estarán unidas juntas,
       Enemigos falsos el más fuerte al bastión:
       Débiles arremetidas, tiembla Bratislavia
       Lubec y Misia parte bárbara tendrán.

XCV   El nuevo hecho dirigirá el ejército,
       Próximo abatido hasta cerca de la orilla,
       Esperando auxilio del Milanés potaje selecto,
       Duc falto de ojos en Milán hierro de jaula.

XCVI   En ciudad entrar ejército rechazado,
       Duc entrará por persuasión,
       Ante débiles puertas clamores ejército llevado,
       Entregarán a fuego, muerte, de sangre efusión.

XCVII De mar las armadas en tres partes divididas,
       A la segunda los víveres faltarán,
       Desesperados buscando campos Elíseos,
       Primeros por brecha entrados victoria tendrán.

XCVIII Los afligidos por falta de un solo envite,
       Contraguiando a la parte opuesta,
       A los Lygoneses ordenará que forzados
       Habrán de rendirse al gran jefe de Molita.

XCIX   Viento Aquilón hará partir la sede,
       Por muros echar cenizas, cal y polvo:
       Por lluvia luego que les causará más daño,
       Último socorro llegar desde su frontera.

C   Pugna naval noche será superada,
       El fuego en las naves en el Occidente ruina
       Rúbrica nueva, la gran nave colorada,
       Ira para el vencido y victoriosa en neblina.

CENTURIE X

I   *A l'ennemy, l'ennemy foy promise,*
Ne se tiendra, les captifs retenus:
Prins, preme mort, & le reste en chemise,
Damné le reste pour estre soustenus.

II   *Voille gallere voil de nef cachera,*
La grande classe viendra sortir la moindre,
Dix naves proches le tourneront pousser,
Grande vaincue unies à soy ioindre.

III   *En apres cinq troupeau ne mettra hors,*
Un fuytif pour Penelon laschera,
Faux murmurer, secours venir par lors,
Le chef le siege lors abandonnera.

IV   *Sus la minuict conducteur de l'armee*
Se sauvera subit esvanouy,
Sept ans apres la fame non blasmee
A son retour ne dira oncq ouy.

V   *Albi & Castres feront nouvelle ligue,*
Neuf Arriens Lisbon & Portugues,
Carcas, Tholose consumeront leur brigue,
Quand chef neuf monstre de Lauragues.

VI   *Sardon Nemans si hault desborderont*
Qu'on cuidera Deucalion renaistre,
Dans le colosse la pluspart fuyront,
Vesta sepulchre feu estaint apparoistre.

VII   *Le grand conflit qu'on appreste à Nancy,*
L'Aemathien dira tout ie soubmets,
L'isle Britanne par vin, sel en solcy,
Hem. mi. deux Phi. long temps ne tiendra Mets.

VIII   *Index & poulse parfondera le front*
De Senegalia la Comte à son fils propre,
La Myrnamee par plusieurs de prin front
Trois dans sept iours blesses mors.

CENTURIA X

I   Al enemigo, el enemigo fe prometida,
No se guardará, los cautivos retenidos,
Presos, urge la muerte y el resto en camisa,
Condenado el resto para ser sostenidos.

II   Vela de galera vela de nave esconderá,
La gran flota hará salir a la pequeña,
Diez naves próximas la envolverán empujar,
Gran derrota unidas a se reunir.

III   Y luego sacará afuera cinco rebaños,
Un fugitivo por Penelón dejará,
Falso murmurar, socorro venir de ellos,
El jefe entonces el asedio abandonará.

IV   Hacia medianoche conductor de la armada,
Se salvará súbitamente desvanecido,
Siete años después el hambre no reprochada
A su regreso nunca dirá que sí.

V   Albi y Castres constituirán nueva liga,
Nuevos Arrianos Lisboa y Portugueses,
Carcas, Toulouse consumirán sus lizas,
Cuando jefe nuevo monstruo de Lauragues.

VI   Sardón, Nemans tan alto desbordarán
Que se deseará Deucalión renacer,
En el coloso la mayor parte huirá
Vestal sepulcro fuego apagado resurgir.

VII   El gran conflicto que se prepara en Nancy,
El Emaciano dirá yo someto todo,
La isla Británica por vino, sal en abundancia,
Hem. mi. dos Phi. por largo tiempo no ocupará Mets.

VIII   Índice y pulgar recorrerán la frente
De Senegalia el Conde a su propio hijo,
La Myrnamea por varios de señalada frente,
Tres en siete días heridos de muerte.

IX *De Castillon figuieres iour de brune,*
De femme infame naistra souverain prince
Surnom de chausses perhume luy posthume
Onc Roy ne fut si pire en sa province.

X *Tasche de meurdre, enormes adulteres,*
Grand ennemy de tout le genre humain,
Que sera pire qu'ayeuls, oncles, ne peres,
En fer, feu, eau, sanguin & inhumain.

XI *Dessous Ionchere du dangereux passage*
Fera passer le postume sa bande,
Les monts Pyrens passer hors son bagage,
De Parpignan courira Duc à Tende.

XII *Esleu en Pape, d'esleu sera mocqué,*
Subit soudain esmeu prompt & timide,
Par trop bon doux à mourir provoqué,
Crainte estainte la nuict de sa mort guide.

XIII *Souz la pasture d'animaux ruminant*
Par eux conduicts au ventre helbipolique,
Soldats cachez, les armes bruit menant,
Non loing temptez de cité Antipolique.

XIV *Urnel Vaucile sans conseil de soy mesmes*
Hardit timide, par crainte prins, vaincu,
Accompagné de plusieurs putains blesmes
A Barcellonne aux chartreux convaincu.

XV *Pere duc vieux d'ans & de soif chargé,*
Au iour extreme fils desniant l'esguiere
Dedans le puis vif mort viendra plongé,
Senat au fil la mort ong e & legere.

XVI *Heureux au regne de France, heureux de vie*
Ignorant sang, mort, fureur & rapine,
Par non flateurs seras mis en envie,
Roy desrobé, trop de foye en cuisine.

IX Las higueras de Castillón día de niebla,
    De mujer infame nacerá soberano príncipe
    Sobrenombre de calzado para sí mismo póstumo,
    Nunca hubo un peor Rey en su provincia.

X   Obra de muerte, enormes adulterios,
    Gran enemigo de todo el género humano,
    Que será peor que sus abuelos, tíos ni padres,
    En hierro, fuego, agua, sanguinario e inhumano.

XI Debajo de Ionchere del paso peligroso
    Hará pasar el póstumo su tropa,
    Los montes Pirineos pasar fuera su bagaje,
    De Perpignan correrá el Duque a Tende.

XII Elegido Papa, de elegido será burlado,
    Súbito de pronto emocionado dispuesto y tímido,
    Por demasiada dulzura a morir provocado,
    No más temor la noche de su muerte guía.

XIII En los pastos de animales rumiantes
     Por ellos conducido al vientre helbipólico,
     Soldados escondidos, las armas ruido haciendo,
     No lejos tentado de la ciudad Antipólica.

XIV Urnel Vaucile sin consejo de sí mismo
    Osado tímido, por miedo preso, vencido,
    Acompañado de algunas rameras lívidas,
    En Barcelona a los cartujos convencido.

XV Padre duque viejo de años y de sed cargado,
    El último día el hijo rechazando el vaso
    Dentro del pozo vivo muerto será inmerso,
    Senado al hijo la muerte lenta y ligera.

XVI Felices en el reino de Francia, felices de vida,
    Ignorando sangre, muerte, furor y rapiña,
    De no aduladores serán puesto en envidia,
    Rey ocultado, demasiado hígado en la cocina.

XVII	*La Royne Ergaste voyant sa fille blesme,* *Par un regret dans l'estomach enclos,* *Crys lamentables seront lors d'Angolesme,* *Et au germain mariage forclos.*
XVIII	*Le rang Lorrain fera place à Vendosme,* *Le haut mis bas, & le bas mis haut,* *Le fils de Hamon sera esleu dans Rome,* *Et les deux grands seront mis en defaut.*
XIX	*Iour que sera par Royne saluee,* *Le iour apres le salut, la priere:* *Le compte fait raison & valbuee,* *Par avant humble oncques ne fut si fiere.*
XX	*Tous les amys qu'auront tenu party,* *Pour rude en lettres mis mort & saccagé,* *Biens oubliez par fixe grand neanty.* *Onc Romain peuple ne fut tant outragé.*
XXI	*Par le despit du Roy soustenant moindre,* *Sera meurdry luy presentant les bagues;* *Le pere au fils voulant noblesse poindre* *Fait, comme à Perse iadis feirent les Magues.*
XXII	*Pour ne vouloir consentir au divorce,* *Qui puis apres sera cognu indigne,* *Le Roy des Isles sera chassé par force,* *Mis à son lieu qui de roy n'aura signe.*
XXIII	*Au peuple ingrat faictes les remonstrances,* *Par lors l'armee se saisira d'Antibe,* *Dans l'arc Monech feront les doleances* *Et à Freius l'un l'autre prendra Ribe.*
XXIV	*La captif prince aux Italles vaincu* *Passera Gennes par mer iusqu'à Marseille,* *Par grand effort des forens survaincu,* *Sauf coup de feu barril liqueur d'abeille.*

XVII La Reina Ergaste viendo a su hija pálida,
      Por un remordimiento en sus íntimas entrañas,
      Lanza gritos lastimeros de auxilio a Angoulême,
      Y al germánico matrimonio excluido.

XVIII El rango Lorenés cederá lugar a Vendosme,
      Lo de arriba y abajo, y lo de abajo arriba,
      El hijo de Hamón será elegido en Roma,
      Y los dos grandes habrán fracasado.

XIX   Día en que será por Reina saludada,
      El día después la salvación, la plegaria:
      La cuenta hecha razón y balbuceada,
      Por antes humilde nunca se sintió tan ufana.

XX   Todos los amigos que hayan tomado partido,
      Por rudo en cartas muerto y saqueado,
      Bienes olvidados por fijo gran fianza,
      Nunca romano pueblo fue tan ultrajado.

XXI   Por el despecho del Rey sosteniendo lo liviano,
      Será herido presentándole los anillos;
      El padre al hijo queriendo inspirar nobleza
      Hecho, como en Persia antes los Magos hicieron.

XXII Por no querer consentir al divorcio,
      Que luego se ha reconocido indigno,
      El Rey de las Islas, será expulsado a la fuerza,
      Puesto en su lugar quien de rey no tendrá signo.

XXIII Al pueblo ingrato hechas las reprensiones,
      Entonces la armada se apoderará de Antibes,
      En el arco Monech harán las reclamaciones
      Y en Frejus uno y otro tomará Ribe.

XXIV El cautivo príncipe en las Italias vencido
      Pasará Génova por mar hasta Marsella,
      Por gran esfuerzo de los extraños sobrevencido,
      Salvo un disparo a un barril licor de abejas.

XXV Par Nebro ouvrir de Brisanne passage,
     Bien esloignez el rago fara muestra,
     Dans Pelligouxe sera commis l'outrage
     De la grand dame assise sur l'orchestra

XXVI Le successeur vengera son beau frere,
      Occuper regne souz umbre de vengeance,
      Occis ostacle son sang mort vitupere,
      Long temps Bretaigne tiendra avec la France.

XXVII Par le cinquiesme & un grand Hercules
       Viendront le temple ouvrir le main bellique,
       Un Clement, Iule & Ascans recules,
       Lespee, clef, aigle, n'eurent onc si grand picque.

XXVIII Second & tiers qui font prime musique
        Sera par Roy en honneur sublimee,
        Par grasse & maigre presque demy eticque
        Raport de Venus faulx rendra deprimee.

XXIX De Pol Mansol dans caverne caprine
      Caché & prins extrait hors par la barbe,
      Captif mené comme beste mastine
      Par Begourdans amenee pres de Tarbe.

XXX Nepveu & sang du saint nouveau venu,
     Par le surnom soustient arcs & couvert
     Seront chassez & mis à mort chassez nu,
     En rouge & noir convertiront leur vert.

XXXI Le sainct empire vienra en Germanie,
      Ismaëlites trouveront lieux ouverts,
      Anes voudront aussi la Carmanie,
      Les soustenans de terre tous couverts.

XXXII Le grand empire chacun en devoit estre,
       Un sur les autres le viendra obtenir:
       Mais peu de temps sera son regne & estre,
       Deux ans aux naves se pourra soustenir.

XXV Por Nebro abrir de Brisanne pasaje,
Bien alejados el rago hará muestra,
En Pelligouse se cometerá el ultraje
De la gran dama sentada en la orquesta.

XXVI El sucesor vengará a su cuñado,
Ocupar reino con pretexto de venganza,
Abatido obstáculo su sangre muerte vitupera,
Largo tiempo Bretaña se alineará con Francia.

XXVII Por el quinto y uno gran Hércules
Vendrán a abrir el templo con mano bélica,
Un Clemente, Julio y Ascans retrocede,
La espada, llave, águila, no tuvieron tanta lucha.

XXVIII Segundo y tercero que hacen la primera música
Serán sublimados en honor por el Rey,
Por pingüe y magra y casi media ética
Informe de Venus falso volverá deprimido.

XXIX De Pol Mansol en caverna de cabras
Escondido y apresado sacado fuera por la barba,
Cautivo conducido como bestia fiera
Por Begourdans llevado cerca de Tarbes.

XXX Sobrino y sangre del santo recién llegado,
Con el sobrenombre sostienen arcos y cubierto
Serán arrojados y condenados a muerte arrojados desnudos,
En rojo y negro convertirán su verde.

XXXI El sacro imperio vendrá a Germania,
Ismaelitas hallarán lugares abiertos,
Asnos querrán también la Carmania,
Los fundamentos de tierra bien cubiertos.

XXXII El gran imperio cada uno lo va a desear,
Uno sobre los demás lo llegará a obtener,
Pero poco tiempo durará su reino y ser,
Dos años apenas se podrá aguantar.

XXXIII *La faction cruelle à robbe longue,*
Viendra cacher souz les pointus poignards:
Saisir Florence le duc & lieu diphlongue,
Sa descouverte par immurs & flangnards.

XXXIV *Gaulois qu'empire par guerre occupera,*
Par son beau frere mineur sera trahy,
Par cheval rude voltigeant trainera,
Du fait le frere long temps sera hay.

XXXV *Puisnay Royal flagrand d'ardant libide,*
Pour se iouyr de cousine germaine:
Habit de femme au temple d'Artemide:
Allant meurdry par incognu du Maine.

XXXVI *Apres le Roy du Soucq guerres parlant,*
L'isles Harmotique le tiendra à mespris:
Quelques ans bons rongeant un & pillant,
Par tyrannie à l'Isle changeant pris.

XXXVII *L'assemblee grande pres du lac de Borget,*
Se rallieront pres de Montmelian:
Marchans plus outre pensifs feront proget,
Chambry Moriane combat sainct Iulian.

XXXVIII *Amour alegre non loing pose le siege,*
Au sainct Barbar seront les garnisons:
Ursins Hadrie pour Gaulois feront plaige,
Pour peur rendus de l'armee aux Grisons.

XXXIX *Premier fils vefue malheureux mariage,*
Sans nuls enfans deux Isles en discord,
Avant dix huict incompetant aage,
De l'autre pres plus bas sera l'accord.

XL *La ieune nay au regne Britannique,*
Qu'aura le pere mourant recommandé,
Iceluy mort Lonole donra topique,
Et à son fils le regne demandé.

XXXIII   La facción cruel en vestido talar,
Vendrá a esconder debajo afilados puñales:
Tomar Florencia el duque y el lugar diflongo,
Su descubrimiento por inmaduros y desleales.

XXXIV   Galo que imperio por guerra ocupará,
Por su cuñado menor será traicionado,
Por caballo rudo volteado arrastrado,
Por ello el hermano por mucho tiempo odiado será.

XXXV   Hijo menor del Rey encendido de ardiente lujuria,
Para gozar de su prima hermana:
Vestido de mujer en el templo de Artemis:
Viandante herido por un desconocido del Maine.

XXXVI   Después del Rey del Soucq hablando de guerras,
La isla Harmótica lo despreciará:
Durante bastantes años royendo él y robando,
Por tiranía el ser de la Isla cambiará.

XXXVII   Gran motín junto al lago de Borget,
Se reunirán cerca de Montmelián:
Siguiendo más allá pensadores harán proyectos,
Chambery Moriane combate San Julián.

XXXVIII   Amor alegre no lejos establece la sede,
Por el santo Bárbaro estarán las guarniciones:
Ursinos Hadria por Galos pondrán trampa,
Por miedo rendidos del ejército a los Grisones.

XXXIX   Primer hijo de la viuda desgraciado matrimonio,
Sin hijo alguno dos Islas en discordia,
Antes de dieciocho años edad incompetente,
Cerca del otro más difícil el acuerdo.

XL   El joven nacido en el reino Británico,
Que el padre agonizante habrá recomendado,
Aquél muerto Lonole dará tópica,
Y dará a su hijo el reino demandado.

XLI *En la frontiere de Caussade & Charlus,*
Non guieres loing du fond de la vallee,
De ville Franche musique à son de luths,
Environnez combouls & grand mittee.

XLII *Le regne humain d'Anglique geniture,*
Fera son regne paix union tenir:
Captive guerre demy de sa closture,
Long temps la paix leur fera maintenir.

XLIII *Le trop bon temps trop de bonté royalle,*
Fais & deffais prompt subit negligence:
Legiers croira faux d'espouse loyalle,
Luy mis à mort par sa benevolence.

XLIV *Par lors qu'un Roy sera contre les siens,*
Natif de Bloye subiuguera Ligures,
Mammel, Cordube & les Dalmatiens,
De sept puis l'ombre à Roy estrennes & le mures.

XLV *L'ombre du regne de Navarre non vray,*
Fera la vie de desort illegitime:
La veu promis incertain de Cambray,
Roy Orleans donra mur legitime.

XLVI *Vie sort mort de l'or vilaine indigne,*
Sera de Saxe non nouveau electeur:
De Brunsvic mandra d'amour signe,
Faux le rendant au peuple seducteur.

XLVII *De Bourze ville à la Dame Guyrlande,*
L'on mettra sus par la trahison faicte
Le grand prelat de Leon par Formande,
Faux pellerins & ravisseur deffaicte.

XLVIII *Du plus profond de l'Espaigne enseigne,*
Sortant du bout & des fins de l'Europe,
Troubles passant aupres du pont de Laigne,
Sera deffaicte par bande sa grand troupe.

XLI   En la frontera de Caussade y Charlus,
No muy lejos del fondo del valle,
De Ciudad Franca música a sones de laúd,
Combouls y gran entorno rodeado.

XLII   El reino humano de Ánglica progenie
Hará a su reino paz y unión tener:
Cautiva guerra mitad de su clausura,
Largo tiempo la paz les hará mantener.

XLIII   El tiempo demasiado bueno, demasiada bondad real,
Hace y deshace pronto improvisada negligencia:
Creerá ligero fallo de esposa leal,
El condenado a muerte por su benevolencia.

XLIV   Cuando un Rey marche contra los suyos,
Nativo de Blois, subyugará a los Lígures,
Mammel, Córdoba y los Dálmatas,
De siete luego la sombra al Rey dádivas y los muros.

XLV   La sombra del reino de Navarra no verdadero,
Hará el camino del trono ilegítimo:
De Cambrai el incierto consentimiento prometido,
Rey Orleans dará muro legítimo.

XLVI   Vida, suerte, muerte del oro, villana indigna,
Será de Saxonia no nuevo elector:
De Brunswick mandará de amor un signo,
Haciéndolo falso al pueblo seductor.

XLVII   De Bourze a la Dama Guyrlande,
Por la traición hecha se le ensalzará
El gran Prelado de León por Formande,
Falsos peregrinos y ruina del raptor.

XLVIII   En lo más hondo de España enseña,
Saliendo del término y de los confines de Europa,
Tumultos pasando junto al puerto de Laigne,
Su ejército por banda será derrotado.

XLIX *Iardin du monde auprès de cité neufve,*
Dans le chemin des montagnes cavees:
Sera saisi & plongé dans la cuve,
Beuvant par force eaux soulphre envenimees.

L *La Meuse au iour terre de Luxembourg,*
Decouvrira Saturne & trois en lurne:
Montaigne & pleine, ville, cité & bourg,
Lorrain deluge, trahison par grand hume.

LI *Des lieux plas bas du pays de Lorraine,*
Seront des basses Allemaignes unis:
Par ceux du siege Picards, Normans, du Maisne
Et aux cantons se seront reünis.

LII *Au lieu où Laye & Scelde se marient,*
Seront les nopces de long temps maniees:
Au lieu d'Anvers où la crappe charient,
Ieune vieillesse consorte intaminee.

LIII *Les trois pelices de long s'entrebatron,*
La plus grand moindre demeurera à l'escounte:
Le grand Selin n'en sera plus patron,
Le nommera feu peltre blanche routte.

LIV *Nee en ce monde par concubine fertive,*
A deux hautl mise par les tristes nouvelles,
Entre ennemis sera prinse captive,
Amenee à Malings & Bruxelles.

LV *Les malheureuses nopces celebreront*
En grande ioye: mais la fin malheureuse,
Mary & mere nore desdaigneront,
Le Phibe mort, & nore plus piteuse.

LVI *Prelat royal son baissant trop tiré,*
Grand flux de sang sortira par sa bouche,
Le regne Anglicque par regne respiré,
Long temps mort vifs en Tunis comme souche.

XLIX Jardín del mundo junto a ciudad nueva,
En el camino de las montañas socavadas:
Será asido y sumergido en la cuba,
Bebiendo a la fuerza aguas sulfurosas envenenadas.

L El Mosa al día, tierra de Luxemburgo,
Descubrirá Saturno y tres en la urna,
Montaña y llano, villa, ciudad y pueblo,
Lorena diluvió, consumar gran traición.

LI De los lugares planos y bajos del país de Lorena,
Serán las bajas Alemanias unidas:
Por los del cerco, Picardos, Normandos, del Maine
Y a los cantones se habrán reunido.

LII Donde Laye y Escalda se casan,
Serán las bodas largo tiempo preparadas:
En el lugar de Amberes donde las aguas corren,
Joven ancianidad consorte inficionado.

LIII Los tres pellejeros de lejos se batirán,
El mayor por poco quedará a la escucha:
El gran Selín no será ya más jefe,
Lo nombrará fuego peltre, blanca ruta.

LIV Nacida en este mundo de fugaz concubina,
A dos puesta en alto por las tristes noticias,
Entre enemigos será hecha cautiva,
Conducida a Malinas y Bruselas.

LV Las desgraciadas bodas se celebrarán
Con gran alegría: pero el fin desgraciado,
Marido y madre nuera desdeñarán,
El Fibe muerto y nuera más lastimosa.

LVI Prelado real estará muy debilitado,
Gran flujo de sangre saldrá por su boca,
El reino Ánglico por reino respirado,
Largo tiempo muerto vivo en Tunis como cepa.

LVII *Le sublevé ne cognoistra son sceptre,*
Les enfans ieunes des plus grands honnira:
Oncques ne fut un plus ord cruel estre,
Pour leurs espouses à mort noir bannira.

LVIII *Au temps du dueil que le felin monarque*
Guerroyera la ieune Aemathien:
Gaule bransler, perecliter la barque,
Tenter Phossens au Ponant entretien.

LIX *Dedans Lyon vingt-cinq d'une halaine,*
Cinq citoyens Germains, Bressans, Latins;
Par dessous noble conduiront longue traine
Et descouverts par abbois de mastins.

LX *Ie pleure Nisse, Mannego, Pize, Gennes,*
Savonne, Sienne, Capue, Modene, Malte;
Le dessus sang, & glaive par estrennes,
Feu, trembler terre, eau, malheureuse nolte.

LXI *Betta, Vienne, Emorre Sacarbance,*
Voudront livrer aux Barbares Pannone:
De feu & sang en cité de Bisance
Les coniurez descouverts par matrone.

LXII *Pres de Sorbin pour assaillir Ongrie,*
L'heraut de Brudes les viendra advertir:
Chef Bisantin, Sallon de Sclavonie,
A loy d'Arabes les viendra convertir.

LXIII *Cydron, Raguse, la cité au sainct Hieron,*
Revendira le mendicant secours:
Mort fils de Roy par mort de deux heron,
L'Arabe, Ongrie feront un mesme cours.

LXIV *Pleure Milan, pleure Lucques, Florance,*
Que ton grand Duc sur le char montera,
Changer le siege prese de Venise s'advance,
Lors que Colonne à Rome changera.

LVII   El sobrevenido no conocerá su cetro,
       Los hijos jóvenes de los mayores odiará:
       Y nunca existió un ser más cruel,
       Para sus esposas a muerte el negro expulsará.

LVIII En tiempo de luto cuando el felino monarca,
       Guerree contra el joven Emaciano:
       Galia sacudir, hundir la barca,
       Intentar Focen a la Poniente empresa.

LIX   En Lyón veinticinco de un hálito,
       Cinco ciudadanos Germanos, Brescianos, Latinos:
       A escondidas del noble conducirán larga cola
       Y descubiertos por ladridos de mastines.

LX   Lloró por Niza, Manego, Pisa, Génova,
       Savona, Siena, Capua, Módena, Malta:
       Por encima sangre y puñal por aguinaldo,
       Fuego, temblor de tierra, agua, desdichada cuenta.

LXI   Belta, Viena, Emorre, Sacarbance,
       Querrán entregar a los Bárbaros Pononia:
       De fuego y sangre en ciudad de Bizancio,
       Los conjurados descubiertos por matrona.

LXII   Cerca de Sorbin para atacar Hungría,
       El heraldo de Brudes los vendrá a advertir:
       Jefe Bizantino, Sallón de Esclavonia,
       A la ley de Árabes los vendrá a convertir.

LXIII Cidrón, Ragusa, la ciudad de San Hierón,
       Reivindicará el mendicante socorro:
       Muerto hijo del Rey por muerte de dos airones,
       El Árabe y Hungría seguirán un mismo curso.

LXIV   Llora Milán, llora Luca, Florencia,
       Que tu gran Duque al carro subirá,
       Cambiar la sede junto a Venecia se avanza,
       Cuando Colonia cambie a Roma.

LXV O vaste Rome ta ruyne s'approche,
Non de tes murs, de ton sang & substance:
L'aspre par lettre fera si horrible coche,
Fer poinctu mis à tous iusques au manche.

LXVI Le chef de Londres par regne l'Americh,
L'Isle d'Escosse t'empiera par gelee:
Roy Reb auront un si faux Antéchrist,
Qui les mettra trestous dans la meslee.

LXVII Le tremblement si fort au mois de May,
Saturne, Caper, Iupiter, Mercure au boeuf:
Venus, aussi Cancer, Mars en Nonnay,
Tombera gresle lors plus grosse qu'un oeuf.

LXVIII L'armee de mer devant cité tiendra,
Puis partira sans faire longue allee:
Citoyens grande proye en terre prendra,
Retourner classe reprendre grande emblee.

LXIX Le fer luysant de neuf vieux eslevé,
Seront si grands par Midy Aquilon:
De sa seur propre grandes alles levé,
Fuyant meurdry au buisson d'Ambellon.

LXX L'oeil par obiect fera telle excroissance,
Tant & ardente que tombera la neige.
Champ arrousé viendra en decroissance,
Que le primat succombera à Rege.

LXXI La terre & l'air geleront si grand eau,
Lors qu'on viendra pour Ieudy venerer
Ce qui sera iamais ne fut si beau,
Des quatre parts le viendront honorer.

LXXII L'an mil neuf cens nonante neuf sept mois.
Du ciel viendra un grand Roy d'effrayeur:
Resusciter le grand Roy d'Angolmois,
Avant apres Mars regner par bon heur.

LXV   ¡Oh, vasta Roma!, tu ruina se acerca,
       No de tus muros, de tu sangre y substancia:
       El aspro con letras hará muy horribles muescas,
       Hierro afilado metido a todos hasta el mango.

LXVI   El jefe de Londres por reino la América,
       La isla de Escocia empeorará por la helada:
       Rey Reb tendrán un tal falso Anticristo,
       Que les obligará a todos a entrar en la pelea.

LXVII El temblor muy fuerte en el mes de mayo,
       Saturno, Capricornio, Júpiter, Mercurio en Tauro:
       Venus, también Cáncer, Marte en Nonnay,
       Caerá pedrisco más grueso que un huevo.

LXVIII La armada del mar ante ciudad se situará,
       Luego sin ir muy lejos partirá:
       Ciudadanos gran presa en tierra tomarán,
       Volver escuadra cobrará de nuevo gran empuje.

LXIX   El hierro luciendo como nuevo, aun siendo viejo,
       Serán tan grandes por mediodía Aquilón:
       De su propia hermana grandes alas alzadas,
       Huyendo herido al zarzal de Ambellón.

LXX   El ojo por objeto hará tal excrecencia,
       Tanta y tan ardiente que caerá la nieve.
       Campo irrigado irá en decadencia,
       Que el primado sucumbirá en Rege.

LXXI   La tierra y el aire se helarán tanto,
       Cuando se vaya en Jueves a venerar
       Lo que nunca será ni fue tan bello,
       De las cuatro partes lo vendrán a honrar.

LXXII El año mil novecientos noventa y nueve, siete meses,
       Vendrá del Cielo un gran Rey de horror:
       Resucitar al gran Rey de Angolmois,
       Antes, después, Marte reinará por buena dicha.

LXXIII *Le temps present avecques le passé,*
Sera iugé par grand Iovialiste:
Le monde tard luy sera lassé,
Et desloyl par le clergé iuriste.

LXXIV *Au revolu du grand nombre septiesme,*
Apparoistra au temps ieux d'Hecatombe,
Non esloigné du grand aage milliesme,
Que les entrez sortiront de leur tombe.

LXXV *Tant attendu ne reviendra iamais.*
Dedans l'Europe, en Asie apparoistra,
Un de la ligue yssu du grand Hermes,
Et sur tous Roys des Orients croistra.

LXXVI *Le grand Senat discernera la pompe,*
A l'un qu'apres sera vaincu chassez,
Ses adherans seront à son de tromps
Biens publiez, ennemis dechassez.

LXXVII *Trente adherans de l'ordre des quirettes*
Bannis, leurs biens donnez ses adversaires,
Tous leurs bienfaits seront pour demerites,
Classe espargie delivrez aux Corsaires.

LXXVIII *Subite ioye en subite tristesse,*
Sera à Rome aux graces embrassees,
Dueil, cris, pleurs, larm sang excellent liesse
Contraires bandes surprinses & troussees.

LXXIX *Les vieux chemins seront tous embellis,*
Lon passera à Menphis somentrees,
Se grand Mercure d'Hercules fleur de lys
Faisant trembler terre, mer & contrees.

LXXX *Au regne grand du grand regne regnant,*
Par force d'armes les grands portes d'airain
Fera ouvrir, le Roy & Duc ioignant,
Port demoly, nef à fons, our serain.

LXXIII   El tiempo presente junto con el pasado,
Será juzgado por el gran Jovialista:
El mundo tarde le habrá cansado,
Y desleal por la clerecía jurista.

LXXIV   Al término del gran número séptimo,
Aparecerán en el tiempo juegos de Hecatombe,
No lejos de la gran edad milésima,
Que los entrados saldrán de sus tumbas.

LXXV   Tan esperado no volverá jamás,
Dentro de Europa, en Asia aparecerá,
Uno de la liga salido del gran Hermes,
Y sobre todos los Reyes de Oriente crecerá.

LXXVI   El gran Senado otorgará la pompa,
A uno que después será vencido expulsado,
Sus partidarios serán a son de trompa
Bienes subastados, enemigos desterrados.

LXXVII   Treinta partidarios del orden de los quírites,
Proscritos, sus bienes entregados a sus adversarios,
Todos sus servicios tenidos por deméritos,
Flota dispersa entregada a los corsarios.

LXXVIII   Súbita alegría en súbita tristeza,
Será en Roma en gracias abarcadas,
Luto, gritos, llantos, lágrimas sangre excelente regocijo
Contrarias bandas sorprendidas y deshechas.

LXXIX   Los viejos caminos serán todos embellecidos,
Se pasará a Menfis a legiones,
Tan gran Mercurio de Hércules flor de lis,
Haciendo temblar la tierra, mares y regiones.

LXXX   En el Reino grande del gran reino reinante,
Con la fuerza de las armas las grandes puertas de bronce
Hará abrir, el Rey y Duque llegado,
Puerto demolido, nave hundida, día sereno.

LXXXI *Mis tresor temple citadins Hesperiques,*
       Dans iceluy retiré en secret lieu:
       Le temple ouvrir le liens fameliques,
       Reprens, ravis, proye horible au milieu.

LXXXII *Cris, pleurs, larmes viendront avec couteaux,*
       Semblant fuir, donront dernier assault:
       L'entour parques planter profonds plateaux,
       Vifs repoussez & meurdris de prinsault.

LXXXIII *De batailler ne sera donné signe,*
        Du parc seront contraints de sortir hors:
        De Gand l'entour sera cogneu l'ensigne,
        Qui fera mettre de tous les siens à morts.

LXXXIV *Le naturelle à si hault non bas,*
       Le tard retour fera maris contens:
       Le Recloing ne sera sans debats,
       En employant & perdant tout son temps.

LXXXV *Le vieil tribun au point de la trehemide*
      Sera pressee, captif ne delivrer,
      Le vueil non vueil, le mal parlant timide,
      Par legitime à ses amis livrer.

LXXXVI *Comme un gryphon viendra le Roy d'Europe,*
       Accompagné de ceux d'Aquilon,
       De rouges & blancs conduira grand troupe,
       Et iront contre le Roy de Babylon.

LXXXVII *Grand Roy viendra prendre port pres de Nisse,*
        Le grand empire de la mort si en fera
        Aux Antipolles posera son genisse,
        Par mer la Pille tout esvanouyra.

LXXXVIII *Pieds & Cheval à la seconde veille*
         Feront entree vastient tout par la mer:
         Dedans le poil entrera de Marseille,
         Pleurs, crys & sang, onc nul temps si amer.

LXXXI	Puesto tesoro templo ciudadanos Hespérides, En aquel retirado y secreto lugar: El templo abrir los lazos famélicos, Recobrado, arrebatado, presa horrible en la mitad.
LXXXII	Gritos, llantos, lágrimas vendrán con cuchillos, Simulando huir darán el último asalto: En los parques de los alrededores plantar profundos bancales, Vivos rechazados y heridos en el asalto.
LXXXIII	De luchar será dado el signo, Del parque se verán constreñidos a salir fuera: La enseña de Gante en los alrededores será vista, El que obligará a todos los suyos a morir.
LXXXIV	Lo natural a tan alto no baja, Volver tarde hará maridos contentos: El Recloing no quedará sin debates, Empleando y perdiendo todo su tiempo.
LXXXV	El viejo tribuno al borde de la angustia, Será apresado, cautivo no liberar, El viejo no viejo, el mal hablando tímido, Por legítimo a sus amigos entregado.
LXXXVI	Como un grifo vendrá el Rey de Europa, Acompañado por los de Aquilón, De rojos y blancos conducirá gran tropa, Y contra el Rey de Babilonia irán.
LXXXVII	Un gran Rey ocupará el puerto junto a Niza, Y hará de él el gran Imperio de la muerte En los Antípodas pondrá su novilla, Por mar la Pille todo desaparecerá.
LXXXVIII	Pies y Caballo en la segunda vigilia Harán un magnífico ingreso todo por el mar: Dentro de la felpa entrará de Marsella, Llanto, gritos y sangre, jamás ningún tiempo tan amargo.

LXXXIX *De brique en marbre seront les murs reduits,*
Sept & cinquante annees pacifiques:
Ioye aux humains, renoué l'aqueduict,
Santé, grands fruicts, ioye & temps malefique.

XC *Cent fois mourra le tyran inhumain,*
Mis à son lieu sçavant & debonnaire,
Tout le Senat sera dessous sa main,
Fasché sera par malin temeraire.

XCI *Clergé Romain l'an mil six cens & neuf,*
Au chef de l'an fera election:
D'un gris & noir de la Compagne yssu,
Qui onc ne fut si maling.

XCII *Devant le pere l'enfant sera tué,*
Le pere apres entre cordes de ionc,
Genevois peuple sera esvertué,
Gisant le chef au milieu comme un tronc.

XCIII *La barque neufve recevra les voyages,*
La & aupres transferont l'Empire:
Beaucaire, Arles retiendront les hostages,
Pres deux colonnes trouvees de Porphire.

XCIV *De Nismes, d'Arles, & Vienne contemner,*
N'obey tout à l'edict d'Hespericque:
Aux labouriez pour le grand condamner,
Six eschappez en habit seraphicque.

XCV *Dans les Espaignes viendra Roy tres puissant,*
Par mer & terre subiugant or Midy:
Ce mal fera, rabaissant le croissant,
Baisser les aisles à ceux du Vendredy.

XCVI *Religion du nom des mers vaincra,*
Contre la secte fils Adaluncatif,
Secte obstinee deploree craindra
Des deux blessez par Aleph & Aleph.

LXXXIX	De ladrillo en mármol serán los muros reducidos,
	Siete y cincuenta años pacíficos:
	Alegría para los humanos, renovado el acueducto,
	Salud, grandes frutos, alegría y tiempos maléficos.

XC	Cien veces morirá el tirano inhumano,
	Puesto en su lugar un sabio y bonachón,
	Todo el Senado estará bajo su mano,
	Provocado será por un astuto temerario.

XCI	Clero Romano, el año mil seiscientos y nueve,
	En el primer día del año habrá elección:
	De uno gris y negro de la Compañía salido,
	Nadie nunca fue astuto como él.

XCII	Ante el padre el hijo será muerto,
	El padre después entre cuerdas de junco,
	Pueblo Genovés será esforzado,
	Yaciendo el jefe en medio como un tronco.

XCIII	La barca nueva recibirá los viajes,
	Allí y luego transferirán el Imperio:
	Beaucaire, Arlés los rehenes retendrán,
	Cerca de dos columnas halladas de Porfirio.

XCIV	De Nimes, de Arlés, y Viena despreciar,
	No obedece todo al edicto de Hespérida:
	A los trabajos por el grande condenar,
	Seis escapados en hábito seráfico.

XCV	A las Españas llegará un Rey muy poderoso,
	Por mar y tierra subyugado nuestro Mediodía:
	Este mal hará, rebajando a la Media Luna,
	Bajar las alas a los del Viernes.

XCVI	Religión del nombre de los mares vencerá,
	Contra la secta del hijo Adaluncatif,
	Secta obstinada deplorada temerá,
	De los dos heridos por Alef y Alef.

XCVII   *Triremes pleines tout aage captifs,*
Temps bon à mal, le doux pour amertume:
Proye à Barbares trop trost seront hastifs,
Cupide de voir plaindre au vent la plume

XCVIII   *La splendeur claire à pucelle ioyeuse*
Ne luyra plus, long temps, sera sans sel
Avec marchans, ruffiens, loups odieuse,
Tous pesle mesle monstre universel.

XCIX   *La fin le loup, le lyon boeuf & l'asne,*
Timide dama seront avec mastins:
Plus ne cherra à eux la douce manne,
Plus vigilance & custode aux mastins.

C   *Le grand Empire sera par Angleterre,*
Le Pempotam des ans plus de trois cens:
Grandes copies passer par mer & terre,
Les Lusitains n'en seront pas contens.

XCVII   Trirremes llenos de cautivos de toda edad,
Tiempo bueno va a malo, lo dulce por amargura:
Botín para los Bárbaros muy pronto cogerán las armas,
Con el deseo de ver lamentarse al viento la pluma.

XCVIII   El claro esplendor a doncella gozosa
No lucirá más, mucho tiempo estará sin sal
Con mercaderes, rufianes, lobos, odiosa,
Todos mezclados, monstruo universal.

XCIX   El fin; el lobo, el león, el buey y el asno,
Tímida dama estarán con mastines:
No caerá ya más para ellos el dulce maná,
Mayor vigilancia y custodia a los mastines.

C   El gran Imperio será para Inglaterra,
El Pempotam de años más de trescientos,
Grandes tropas pasarán por mar y tierra,
Los Lusitanos no estarán de ello muy contentos.

www.ingramcontent.com/pod-product-compliance
Lightning Source LLC
Chambersburg PA
CBHW082019240426
43667CB00046B/2870